中国语文现代化学会少儿口才专业委员会指定教材

中国少儿口才艺术精品教材　　总主编　李元授

● 李元授　李　鹏 ◎ 主编 ●

# 少儿口才指导师
## 通用教材

中国出版集团公司
世界图书出版公司
广州·上海·西安·北京

图书在版编目（CIP）数据

少儿口才指导师通用教材 / 李元授, 李鹏主编. —
广州 : 世界图书出版广东有限公司, 2018.1
ISBN 978-7-5192-4250-3

Ⅰ.①少… Ⅱ.①李…②李… Ⅲ.①口才学—儿童
教育—教材 Ⅳ.①H019

中国版本图书馆CIP数据核字（2018）第016800号

| 书　　名 | 少儿口才指导师通用教材 |
|---|---|
| | SHAOER KOUCAI ZHIDAOSHI TONGYONG JIAOCAI |
| 主 编 者 | 李元授　李　鹏 |
| 责任编辑 | 宋　焱 |
| 装帧设计 | 黑眼圈工作室 |
| 出版发行 | 世界图书出版广东有限公司 |
| 地　　址 | 广州市新港西路大江冲 25 号 |
| 邮　　编 | 510300 |
| 电　　话 | 020-84460408 |
| 网　　址 | http:// www.gdst.com.cn |
| 邮　　箱 | wpc_gdst@163.com |
| 经　　销 | 新华书店 |
| 印　　刷 | 武钢实业印刷总厂 |
| 开　　本 | 787mm×1092mm　1/16 |
| 印　　张 | 17.25 |
| 字　　数 | 275 千 |
| 版　　次 | 2018 年 3 月第 1 版　2018 年 3 月第 1 次印刷 |
| 国际书号 | ISBN　978-7-5192-4250-3 |
| 定　　价 | 58.00 元 |

版权所有，翻版必究

（如有印装错误，请与出版社联系）

**中国语文现代化学会少儿口才专业委员会指定教材**

中国少儿口才艺术精品教材　　总主编　李元授

## 教材指导委员会

| | |
|---|---|
| 主任委员 | 靳光瑾 |
| 副主任委员 | 王旭明　李元授　陈　岩　徐金山 |
| | （多人以姓氏笔画为序，下同。） |
| 委　员 | 尹　雄　孙　启　江　帆　李　鹏　李荣建<br>侯晓明　袁钟瑞　谈晓明　雷雪峰　颜永平 |

## 教材编委会

| | |
|---|---|
| 总　主　编 | 李元授 |
| 执行主编 | 李　鹏 |
| 副　主　编 | 孙　启 |
| 特邀专家 | 江　帆　陈于友　曹青凤　蒋小兮　颜永平 |
| 编　委 | 王　赫　邓惠颖　冯泰来　刘艳君　江　霞<br>任晓玲　李小群　李文化　李晓玲　张　芹<br>吴伟强　金宜鸿　祝　凌　胡　哲　胡华民<br>赵　琳　徐　敏　衡　斌　潘运承　蔡宛芳 |
| 总　策　划 | 雷雪峰 |

# 内容提要

《少儿口才指导师通用教材》系"中国少儿口才艺术精品教材"之一,是"中国语文现代化学会少儿口才专业委员会指定教材"。

本教材旨在进一步提升少儿口才指导师的语言文化素养,提高少儿口才指导师的语言文字综合运用能力及培训教学的指导能力。本教材运用应用语言学、口才学的原理,借鉴社会心理学、人际关系学、传播学、美学等相关学科的理论与方法,阐述了口语表达、沟通、演讲等语言文化的规律:语音基础、口语表达的原则、口语表达的多种技法、寻求与当代孩子的沟通良方、老师如何与学生沟通、如何克服沟通障碍、怎样理解落实演讲内容为王的见解、怎样把握演讲稿的写作要点等等。每章之后,设有若干生动活泼的思考与训练题。本教材科学性、实用性兼备,可操作性和可读性强;既可做少儿口才指导师的通用教材,亦可做广大中小学语文教师的进修教材,还可以做家长指导孩子口才的参考书。

# "中国少儿口才艺术精品教材"

# 总　序

李元授

"长大要成才，从小练口才。"在为实现中华民族伟大复兴的中国梦的征程中，少年儿童的成长与素质水平是关系到国家实力和未来走向的重要方面；而少儿口语能力又是其中一项重要内容。

少儿口语能力是孩子口语表达与交际沟通的才能，是语言文字综合运用能力的体现，它不仅包括口语表达，还包括了交际、沟通、聆听、应变等多项能力。"会倾听、善表达、能判断、巧应对"应该是衡量口语能力的重要标准。

《国家中长期语言文字事业改革和发展规划纲要（2012—2020年）》中明确提出了提升学生语言文字应用能力的目的要求：

> 提升幼儿普通话水平。幼儿园要创设自由、宽松的普通话交流环境，引导幼儿学会倾听并能清楚地用普通话表达，培养阅读兴趣，养成良好阅读习惯。加强学生语言文字应用能力培养。中小学校要依据语文课程标准组织教学，加强识字与写字、口语交际、阅读、写作等方面的教学，加强中小学规范汉字书写教育，注重语言文字的综合运用，全面提升中小学生听说读写能力。中等职业学校和高等学校要科学设置语言文字相关课程，以提高语文鉴赏能力、文字书写能力和语言表达与交际能力为重点，全面提升学生的语文素养及语言文字综合运用能力。建立并完善学生语言文字

应用能力评价标准。分级分类制定高校学生和中小学生语言文字应用能力评价标准和评价办法，将口语表达、汉字书写纳入语文教学和评价范围。

为此，中国语文现代化学会少儿口才专业委员会联合教育部专门从事语言文字的专家学者，以及中国传媒大学、上海戏剧学院等高校的教授，集众多权威专家，并经过全国上百家有代表性的学校、幼儿园、口才培训机构实践调研，制定出一套集众家之长的系统、全面、科学、实用、切实可行的测评标准——少儿口才测评标准，得到了国家语委相关部门的支持与肯定。

为了全面提升广大少儿的语言文字综合运用能力，为了配合少儿口才的测评与训练，我们教材编委会决定邀请相关专家学者，包括诸多有丰富教学经验与较高科研水平的中小学教育专家，一起来编写中国少儿口才艺术系列教材。

系列教材第一辑共计 12 册：

《幼儿口语表达技能》

《少儿口语表达技能》

《少儿口才技巧》

《少儿演讲技巧》

《少儿讲故事技巧》

《少儿沟通技巧》

《少儿朗诵技巧》

《少儿播音主持技巧》

《少儿表演技巧》

《少儿礼仪规范》

《小记者采访写作技巧》

《少儿口才指导师通用教材》

编写这套教材应该把握什么原则，这套教材有什么特点，编委会进行过讨论，归纳起来有三点：

第一，具有开拓性。我们很难找到同类可供借鉴的教材，只能根据教育部、国家语委的指示精神，根据少儿口才测评标准与少儿口才训练的基本要求，以及我们的教学经验与科研积累，重新设计编写了少儿口才培训教材。例如：针对幼儿园的小朋友，拟编《幼儿口语表达技能》；针对小学生，拟编《少儿口语表达技能》和《少儿口才技巧》；针对少儿口才培训老师，拟编《少儿口才指导师通用教材》。这样设计编写是否科学，是否合适，还有待于实践的检验，有待于各位专家学者、少儿口才指导师与教材使用者的批评指正。

第二，具有专业性。我们探讨的对象是属于应用语言学的范畴。具体来说，是以口语表达为中心，涉及口才、演讲、沟通等诸多语言文化问题。我们编写的教材就要体现口才、演讲、沟通等学科的相关原理与规律，要得到语言学专家、少儿口才指导师与教材使用者的认可。

第三，具有针对性。我们的服务对象是少儿。我们的教材编写一定要符合少儿的思维特点与语言特点。编写目的是要提升少儿的语文素养及语言文字综合运用能力，内容要丰富多彩，形式要生动活泼；要让少儿读得懂，记得牢，学得会，有兴趣；经过反复修改，最后，争取让少儿喜闻乐见，爱不释手。

为适应少儿口才教学之急需，我们拟在2018年1月底之前，编写出版3部教材：《少儿口语表达技能》《少儿口才技巧》《少儿口才指导师通用教材》。其他教材将陆续出版问世。

饮水思源，传承创新。20世纪50年代末，我在武汉大学中文系求学，主修语言学专业。我曾受过武大"章黄学派"系统语言理论的培育与熏陶，先后聆听过大师级及第一流的语言学家的教诲，他们是国学大师、学部委员、一级教授刘博平先生，国学大师黄焯先生，著名训诂学家周大璞先生，著名国学家李格非先生，著名方言学家詹伯慧先生，著名文字学家夏渌先生和著名修辞学家郑远汉先生等等；其中受到过李格非先生和詹伯慧先生的精心栽培与严格训练，指引我走上了科研道路，开始研究应用语言学与汉语修辞学。20世纪80年代，武汉大学信息传播与现代交际研究中心成立，我主持并组织校内外相关专家，就演讲、口才、辩论、谈判、交际、沟通、礼仪、公关与节目主持艺术等方面展开了多侧面、全方位的研究与探讨，取得了可观的成绩：在国家教育部主持的"大学生文化素质教育书系"中，我主编了《交际与口才》《交际礼仪学》《现代公共关系艺术》3部教材；还先后主编了"交际学丛书""人际交往精粹丛书""新世纪人才素质训练丛书""创造性人才素质训练教材""综合素质训练教程""文化素质教育经典教材""节目主持艺术丛书""中国演讲口才与人际沟通经典教材""中国少儿口才艺术精品教材"等上十套丛书,计2 000万字;许多教材一版再版,一再重印,有的重印多达80万册,30多年来畅销不衰,受到了广大读者的热烈欢迎与同行专家的热情赞扬。参加编撰的专家多是知名的学者,诸如:编写《口才学》的李军华教授,编写《演讲学》和《人际沟通艺术》的李元授教授,编写《礼仪学》的李荣建教授,编写《交际美学》的范明华教授,编写《交际思维学》的张掌然教授,编写《交际文化学》的陈大正教授,编写《谈判学》的张强教授,编写《辩论学》的李鹏教授,编写《口才训练》的白丁教授,编写《策划学》的崔晓西教授,编写《节目主持人概论》的廖声武教授,编写《主持人心理素质》的余小梅教授,编写《主持人文化底蕴》和《主持人审美修养》的肖建华教授,编写《主持人策划与创新》的於贤德教授,编写《主持人采编实务》的胡欣教授,编写《主持人语言艺术》的王朝彦教授,编写《主持人形象塑造》的黄幼民教授和张卓教授等等,让武汉大学成为了全国应用语言学与语言文化的主要研究基地。

关于丛书的名称,我们原来的定名是"中国少儿口才艺术系列教材",不敢奢求"精品教材";"精品教材"只是出版社对我们的要求以及孩子家长对我们的期望,希望我们精心编写教材,反复修订,精益求精,逐步向"精品"的目标靠近。需要说明的是,我们承担教材编写的任务重,时间紧,编写者多有本职工作,大家都集中精力,兢兢业业来编写这套教材。敬请各位专家学者、少儿口才指导师与教材使用者提出宝贵的意见与建议。

是为序。

2017.9.10 教师节 于武汉大学

# 目录 | Contents

**导　语　少儿口才指导师应有深厚的语言文化素养** ·················· 1

## 口语表达篇

**第一章　楼高万丈　根基要牢**
　　——语音基础 ········································································· 5
**第一节　了解并把握语音标准** ················································ 5
　　一、普通话语音标准简介 ···················································· 6
　　二、把握声、韵、调的准确性 ············································ 6
　　三、方音（乡音）也不应放弃 ·········································· 10
**第二节　掌握音变规律** ························································· 12
　　一、轻　声 ········································································· 12
　　二、儿　化 ········································································· 13
　　三、变　调 ········································································· 14
　　四、语气词"啊"的音变 ··················································· 16
**第三节　学点科学发声法** ····················································· 17
　　一、气息控制 ····································································· 17
　　二、换气训练 ····································································· 18
　　三、发音器官的训练 ························································· 19
　　四、吐字归音训练 ····························································· 22

【思考与训练】⋯⋯⋯⋯⋯⋯⋯⋯⋯⋯⋯⋯⋯⋯⋯⋯⋯⋯⋯⋯⋯⋯24

第二章　中规中矩　有方有圆
　　——口语表达的原则⋯⋯⋯⋯⋯⋯⋯⋯⋯⋯⋯⋯⋯⋯⋯⋯⋯27
　　第一节　目的原则⋯⋯⋯⋯⋯⋯⋯⋯⋯⋯⋯⋯⋯⋯⋯⋯⋯⋯27
　　　　一、口语表达的基本目的⋯⋯⋯⋯⋯⋯⋯⋯⋯⋯⋯⋯⋯27
　　　　二、口语表达目的的实现⋯⋯⋯⋯⋯⋯⋯⋯⋯⋯⋯⋯⋯28
　　第二节　得体原则⋯⋯⋯⋯⋯⋯⋯⋯⋯⋯⋯⋯⋯⋯⋯⋯⋯⋯32
　　　　一、得体的内涵⋯⋯⋯⋯⋯⋯⋯⋯⋯⋯⋯⋯⋯⋯⋯⋯⋯32
　　　　二、得体的具体表现⋯⋯⋯⋯⋯⋯⋯⋯⋯⋯⋯⋯⋯⋯⋯33
　　第三节　情感原则⋯⋯⋯⋯⋯⋯⋯⋯⋯⋯⋯⋯⋯⋯⋯⋯⋯⋯42
　　　　一、情感原则的重要性⋯⋯⋯⋯⋯⋯⋯⋯⋯⋯⋯⋯⋯⋯42
　　　　二、情感体现的主要途径⋯⋯⋯⋯⋯⋯⋯⋯⋯⋯⋯⋯⋯44
　　【思考与训练】⋯⋯⋯⋯⋯⋯⋯⋯⋯⋯⋯⋯⋯⋯⋯⋯⋯⋯⋯⋯53

第三章　主要技巧　学会就好
　　——口语表达的基本技法⋯⋯⋯⋯⋯⋯⋯⋯⋯⋯⋯⋯⋯⋯57
　　第一节　表述技巧⋯⋯⋯⋯⋯⋯⋯⋯⋯⋯⋯⋯⋯⋯⋯⋯⋯⋯57
　　　　一、表述技巧的作用⋯⋯⋯⋯⋯⋯⋯⋯⋯⋯⋯⋯⋯⋯⋯57
　　　　二、常用表述技巧⋯⋯⋯⋯⋯⋯⋯⋯⋯⋯⋯⋯⋯⋯⋯⋯58
　　第二节　应变技巧⋯⋯⋯⋯⋯⋯⋯⋯⋯⋯⋯⋯⋯⋯⋯⋯⋯⋯73
　　　　一、应变技巧的功能⋯⋯⋯⋯⋯⋯⋯⋯⋯⋯⋯⋯⋯⋯⋯73
　　　　二、应变技巧运用的原则⋯⋯⋯⋯⋯⋯⋯⋯⋯⋯⋯⋯⋯74
　　　　三、常用应变技巧⋯⋯⋯⋯⋯⋯⋯⋯⋯⋯⋯⋯⋯⋯⋯⋯75
　　【思考与训练】⋯⋯⋯⋯⋯⋯⋯⋯⋯⋯⋯⋯⋯⋯⋯⋯⋯⋯⋯⋯93

第四章　重要技巧　学会更好
　　——口语表达的重要技法⋯⋯⋯⋯⋯⋯⋯⋯⋯⋯⋯⋯⋯⋯97
　　第一节　模糊技巧⋯⋯⋯⋯⋯⋯⋯⋯⋯⋯⋯⋯⋯⋯⋯⋯⋯⋯97
　　　　一、模糊言语的特点⋯⋯⋯⋯⋯⋯⋯⋯⋯⋯⋯⋯⋯⋯⋯97

二、模糊言语的类型 ·········································· 99

　　三、模糊表达的技巧 ········································· 101

第二节　委婉技巧 ·················································· 110

　　一、委婉言语表达的含义 ································· 110

　　二、委婉言语表达的要求 ································· 111

　　三、委婉言语表达的技巧 ································· 112

　　四、委婉表达的功能 ········································· 115

第三节　幽默技巧 ·················································· 117

　　一、幽默言语的含义 ········································· 117

　　二、幽默言语表达的技巧 ································· 118

　　三、幽默言语表达的功能 ································· 129

【思考与训练】 ······················································ 132

# 沟通艺术篇

## 第五章　有效沟通　从心开始
——了解引导我们的孩子 ·································· 137

第一节　当代孩子的特点 ········································ 138

　　一、关注自我　追求个性 ································· 138

　　二、思维活跃　视野开阔 ································· 139

　　三、追逐流行　反感束缚 ································· 140

　　四、渴望成才　目的不明 ································· 141

　　五、兴趣广泛　良莠不分 ································· 142

　　六、成长压力　烦恼多多 ································· 143

第二节　孩子的成长需要沟通 ································· 145

　　一、学生厌学　难以说服 ································· 145

　　二、学生"早恋"　难以交流 ·························· 146

　　三、孩子叛逆　家长无奈 ································· 147

四、不会自理　包办过多 …………………………………… 148

　　五、缺乏理想　学无动力 …………………………………… 149

　　六、害怕吃苦　承受力差 …………………………………… 151

第三节　寻找与孩子的沟通良方 ……………………………………… 153

　　一、反思应试教育　强调动手能力 ………………………… 153

　　二、强化理想教育　激励孩子奋进 ………………………… 154

　　三、缓解学习压力　减轻学生负担 ………………………… 155

　　四、反思望子成龙　注重因材施教 ………………………… 156

　　五、赏识点滴进步　维护身心健康 ………………………… 158

　　六、与孩子交朋友　进行心灵沟通 ………………………… 159

【思考与练习】 ………………………………………………………… 160

## 第六章　开导学生　形式多样
### ——老师如何与孩子沟通 ………………………………… 163

第一节　老师与孩子沟通的误区 ……………………………………… 163

　　一、惩罚的隐患 ……………………………………………… 163

　　二、贬损的伤害 ……………………………………………… 164

　　三、无用的说教 ……………………………………………… 165

　　四、消极的评价 ……………………………………………… 166

第二节　言语沟通艺术 ………………………………………………… 168

　　一、交谈技巧 ………………………………………………… 168

　　二、问答技巧 ………………………………………………… 169

　　三、赞美技巧 ………………………………………………… 171

　　四、拒绝技巧 ………………………………………………… 173

第三节　非言语沟通艺术 ……………………………………………… 175

　　一、非言语沟通与体态语 …………………………………… 175

　　二、非言语沟通的类型与功能 ……………………………… 177

### 第四节　要重视老师与孩子的心灵沟通 ………………………186
　　一、尊重呵护孩子 …………………………………………186
　　二、多多包容孩子 …………………………………………187
　　三、交流充满爱心 …………………………………………188
　　四、倾听孩子心声 …………………………………………190

### 第五节　网络环境下的沟通策略 ……………………………191
　　一、对学生网络沟通的引导与干预 ………………………191
　　二、培养学生健康的网络沟通行为 ………………………192
　　三、利用网络进行道德教育 ………………………………193

【思考与训练】…………………………………………………195

## 第七章　走出误区　天地广阔
—— 克服沟通障碍 ……………………………………199

### 第一节　文化障碍 ……………………………………………199
　　一、语言障碍 ………………………………………………199
　　二、习俗障碍 ………………………………………………200
　　三、文化观念障碍 …………………………………………201

### 第二节　心理障碍 ……………………………………………202
　　一、态度与情绪 ……………………………………………202
　　二、自卑与自傲 ……………………………………………203
　　三、害羞与孤僻 ……………………………………………204
　　四、嫉妒与偏见 ……………………………………………204

### 第三节　沟通障碍的克服 ……………………………………206
　　一、适应对方 ………………………………………………206
　　二、善于倾听 ………………………………………………207
　　三、准确表达 ………………………………………………209

【思考与训练】…………………………………………………212

## 演讲艺术篇

### 第八章　王行天下　扬帆启航
—— 演讲内容为王·····················217

**第一节　演讲内容与演讲技巧**·················217
　　一、演讲技巧——演讲的重要形式···············217
　　二、演讲内容——演讲的灵魂·················219

**第二节　怎样表现演讲的思想内容**················222
　　一、演讲主题的确立·····················222
　　二、演讲材料的选择·····················224
　　三、演讲结构的安排·····················227

【思考与训练】·························237

### 第九章　真情演讲　感染力强
—— 优秀演讲稿的衡量与鉴赏·················239

**第一节　优秀演讲稿的内容要抓住三个要点**············239
　　一、突出的事迹······················239
　　二、感人的细节······················240
　　三、闪光的语言······················240

**第二节　优秀演讲词的鉴赏**···················241
　　一、王威演讲词《天使之梦》赏析···············241
　　二、张超凡演讲词《用右手撑起一片晴空》赏析·········245

【思考与训练】·························249

主要参考书目···························255

后　　记····························257

# 导　语　少儿口才指导师应有深厚的语言文化素养

少儿口才指导师是从事口才培训活动的，少儿口才培训是一项十分有意义的活动，少儿口才指导师应当具有口才家的素质；通过口才活动，可以充分表现他的综合素质。这些综合素质一般是通过德（德行）、才（才华）、学（学养）、识（见识）、胆（胆量）、情（情商）、体（身体状况）等七个方面表现出来的。

作为少儿口才指导师，除了上述七种素质之外，还必须有从事口才活动所必备的文化素质、心理素质和完备的知识结构。但就知识结构而言，要有广博的社会历史知识，包括哲学、历史、社会学、政治、经济、文艺、美学、心理学、语言学和口才学等等；要有广博的科学文化知识；要有广博的文艺美学知识。

本教材《少儿口才指导师通用教材》是围绕提高少儿口才指导师的语言文化素养来编撰的。本教材由三个部分构成：

一是口语表达篇，属于语言方面的内容。着重讨论了语音基础、口语表达的原则、口语表达的基本技法，旨在提高少儿口才指导师的口语表达能力。

二是沟通艺术篇，这里有语言学方面的问题，也有语言文化方面的问题。着重讨论了认识当代孩子的特点、寻找沟通良方，老师如何与孩子沟通以及怎样克服沟通障碍等问题，旨在提高少儿口才指导师与孩子的沟通能力。

三是演讲艺术篇，这里有语言学方面的问题，也有语言文化方面的问题。本篇没有泛泛介绍一般演讲艺术的常识，而是着重讨论在当前演讲活动与演讲培训教学中存在的问题：演讲内容为王和优秀演讲稿撰写要点的把握，旨在增强少儿口才指导师演讲培训教学的针对性与有效性。

关于少儿口才指导师的语言文化素养，我们还可以分专题进行探讨，比如：

《少儿口才指导师的语言艺术》

《少儿口语指导师的演讲艺术》

《少儿口才指导师的论辩艺术》

《少儿口才指导师的沟通艺术》

《少儿口才指导师的朗诵艺术》

《少儿口才指导师的主持艺术》

《少儿口才指导师的表演艺术》

《少儿口才指导师的礼仪素养》

这些课题待以后逐一进行专门的研究与探讨。

我们衷心希望全国少儿口才指导师不断地提高自己的语言文化素养，努力培养千百万能说会道的孩子，优秀的演讲高手与沟通高手。

# 口语表达篇

长大要成才　从小练口才

# 第一章 楼高万丈 根基要牢

## ——语音基础

## 第一节 了解并把握语音标准

人类语言都是靠声音作载体来传送信息、表情达意的，而语音并不是杂乱无章的声音的堆积。任何一种语言里都有一套语音系统，任何一种有丰厚文化积累的语言里都有一套逐渐形成的语音标准。我们有时听说英语里牛津音是最标准的，所以书店里常可见到《牛津英语词典》之类的书；也听说过法语以巴黎音为标准，日语以东京音为标准。汉语——现代汉语，即我们读者天天说的话的汉语的标准音是以北京音为基准的。我们听广播，看电视，播音员均以一口流畅自如的普通话把新闻、天气预报、生活知识传递给我们；看电影，看戏剧时，演员也以富有艺术魅力的普通话把我们带入艺术的天地去领略剧中风味。说些离我们远点的情境，比如说军队里传送命令，汇报军情，设想指挥员和战斗员之间各说各的方言，相互产生误解，那对战事将产生什么影响就可想而知了。所以说，我们要想有良好的口才，语音训练至关重要，而了解并把握语音标准更是基本的要求。我们不能想象一位方言味浓重、吐字不清、语调不自然的说话者会赢得听话者的关注和好感，更不能想象在现代以至未来社会里，作为一个有教养的说话者会不了解或不能运用他所属民族的语言的共同标准音。[1]

---

[1] 本章参见：李元授，白丁. 口才训练（二）[M]. 武汉：华中科技大学出版社，2006：17.

## 一、普通话语音标准简介

汉语普通话的语音是以现代北京话的语音系统为基准的。北京自元代作为全国首都以来，800年里始终是全国政治、经济和文化的中心。北京话和北京语音很早就已经成为全国各地区的人学习汉民族共同语普通话的语音标准。特别是1958年全国人民代表大会批准公布，1982年国际标准化组织承认为汉语拼写国际标准的《汉语拼音方案》推广几十年以来，普通话的语音标准已为全社会所了解和认识。小学生，甚至学龄前儿童就接触了《汉语拼音方案》，外国人学习汉语，各类字典、词典的注音，各种产品的型号标记、书刊的索引、视觉通信和无线电报、聋哑人交际用的手指字母等等，都离不开《汉语拼音方案》。可以说，汉语普通话的语音标准已通过各类渠道、各种媒介渗入我们的生活之中。但尽管这样，因我们国家地广人众，教育水平参差不齐，很多人对普通话的语音标准仍缺乏全面深刻的认识，在语言运用时仍会偏离语音标准。鉴于《汉语拼音方案》很容易找到，比如在《新华字典》、《现代汉语词典》等常见的工具书中都收录了，我们这里不具体介绍《汉语拼音方案》和北京语音系统，但希望读者能经常唤起少年时学习的记忆，想想当年语文老师是如何一个字母一个字母地教拼音字母的，我们自然就会在自己脑海里浮现出活生生的普通话语音标准。

## 二、把握声、韵、调的准确性

汉语方言的分歧主要表现在语音上面。各不同地方的人交往有困难多是听不懂对方的音，要鉴别说话者是哪里人也靠听其发音。如：安徽人说"鸡蛋"，听起来像北京话里的"子弹"；云南人说"大雨"，像"大姨"；山东人说"吃肉"，像"吃油"。上面举的例子还都是属于北方方言区的，如是广东、福建、浙江等地的人说话，与普通话语音标准相差就更远了。所以，为了使自己的语言达到发音纯正、字正腔圆的标准，充分利用汉族共同语流畅悦耳的音色和抑扬顿挫的音调来取得良好的表达交际效果，我们应该准确把握普通话的声母、韵母、声调，找出普通话与自己所说方言的对应规律，努力使方言音减少，向标准音靠拢。

### （一）声母训练

声母是音节开头的辅音。发辅音，要注意两个方面：一是找准发音部位；二是用好发音方法。学英语时都有专门的训练；我们说汉语当然是不知不觉学会的，有充分的感性体验，可能缺乏理性知识。"声母"是中国传统语音分析用的术语，大家很早就听说了，小学时一定是学过的。发声母与发辅音一样，要注意发音部位和发音方法两个方面，前者指阻碍气流的发音器官如何形成、保持、破除阻碍；后者指阻碍的方式、声带是否振动、气流是强是弱。

从发音部位这个角度看，普通话的声母分为7类，即①双唇音；②齿唇音、③舌尖前音（俗称平舌音，即z、c、s）；④舌尖中音；⑤舌尖后音（俗称卷舌音或翘舌音，即zh、ch、sh、r）；⑥舌面音、⑦舌根音。

从发音方法的角度看，普通话声母又可分为：①塞音；②擦音；③塞擦音；④鼻音；⑤边音。

各地方音在声母上与普通话有较大差异。南方几种方言（吴语、粤语、湘语等）都不分平舌翘舌，甚至将舌面音也混入了。如吴方言读"诗人"像"私人"，读"找到"像"早到"，读"重来"像"从来"；粤方言读"知道"像"鸡道"，读"少数"像"小数"，读"诗人"像"西人"。即使是北方方言区的次方言（江淮方言、西南方言等），也不能区分普通话里的边音鼻音，将"n"读成"l"，读"男子"像"篮子"，读"女客"像"旅客"，读"年代"像"连带"。还有将唇齿音和舌根音混同的，读"方地"像"荒地"，读"发生"像"花生"。我们要弄清发每个声母时发音器官的部位及构成，掌握发音方法，把每个音都从理论上搞清楚，从实践上发准。除这项基本功之外，我们还可采用两种简便的方法帮助记忆。一是利用声韵调配合规律来分辨，二是利用偏旁类推法来记住较多的同一声母的字。例如：

| zhi | zi |
|---|---|
| 支知｜直执｜止纸｜志制 | 姿兹｜—｜子紫｜自字 |
| chi | ci |
| 痴吃｜池迟｜尺耻｜赤翅 | 疵｜瓷磁｜此｜刺次 |
| shi | si |
| 师失｜时石｜史始｜市世 | 思斯｜—｜死｜四饲 |

从这个对照中,我们看到 zi 和 si 第二声都没有字,ci 和 si 第三声常用字只有一个。如遇到这些音节的第二声、第三声的字,便大胆地读翘舌音就是了。

又如以下例子:

　　者（zhe）　　猪诸煮著箸踷储奢暑署曙薯

　　只（zhi）　　织职帜炽识

　　中（zhong）　忠衷钟肿种仲冲

根据偏旁的声母所属的类可以类推带有这个偏旁的几个以至十几个字都读相同类的声母。这样就做到以少驭多,减少无用功,提高效率。①

（二）韵母训练

韵母是音节中声母后边的部分,主要由元音构成。有人说汉语的一个特征是元音占优势,意思是说汉语有显著的音乐性。元音通常又指乐音（与"噪音"相对,辅音多为噪音）,元音和辅音互相间隔,形成了分明的节奏。把握好普通话的韵母发音的标准,可充分发挥汉语音乐性的优势。西方有句谚语说：英语用于做生意,意大利语适于唱歌,法语是外交官常用的,德语是战士英雄说的语言,而西班牙语呢,是情人倾诉爱时最好的了。有位俄国作家以饱满的民族自豪感说：俄语既坚强、虔诚,又柔和、温情,适于一切场合一切人使用。汉语与印欧语相比毫不逊色,汉语元音占优势——即韵母在音节中处重要地位——是刚才所提及的欧洲语言无法比拟的。

普通话韵母内部情况较复杂。一个韵母的元音可以是一个,这叫"单元音韵母";也可以是两个或三个,这叫"复元音韵母";还有带鼻辅音结尾的,这叫"带鼻音韵母"。如果是一个元音的,它就是这个韵母的"韵腹";如果是两个、三个元音或有鼻辅音时,则在韵腹前的称"韵头"（又叫"介音"）,在韵腹后的称"韵尾"。发音时,韵头要发得轻而短,韵腹则须清晰响亮,韵尾稍含混,不要喧宾夺主,韵腹是韵母的中心成分。发鼻韵母时,有一个由元音向辅音的过渡。元音要响,而鼻辅音发音时一定要完全关闭口腔通路,让气流进入鼻腔。发前鼻音韵母（又叫"带舌尖鼻音"）时,最好舌尖要抵住上齿龈；发后鼻音韵母（又叫"带舌根鼻音"）时,最好舌根

---

① 邢福义主编. 现代汉语[M]. 北京：高等教育出版社,1986：140.

要抵住软腭。很多方言里就是对普通话里的前鼻音韵母和后鼻音韵母没有区别。"人名 ming"和"人民 min"不分，"老程 cheng"和"老陈 chen"不分。

在进行韵母发音训练时要注意以下几点。

### 1. 念准复元音韵母

有些方言里没有复元音韵母。如普通话里的 ai，苏州人读如 [E]，上海人和湖南人读如 [ɑ]，济南人读如 [E]。再如普通话里的 ao，苏州人读如 [æ]，湖南人读如 [ə]，上海人和济南人都读如 [ɔ]。闽、粤方言还有以 [y] 为韵尾的复元音韵母，如广州话"水"读如 [sœy]，福州话"预"读如 [øy]，这在普通话里都是没有的，要把握标准，就必须掌握普通话复韵母的发音要领，反复体会一个复元音韵母里的动程，发音到位。

### 2. 防止丢失鼻音韵尾

有些方言将普通话里的带鼻音韵尾念成鼻化元音，甚至完全丢失。如济南人把 an 读如 [æ̃]，昆明人则读如 [ɑ̃]。

### 3. 分清鼻音韵尾 n 和 ng

刚才已提到前鼻音韵母和后鼻音韵母之分，普通话里分别得很清楚，听北方人说"北京"（jing）和"天津"（jin）很易分辨。但有些方言却不能分辨，或是有 -n，没有 -ng；或是有 -ng，没有 -n。如南京话里的"天坛"与"天堂"相同，"平凡"与"平房"相同，都是前鼻音韵尾。山西话里则都是后鼻音韵尾，"团结"读如 tuangjie。

### 4. 防止丢失韵头

西南方言把 [u] 丢掉，对"dui"读如 dei，"腿 tui"读如 tei，"短 duan"读如 dan。广州话把"流 liu"读如 lou，"钻 zuan"读如 zan。如果是说这些方言长大的人，首先要读准普通话中有韵头的字，其次要弄清哪些字的韵母有韵头 i、u，可利用声韵配合规律帮助记忆。

### （三）声调训练

声调是音节高低升降、曲直长短的变化形式，是汉语音节结构中不可缺少的成分，与声母、韵母一样有区别意义的作用，如"买"和"卖"，都是 mai，只是一个为上声，一个为去声。汉语有声调是汉语与欧洲语言在语音上的很大的不同，我们听过外国人说汉语，如果有什么不流畅自如的地方，最容易感觉到的是声调不自然、不准确。中国北方方言区大部分地方的调类都与普通话的一致，有阴平、阳平、上声、去声四个调类，但调值不一样。如普通话与天津话、济南话同为阴平的调类，调值则一个是 55，一个是 11，一个是 213。再如同为阳平调类的词"团结"，普通话是 35，高升调；汉口话则是 214，是降升调。

南方方言里调类与普通话不一致，调类数比普通话多，最多的有 10 类，如广西博白的声调调类，除上举的类外，还有阴上、阳上之分，阴去、阳去之分，有上阴入和下阴入、上阳入和下阳入等。方言区的人要注意找对应规律，进行类推，一般可以收到事半功倍的效果。如重庆大学普通话的上声可利用重庆话的去声，把重庆话中降升调的字如"胜、利、万、岁"全都念作全降调 [51] 就可以了。

### 三、方音（乡音）也不应放弃

上面所说是从语音规范化标准化角度谈对声母、韵母、声调的普通话标准的把握。任何一种语言甚至方言都有一定的标准，这是我们必备的常识。同时我们也应看到，由于社会和地域的广泛复杂性，非标准的语言现象一直存在，似将永远存在。方言即这样一种语言现象。唐朝诗人贺知章的诗句"少小离家老大回，乡音未改鬓毛衰"正是一个绝好的写照。革命导师恩格斯喜欢学习外语和研究方言，一次他用几种语言以至方言与一位流亡革命者交谈，最后用上了这位远离家乡的革命者的方言才使对话得以沟通，而这位革命者听到了家乡话感动得热泪盈眶。

这都说明语言上的认同感有时是以小范围来限定的。乡土关系在各个国家都有十分重要的作用，在中国尤其显得重要。如果我们原来会说某种方言，我们不必像对待废物一样想尽快甩掉它，当然，有时是想甩掉却办不到；我们应珍视这份语言资源。如果我们有精力，或者说有语言天赋，更应珍视它，开发它，即多学点语言或方言。丰富的语言一定会使我们在社会交往中得到很多意想不到的便利。

不过，这里有一点该提醒注意的是，我们当然要以标准音为基准，要防止标准音与方音串味，不要弄成夹生饭似的。学习外语更不要不求甚解，否则所说外语肯定是"洋泾浜"了。尽管这样说，语言总是由生疏到熟练，由不太标准到比较标准和很标准，这需要我们放开胆子，老着面子，不停地自我训练。不要因为说得不标准，带有浓烈乡音怕别人笑话而不敢开口。越是怕就越不能说标准的普通话，也就越容易造成障碍。有句谚语说得好：犯了错后立即改，这只会犯一次；如怕犯错而不做，就有可能犯很多次。

## 第二节　掌握音变规律

　　人们说话并不是一个字一个字（一个音节一个音节）地说，更不会将声母、韵母、声调单独地作为语音单位使用，有的根本是不可能做到的。上面所说声母训练、韵母训练等只是为了分析的方便而把语音分为几个方面来讲。实际上，人们说话时都是有一个明畅的语音流。在这自然的语音流中，音素之间或音节之间就相互产生影响，出现语音变化。（简称"音变"。这与因历史演变而产生的语音变化不是一回事，如唐诗里的实际读音与现代读音已有很大不同。）音变现象在中外语言中普遍存在，如英语的冠词 a，因语音环境的不同有不同的读音，单读为 [ei]，入句后为 [ə]。汉语方言里自然有大量音变现象，汉语普通话作为一种活的口语，语音上即从北京方言里吸收了这自然而然的音变现象，如不这样说话，反倒显得语言生硬单调，听起来可笑。20 世纪 30 年代拍摄的故事片中，演员对话就像这种味道；著名相声大师侯宝林有一个相声段子即模仿当时一些人说话一个字一个字蹦字，一听就觉得不自然；大家也知道，现代科技发展到用机器合成语言，机器语言与自然人所说语言的很大不同不在单独的音节，而在音节相接后音变得不流畅。比如说，普通话说得快而流利时会把"广播"（guǎng bo）读成 guǎm bo，把"嘴巴"（zuǐbā）读成 zuǐube，把"什么"（shén me）读成 shém。这些变化较细微，变化前和变化后的词的意义大都没发生变化，故常为人忽视。但只要对语音有敏感的耳朵，一般都能分辨得出来。我们如果想学好、学纯熟一种语言，就应该在掌握该语言语音标准的基础上进一步弄清并会运用它的音变规律。这才能说我们的语音水平达到了应有的高度，说的话才是真正地道的口语。

　　下面对汉语普通话里几种主要的音变现象做些简要的叙述、分析。

### 一、轻　　声

　　普通话和方言的每一个音节都有它的声调，我们查字典可看到每个字都标了调的。可有些音节与其他音节组成一个词或进入句子后会失去其原有声调而读成一个较轻、较短的调子。如"花"原调是阴平，组成"棉花"后比"棉"轻得多，失去原调而弱化成一个轻声音节；再如"头"，原为阳平调，组成"石头"后也弱化成轻声音节。轻声在汉语语音分析中不看作一个独立的调类，拼音字母里在该音节上不标符号。如"棉花"念作 mián·hua，"石头"念作 shí·tou。

读轻声时有时还会引起声母和韵母的变化，如不送气清塞音声母 b、d、g 往往读成浊塞音 [b]、[d]、[g]。念得特别轻还可能失去声母，如"五个"会变成 wu'e。看描写京城生活的电影、电视剧，里面年轻人说话常常可听到类似音变。韵母中的元音因轻声音变总往央元音靠拢，如"桌子"zhuo·zi→[tsuotsə]，"回来"huí·lai→[xueilə]。有的轻声音节甚至失去韵母，如"意思"yì·si→[is]。

普通话里大多数轻声都同词汇、语法上的意义有密切关系，如：

（1）语气词"吧、吗、呢、啊"；

（2）助词"的、地、得、了、过"；

（3）名词后缀"头、子、儿"；

（4）方位词"里（家里）、上（桌上）、下（地下）"；

（5）趋向动词"来（走来）、去（出去）"；

（6）重叠动词的末音节"看看、瞧瞧、试试"；

（7）作宾语的人称代词"叫你、请他"；

（8）口语中常用的双音词的第二个音节"奶奶、妈妈、姐姐、大夫、闺女、告诉、阔气、清楚、凉快、啰唆"。

上举例子都是要读成轻声才是正确的。

# 二、儿　　化

普通话单念"儿"韵的字只"儿、而、尔、耳、二"几个。"儿"与前一个音节的韵母结合，使这个韵母的音色变化，带有卷舌色彩的语音现象叫"儿化韵"。原来的非儿化韵韵母则叫"平舌韵"。如一首有名的电影插曲《花儿为什么这样红》中的"花"与"儿"两个字单独念，"花"是平舌韵；在口语里，"花"与"儿"

结合到一起念，即成了儿化韵，读成 huār。毛泽东 1965 年秋写的《念奴娇·鸟儿问答》词题中的"鸟儿"，词中的"雀儿"两个词，在口语里都会读成儿化韵。儿化韵里的"儿"不是一个单独的音节，而是在一个音节末尾音上附加的卷舌动作，使那个音节因儿化而产生音变。

儿化有两种情况：一种是不改变原韵母，只在该韵母后加一卷舌动作，如"香瓜→香瓜儿 guār"，"大伙→大伙儿 huǒr"；一种是改变原韵母的读法，这又分为以下三小类。

（1）原韵母的韵尾失落，在主要元音上加卷舌动作，如"小孩→小孩儿 xiǎo háir"。

（2）原韵母的主要元音被改换后加卷舌动作，如"胡同→胡同儿 [túŋ] → [t'ũr]"；

（3）原韵母后面加上 [ə] 和卷舌动作，如"小鸡→小鸡儿 [tɕi] → [tɕiər]"。

北京话里儿化词很多，西南官话（如成都方言）也有很多儿化韵。许多儿化现象跟词的词汇意义、语法意义有关系，能区别词义，如："油票儿"与"邮票（不儿化）"，"头儿"与"头"，"信儿"与"信"；能在某些词里确定词性，如"盖儿（名词）"与"盖（动词）"，"破烂儿（名词）"与"破烂（形容词）"，"错儿（名词）"与"错（形容词）"。有些词儿化以后带有"小"、"喜爱"、"亲切"等感情色彩，如"小孩儿、老头儿、苹果脸儿"等。而有些词则不宜也没出现儿化，如"老师、狮子、骂"，因这些词的词汇意义分别带有尊严、威风和冷淡的色彩。

对儿化韵，全国很多地方的人不一定能很自然地适应和掌握，电台、电视台的播音员也没有经常读儿化韵，甚至有的人在北京生活几十年，口语里读儿化字一听就是外地来的。所以说，我们对儿化训练可持这种态度：如果能很快掌握，不妨学地道些；如果费时太多且不易见效，就不必太勉强，把精力用在其他方面，以免做些事倍功半的无用功。

## 三、变　　调

前面说了，声调是汉语区别于英语、法语的一大语音特征。我们平时说话，自然而然地任性而为，不自觉地调节着语言的声调。可真要我们当众正儿八经地宣讲点什么，朗读点什么，会发觉自己的字调有点没把握好，不如受过正规训练的人说得那么有板有眼。这与我们没从理论上了解汉语声调变化的复杂性有密切关系。

本节最开头讲的"轻声"就是一种特殊的变调，普通话常见的变调还有以下三种情况。

（一）上声的变调

上声字连读产生的变调现象有以下两种。

（1）上声在非上声字前面变成半上，即由 [214] 变为 [21]。如：老师、首都；语言、小船；土地、晚饭；手巾、脑袋。

（2）上声在上声字前面变得接近阳平，即由 [214] 变为 [24] 或 [34]。如：野草、讲演、选举。所以听"买马"像"埋马"，"有井"像"油井"。不过，在具体的语言环境里人们不会有太大的困惑。

多个上声字相连，可分组连读。三个上声的，前边两个都念成接近阳平，如：洗洗手，好领导 →[34 34 214]；四个或五个上声的，可根据词的搭配意义，适当分为两个或三个音节一组，按上述规律变调，如：产品 | 展览；永远 | 友好；我写 | 演讲稿。

需注意的是，上声字处在词、句末尾时，不变调，全读上声，即 [214]。

（二）"一、七、八、不"的变调

这四个字在古汉语里和在很多方言里是入声字，它们的变调现象在普通话里比较突出。

1. "一"的变调

"一"的本调是阴平，单念或在词、句末尾时念本调，字典、词典上标的就是本调。但它在其他情况下出现变调：①在去声前念阳平，如一架、一个、三十一岁；②在非去声前念去声，如一天、一头、一碗、一言为定；③夹在重叠动词中间念轻声，如走一走、看一看。

2. "七、八"的变调

这两个字本调为阴平，在非去声字前也念阴平，如第七、七斤、八年。在去声字前往往变阳平，如七万（qí wàn）、八块（bá kuài）。但也可以不变，仍读本调。据调查，北京人说话时也有两可的。

### 3. "不"的变调

"不"单念，在非去声前，在词、句末尾都念去声。在去声字前则变为阳平，如不去、不对、不露声色。"不"夹在词语中间读为轻声，如差不多，行不行。

### （三）重叠形容词的变调

单音节形容词重叠时，重叠部分如果儿化，不管原调是什么，都要变为阴平，如好好儿的→hǎohāorde，短短儿的→duǎnduānrde，快快儿的→kuàikuāirde。重叠部分不儿化，则保持原调。双音节形容词重叠，有时第一个音节重叠部分轻读，后一个音节及其重叠部分变为阴平，如整整齐齐→zhěngzhengqīqī。

## 四、语气词"啊"的音变

汉语语气词和叹词较丰富，无论是北方话还是南方话都是如此。我们近些年常听常见也常用的一个广东话语气词（或叫感叹词）是"哇"（或写成"哗"）。普通话中用在句尾的语气词"啊"（a），由于受前一音节末尾音素的影响，会出现"同化"、"增音"等音变。我们应掌握以下规律。

（1）前面音素是 i、ü 时读 ya，写成"呀"。例如，会不会有雨呀（yǔ ya）？

（2）前面音素是 u 时读 wa，写成"哇"。例如，他在哪儿住哇（zhù wa）？

（3）前面音素是 n 时读 na，写成"哪"。例如，你真能干哪（gàn na）！

（4）前面音素是 ng 时读 nga，写成"啊"。例如，这里真安静啊（jing nga）！

（5）前面音素是 -i[ɿ] 时读 za，仍写成"啊"。例如，这是个什么字啊（zi za）？

（6）前面音素是 -i[ʅ] 时读 ra，仍写成"啊"。例如，看你都干了什么事啊（shì ra）！

## 第三节　学点科学发声法

人的嗓子是天生的。听优秀歌唱家的歌声，我们既陶醉于曲词的艺术氛围中，也为歌唱家那或甜润，或洪亮，或明净，或含蓄的嗓音所打动，只恨自己是个"莎士比亚"（沙、嘶、劈、哑）。不过，我们也应相信，人的潜能是巨大的，科学的、艺术的发声方法是存在的。要想使自己的语音除了符合普通话标准外，还要有一定的甚至很强的表现力和感染力，我们应当懂一点必要的人体发声原理，学一点科学的艺术的发声方法，进行一些严格的发声训练，使我们的嗓音在天生条件的基础上得到一些或很多改善和美化，这当然取决于每个人的努力程度了。

日常交谈或一般公共事务的信息交流（如上课、谈工作等），应该朴实自然，不必过于追求那些带明显表演色彩的发声方法，否则倒给人拿腔拿调的感觉，也就是做戏的感觉。但对于一些特殊的口语表达形式（如朗诵、讲故事、讲演等），则应该有较高的要求：力求发音清晰、响亮，能传送远些；音色优美、感人，能吸引听众。当然，声音优美并不是发声训练的最终目的，因声音只是表情达意的手段。要正确处理声音与情意（话语内容）的关系，做到以情带声，以声传情，声情并茂，这样才是一个合乎我们训练目的的正确途径。

### 一、气息控制

这又称"呼吸训练"。气息指呼出吸进的气流，气流是人类发声的原动力，气流的速度、流量、压力的大小同声音的高低、强弱、长短以及共鸣效果有直接、密切的关系，也同语势的强弱和感情的表达有很深的关系。平常不必时时考虑控制操纵气息，但在需要讲求音量或长时间说话以及艺术表演时，气息的控制是很必要的。气息靠呼吸获得，常见的呼吸法有以下三种。、

## （一）胸式呼吸

这又叫"浅呼吸"。主要靠上提肋骨扩大胸腔的水平度吸气，吸入气流不多，发声细小，难持久。

## （二）腹式呼吸

这又叫"深呼吸"。主要靠下降横膈膜扩大胸腔的垂直度吸气，吸气时腹部放松外突，腹肌不易用劲，大声说话久了易累。

## （三）胸腹联合呼吸

这是靠肋骨、横膈膜和腹肌共同运动来吸气。既有胸式呼吸水平方向的扩张，又有腹式呼吸垂直度的拉大，整个胸腔容积倍增，使肺部气流增加，为发声提供充分的原动力，可对声音的强弱、高低、长短做自如的调节，能适应音量、音长上的各种需要，所发声音也洪亮丰满。具体的呼吸过程如下。

（1）吸气时，两肩放松，胸稍内含，腰部挺直，两肋打开，横膈膜下降，略收小腹。这时，胸、大腹和腰有渐胀满并外扩的感觉，气流通过鼻腔均匀吸入肺中，要让气往下沉，吸足吸满。同时，利用小腹收缩的力量控制住气息不使外流。

（2）呼气时，不要即刻放松，否则会出现"句头重、句尾轻"的现象。而应该始终收住小腹，横膈膜慢慢上升，两肋和腰部在尽力维持原状下渐渐放松，将气缓缓呼出。做这种呼吸应注意：吸气要吸得深，又切忌过满，过满失去控制的余地，会一泄而出；呼气要呼得匀，切忌忽大忽小，太快太慢，还要留有一定的余气。总之，使气息在说话人有目的地控制下均匀、持续、平稳、柔和地呼气吸气。

## 二、换气训练

我们说话时，不可能只呼吸一次就将想说的话全部倾吐出来，总要在中间换气、补气，以保证有足够的气息，保持所发声音的饱满、圆润、从容及流利，满足表情达意的需要。至于唱歌、唱戏，那就对换气、补气有更高的要求了。

换气的方法有以下两种。

### （一）大气口

在表达允许有短暂停顿的地方，先吐出一点气，紧接着深吸一口气，为接下去的话语表达准备足够气息，这是一种"少呼多吸"的换气法，故叫大气口。气口即换气之处。

用大气口法要把气口安排在可以进行语法停顿和感情停顿的地方。一要及时，凡可换气即及时换，不要错过机会；二要吸足，以保证语气从容和音色优美，防止气竭。

### （二）小气口

说较长句子时，在可以做停顿处急吸一小口气，或在吐完前一个字时不露痕迹地带回一点气，弥补底气。这是一种"只吸不呼"的换气法，故叫小气口，也叫"偷气""补气"。

用小气口法时，气口的选择要以不影响语义表达、不截断语法结构为前提。一要动作快，小腹一收、两肋一张，口鼻吸气，即刻补足；二要轻松自然，不露痕迹，做到字断气不断。不管是大气口，还是小气口，基本的方法是：呼气发声时，小腹由收紧到逐渐放松，两肋则由上提张开到缓缓下移回缩，这时气流排出冲击声带发声；需吸气时，小腹一收，两肋一张，气流很快由口腔、鼻腔进入，补气过程即完成。整个过程中，两肋和小腹是关键。

在艺术语言训练中，有一种用一口气将一大段话连着说完的练习，传统称之为"贯口"。多做练习可以提高气息控制能力。我们可试着用"贯口"反复读下边这个急口令，连续快读，一气呵成。

> 出东门，过大桥，大桥底下一树枣儿，拿着杆子去打枣，青的多，红的少。一个枣儿，两个枣儿，三个枣儿，四个枣儿，五个枣儿；五个枣儿，四个枣儿，三个枣儿，两个枣儿，一个枣儿。

## 三、发音器官的训练

发音器官指的是喉头、声带、口腔、鼻腔、唇、牙、舌等。我们说话的流利与否直接与运用发音器官是否灵活自如有密切关系，就像熟语形容一个人的语言状况所说的伶牙俐齿、口燥唇干、张口结舌、喙长三尺、摇唇鼓舌、长舌妇等，都是将人的发音器官当作描写对象的。所以我们还要对以下部位进行有意识的控制训练。

（一）喉头、声带训练

在我们掌握了科学的呼吸、换气训练法之后，气流能较轻松地产生了。而在气流作用下，首先受影响的是声带。声带是发音体，如果我们说话时间长了，最易受损的是声带。据说演员、播音员向保险公司投保，很特别、很重要的一条就是把自己的声带作为一投保项目。我们现在也经常看到有各种咽喉药品上市，说明喉头声带是需要精心呵护的。如能够科学地使用嗓子，无疑会使我们既说得多、又说得不累。喉头声带训练主要是练习喉部肌肉的灵活性，根据发声需要自如地调节声带的状态。

做声带训练时应先有准备，使喉部肌肉放松，声带保持自然状态。然后发出均匀、舒缓的气流，轻轻拂动声带，使之微微抖动并出声，像儿童撒娇哭出声似的，也像泉水冒泡似的一个一个颤抖出，这叫"气泡音"。做完准备动作后，进行声音由弱到强的训练：吸足一口气，全身放松，嘴巴一开一合，把声音由最低向最高推进，发出"衣"、"阿"连续声；也可进行连续的低音或连续的高音训练。这样可以提高喉头和声带的感觉和控制能力。练习时注意不要有意提高嗓音或挤压嗓子，这会使声音过高过直，缺乏韧性，且容易疲劳。

（二）口腔开合训练

口腔是说话咬字吐音的器官，具有控制气息及扩大音量的作用。进行口腔开合训练的目的是使口腔壁、咽腔壁的肌肉富有弹性，能经常处于积极状态，调节自如，发出的声音清楚、响亮。

练习方法有以下三种。

（1）反复做咀嚼动作可加强两腮的力量。

（2）有意识上提或下收下巴，可使说话有力度。

（3）反复比较 a、i 两个韵母的发音。我们知道，a 开口度最大，i 开口度最小，这种练习能让我们口腔开合到极端，从中体会开合的变化和差异。

## （三）舌头训练

舌头是最灵活的发音器官，人能发出几十上百个不同的音素以组成语言，而动物只能吼叫啼鸣，就是因为两者的舌头灵活度有天壤之别。人的舌头在口腔中的位置前后、高低的变化便产生了有明显区别的声音。说一个人说话不清楚就是用舌头来指明的，如"大舌头，舌头僵了，舌头发直了"等等。进行舌头训练的，目的当然是使之灵活、有弹性，能自如地前后、高低、平卷运动。训练方法如下。

（1）弹舌法。舌尖上翘，快而用力地反复弹上牙齿背；或是反复练普通话舌尖音 d、t 两个声母。

（2）卷舌法。嘴张开，舌尖前伸拢成尖形，并往上往后卷；或是反复练普通话卷舌音 er 这个韵母。

（3）转舌法。闭嘴，舌尖放在牙齿外嘴唇内的位置，以上齿为中心作顺时针或逆时针旋转，反复多次。

## （四）嘴唇训练

嘴唇是最外面的发音器官，它的形状也决定发音的准确、响亮。也有人为了优美的口形刻意练习，这是另一回事。我们进行嘴唇训练仍只是增强其活动能力及控制气流的力度，使之能灵活自然地收展，发出流畅的语音。训练的方法如下。

（1）喷崩法。双唇闭住，气流爆发喷出；或练习普通话双唇音 b、p 这两个声母。

（2）关节法。食指关节放在嘴唇间，大声读书，然后取出食指再读那段文字，在含糊与清晰之间反复练。

（3）撮展法。嘴呈自然状渐撮拢突出呈撅嘴状，再向两侧展开呈扁平状；或练习普通话舌面元音 i、u 这两个韵母。

（4）话筒法。将嘴唇当作一个话筒来使用，反复发 wa 这个音，这可以克服鼻音过重和声音偏低的毛病。

## （五）共鸣器训练

物体振动发出声音后传至其他物体，也产生振动。这振动再传回，又传去，逐渐扩大，声音也随之增强。这叫共鸣。人体有五个共鸣腔：胸腔、咽腔、口腔、鼻腔、头腔，其中胸、口、鼻三腔占主要地位。经实验得知，声带产生的音量只占说话音量的5%，绝大部分音量都是经共鸣腔共鸣放大后获得的。共鸣腔就像现在使用的音箱一样，或像二胡最下面的圆筒、小提琴大提琴的琴身。如果没有它们起作用，或使用不得法，发出的语音或乐音当然很小、很涩。

鼻腔属高频泛音区，能使语音高亢、响亮；胸腔属低频泛音区，能使语音浑厚、低沉；口腔则属中频泛音区，能使语音丰满、圆润、庄重。我们平时说话或讲课用的高音共鸣或低音共鸣都少，常用的是口腔的中音共鸣。所以我们多进行些口腔共鸣训练。

训练时，口腔自然打开，保持一定张力，口腔壁、咽腔壁的肌肉处于积极状态，笑肌提起，下腭放下，上腭上提。这时声带发出的声波随气流从喉部流来，在口腔前上部引起振动，产生共鸣效应。具体说，我们可用自然音发 a 的高长音，会感觉到有一条富有弹性的声束由小腹向上抽出，经咽喉沿上腭直冲硬腭前部，在这反射后出口。如发 a 的低长音时以手按胸部，可感觉胸部振动，这表明胸腔共鸣；如发 a 的中高长音时手摸脸颊，可感觉脸部振动，这表明是口腔和鼻腔在共鸣。感觉越明显，共鸣效果越好，声音也越洪亮。我们训练共鸣器也就是为达到这一目的。

### 四、吐字归音训练

吐字归音是说唱艺术特有的一种发声方法。我们大概都听过曲艺节目如京韵大鼓、相声、山东快书等，对艺术家的字正腔圆的表演有很特别的印象。他们大都受过严格的训练，所以发音准确清晰，力度大，传得远，听来有一种回肠荡气的感受。特别是天津骆玉笙老人为电视剧《四世同堂》所唱的主题歌《收拾河山待后生》，让人惊叹这位古稀老人的深厚艺术功力。我们应借鉴其方法来提高口语表达水平。

吐字归音是根据汉语语音的音节特点设计的训练法，把一个字（即一个音节）分为字头、字腹、字尾三部分，分别提出训练要求、原则和标准。吐字是对字头发音的要求，归音是对字腹，特别是字尾发音的要求。三个部分的总要求是：咬准字头，发响字腹，收全字尾。达到"准确、清晰、圆润、集中、流畅"，也就是"字正腔圆"

的总标准。具体操练如下。

（一）咬准字头

字头是字音的开始阶段，指声母和介音。发音时注意要有力、摆准位，利用开始阶段的爆发力量带动字腹和字尾的响度，使发的音有一种"弹出"的感觉。

（二）发响字腹

字腹即韵腹，是音节中最需发清楚，也自然会响亮的部分。发音时仍要有意强调，发长些，发响些，气息要足，共鸣要够，才真正有丰满之感。

（三）收全字尾

字尾即韵尾，是字音的收束部分，其音质多含糊不定，容易读"丢"、读"无"了。所以，须注意归音到位，即调节发音器官有一个向韵尾音素所处部位明显滑动的过程，使之确实到位。收得干净利落，既不拖泥带水，又不草草收场，做到声虽止而韵无穷。

字头、字腹、字尾是一个字音的三个部分，实际发音时是一个不可分割的整体。练习时要将三者联系紧，掌握滑动，从字头滑到字腹，再从字腹滑到字尾，其间没明显界限，是一个枣核形整体。同时又须知道各部分特性，表述明晰，才能做到：吐字有力，收音到家，全字清亮，字音远传。

## 【思考与训练】

1. 什么是普通话及普通话的语音标准？

2. 说说下列各组声母的异同：
   b—p　z—zh　sh—r　m—n
   h—l　s—x　h—f　c—p

3. 读准下面各组韵母，说说它们的异同：
   o—e　i—u　u—ü　e—er

4. 朗读下列词语，注意唇形的变化：
   bìxū　zhùyì　jìlù　chǔlǐ　wǔyì
   jùlí　chúxī　qǔyì　yījù　bìlù

5. 练习下列绕口令，注意声母的发音。
   （1）四是四，十是十，十四是十四，四十是四十。
   （2）小妞妞，翻跟头，
   　　兜兜里面装豆豆。
   　　前翻翻个六，
   　　漏了九颗豆。
   　　后翻翻个九，
   　　豆豆漏了六。
   　　跟头前后翻几个？
   　　兜兜漏了几颗豆？

6. 练习下列绕口令，注意韵母的发音。

（1）天津和北京，津京两个音。一个前鼻音，一个后鼻音，你如分不清，请你注意听。

（2）浓浓雾，雾浓浓，浓浓灰雾飞入松。灰雾入松松飞雾，松雾雾松分不清。

7. 读以下双音节词语，并按普通话语音标出调号。

抚养　品尝　女婿　凝视　跨越　掐算

钢笔　挖掘　撞车　狂热　铁匠　串门儿

8. 请认真阅读下面的散文《幸福是什么》，进行语速技巧训练。根据散文每段的不同内容，控制好语速的快慢，做到急缓相间、快慢得体、慢而不拖，从而逐步提升自己的读诵能力。

## 幸福是什么

幸福就是一辈子没有赶上地震、洪水、海啸、台风，和所有的灾难绝缘。（慢速表达）

幸福就是，睡在屋里的人可以酣睡，不担心自己一醒来发现屋子已经被强制拆除。到超市买婴儿奶粉的年轻母亲不必担心奶粉有没有"三聚氰胺"。吃饭时不必担心会不会吃到农药、化肥、激素，会不会喝到假酒。（由慢到快）幸福就是，当官的因秉公廉洁，夜夜能睡安稳觉。富人不必担心被敲诈勒索，穷人不必担心孩子上不了学。白领一族做房奴车奴，每月能够按时还贷。（慢速表达）

幸福就是，寻常的日子依旧。水果摊上有最普通的柿子香蕉。菜场里每天有活鸡活鱼。花店里百合仍旧香得浓郁。（快速表达）

幸福就是，平常的人家在晚餐的灯光下，围坐在一起。年少的叽叽喳喳谈自己的学校，年老的唠唠叨叨说自己的假牙。厨房里传来炖肉的香味，客厅里看着电视新闻。（慢速表达）

幸福就是，头发白了，背也驼了，用放大镜费劲读报的人，还能自己

走到胡同口买回油条豆浆叫你起床。（快速表达）

幸福就是，在一个寻寻常常的下午，阳光照进你的阁楼，牙牙学语的婴儿在干净的地板上玩玩具，你在桌子上学插花。（由慢到快）

幸福就是，无论你在异国他乡多久，给年迈的父母打越洋电话，永远会听到父母苍老的声音，叮嘱你多穿衣服，别忘了给家里打电话。（快速表达）

9. 请认真阅读下面两段演讲文字，进行停顿技巧训练。注意把握好换气、语速、逻辑、心理停顿技巧，从而逐步提升自己的演讲水平。

（一）

他身上中了七刀，鲜血冒了出来，染红了警服，染红了他脚下的坚硬的柏油路……他倒下了，但制服歹徒的意念和信念使他继续向前爬着！爬呀，爬呀，爬不动了，喘息一阵，再爬，五米，十米，十二米，十三米……在他身后，留下了一条鲜红的血路……

训练提示：这段演讲再现了英雄惊天地、泣鬼神的壮举，训练时将语速放慢，注意换气和心理停顿。

（二）

小时候，我听说过这样一个故事：一所小学招聘教师，来了许多应聘者，有一位姑娘并不出众，却说了这样一句话："我曾经想做一个伟人，但没有成功；后来我又想做伟人的妻子，也已失败。现在我想通了，我要做伟人的老师。"结果，她被录用了。这个故事给我留下了深刻的印象，教师这个神圣的名字也从此在我心灵里烙下了印记。前年九月，当我真正踏上教育这方热土时，我觉得自己仿佛走进了生命中最灿烂的时刻。

训练提示：这段演讲讲述了"我"小时候听的一个关于招聘教师的难忘故事，这个故事给"我"的影响以及"我"终于当上教师的感觉。训练时要避免一个语速到底，注意适时停顿。

# 第二章　中规中矩　有方有圆

## —— 口语表达的原则

## 第一节　目 的 原 则

口语表达是一种有意识的社会实践活动，无论是交谈、演讲、论辩，还是采访、谈判、授课、问诊，乃至聊天、开玩笑，都是为实现一定的交际目的而进行的。英国哲学家奥斯汀（John Hangshaw Austin）提出的言语行为理论认为，交际的基本单位不是句子或其他什么语句，而是完成一定类型的言语信息传输接受的行为，如肯定、请求、提问、命令、致谢、道歉、祝贺等，把研究的注意力放在言语行为及其意图和效果上。很显然，这个理论强调言语行为与言语行为的目的。而这一点，对于研究口才艺术具有指导意义。因此，我们觉得有必要把目的原则确立为口语表达的首要原则，只有清醒地认识和明确地把握这一点，才有可能在口语表达时注意准确地选择和恰当地调整言语表达的内容和形式，有效地防止言语失误或失控，妥善地设置和控制好自己的言语行为。[①]

### 一、口语表达的基本目的

据研究，人际交往中口语表达的目的，主要有以下六种。

**1. 交流信息或传授知识**

这种情形最常见，生活、工作中比比皆是，较为正式的有如现场报道、产品介绍、

---

① 本章参见：李元授. 演讲与口才（二）[M]. 武汉：华中科技大学出版社，2007：177.

展览解说、课堂教学、学术报告等。

### 2. 引起注意或激发兴趣

这类说话多出于社交目的，或为了接触，或为了沟通，或为了取悦于人，或为了显示自身的价值，如打招呼、寒暄、提问、拜访、介绍、发表讲话等。

### 3. 争取了解和赢得信任

了解和信任建立在相知的基础之上，而相知是由相互交流、交心谈心完成的，因此，攀谈、叙旧、拉家常、谈恋爱等言语行为，往往意在通过交流思想感情，增进友谊，密切交往。

### 4. 鼓励或激励

这类讲话旨在统一认识，坚定信念，交流信息，引起精神共鸣和达成共识，有时也要求得到行动上的反应。如赞美、洽谈、请求、就职演说、鼓动性演说，以及正式聚会、毕业典礼和各种庆祝活动、纪念活动中的讲话，都具有这样的目的。

### 5. 说服或劝告

这类说话大多力图改变对方的某种观念、决定或信念，阻止对方采取某种行动。如谈判、论辩、批评、法庭辩护、竞选演说、改革性建议等。

### 6. 自我保护或反击对方

在人际交往中，难免出现失误或者受到对方的嘲讽攻击，为了摆脱窘境和回击挑衅，维护自己的人格和形象，需要运用有效的言语策略进行口语表达，以实现自我保护或反击对方的目的。这种情形多出现在公开场合如社交聚会、外交会谈等。

## 二、口语表达目的的实现

口语表达目的的实现，主要根据交际的具体情形，做好以下几点。

首先，要求做到目的明确。只有目的明确，才会话由旨遣，才知道应该准备什么话题和资料，采用哪些技巧和方法，表现何种语言风格，从而做到有的放矢，临场从容，机智应变。如：在"以事告人"的表述中，要精确地说明和解释有关人或事的状况、特征等，使对方确切明了、理解所传递的信息；在"以理服人"的表述中，要有条有理地说出自己独到的见解，从而影响和征服对方，使之强化已有的观念，或建立起新的观点；在"以情动人"的表述中，要能够抒发出深有体验的丰富情感，从而极大地感染听众，使之得到情感升华，灵犀相通。如果目的不明，就会无的放矢，乱说一通，造成言语失控、交际失误。例如：

> 法国著名作家大仲马的小说畅销世界：一次，意大利一家书店老板获悉大仲马即将光临，便立刻把别的作者的书统统从书架上取下，全部换上大仲马的著作，想讨好一下这位大名鼎鼎的作家。大仲马到书店一看，便询问别人的书哪里去了。老板急不择言，应声答道："都卖完了。"大仲马莫名惊诧，快快地离开了这家书店。

在上例中这家书店老板言语失控，弄巧成拙，完全与自己的目的相矛盾。这说明他头脑中缺乏清醒的目的。因此，每次开口之前，不妨想一想"人家为什么要我说"或"我为什么要说"，预先设计一下可能产生的效果。这样，就会采取正确的言语行为来实现预期的目标。

其次，善于把握时机，恰当应对。在口语交际过程中，具有明确的目的和坚定的信念，就会准确地把握时机，采取恰当的言语策略来贯彻自己的表述意图，就会在口语表达时神态自若，思路开阔，思维敏捷，记忆精确，兴奋与抑制处于最佳状态，做到得心应手，左右逢源，产生极强的感染力和说服力。例如：

> 1994年3月，中国星华实业集团公司状告美国威勒公司诈骗案在美国开庭审理。开庭后一连三天，双方唇枪舌剑，难分高下。面对大量人证、物证，狡猾的威勒等人百般狡辩、抵赖，无中生有，甚至还想将显而易见的商业诈骗案涂抹上一层政治色彩，以混淆视听。然而，第四天，当被告律师询问原告之一的中国星华实业集团公司国际部经理龚永强先生"你为什么今天坐在这里"时，他把握住时机，做了一段精彩的答辩，巧妙地争取了陪审团的支持，为我方胜诉打下了牢固的基础。他的答辩过程和答辩词如下。
>
> 猛一听到这一询问，龚永强一愣，不知对方葫芦里卖的什么药，没有立即作答。稍作思考后，他面对鸦雀无声的法庭，面对全场的目光从容作

答:"我为什么坐在这里?威勒夫妇、特里丝夫妇是我们两年前的合作伙伴,我们对他们是那么信任,像朋友一样,像亲戚一样。不幸的是,今天我们竟相会在这样一个场合,这是不该发生的事情!我们不远万里,远涉重洋,来到这陌生的国度、陌生的法庭,面对陌生的面孔,就是为了寻求正义!两个美国人偷走了我们310万美元,欺骗了我们的真诚情感。这对于中国人来说是一种极大的屈辱!而我们今天还要坐在这里,花钱、花精力和时间来证明我们是怎样被欺骗的。这就如同在我们流血的伤口上撒盐。此时此刻,我的母亲还在住院,李总离开他五岁的女儿……"(说到这儿,龚永强先生哽咽了,泪水模糊了双眼。)他接着说:"在中国,我们最崇敬的有两种人:一是教师,他教人怎样读书,怎样做人;一是律师,他教人什么是'是',什么是'非'。然而我们被骗了。欺骗我们的,正是贵国很有名的两位律师!对此,我们不敢相信,所有善良的人,都不愿相信。然而,这却是谁也无法回避的现实。美国人民是伟大的,这样的人不属于这个伟大的民族;西雅图是美丽的,这样的人不属于这座美丽的城市!"(龚先生的语调变得异常激愤。)"请想一想,310万美元相当于3 000万人民币。这对一些月薪只有50至100美元的普通中国人来说,是怎样的一个天文数字?中国人民辛辛苦苦的血汗钱,被这几个黑心人轻而易举地骗走了!我为什么坐在这里?我只觉得这是一件很悲哀的事,一件不该发生的事。我不明白,人类之间为什么会存在着欺骗?"当龚永强的答辩结束时,陪审团的12名成员中有10名禁不住热泪滚滚,另外两位和法官们虽没有落泪,但眼里也都含着泪,法庭上很多旁听者也情不自禁地低声抽泣。这一切都显示着善良将战胜卑鄙,正义将战胜邪恶!

在上例中,龚永强答辩伊始,便紧紧围绕"争取陪审团的支持"这一明确目的展开,不是着重法律条文的引用、阐述,而是注重唤起在场人们的正义感和同情心,用饱含情感的话语道出了自己的诸多感慨:有因对朋友的信任而被朋友欺骗的怨恨和屈辱,有花费时间、精力、财力来陌生国度寻求伸张正义的辛劳与艰难,还列举自己的母亲住院、李总离开弱女而不能照护的事实。这真情的自然流露,已深深地打动了陪审团成员的心。接着，龚先生运用对比来进一步揭露被告人格的低下、行径的卑鄙：将理想的职业律师之高尚与威勒·特里丝诈骗行为的卑劣对比；以美国人民的伟大、西雅图的美丽与威勒·特里丝心灵的渺小、丑陋对比。这种对比将被告置于星华公司、陪审团等代表正义一边的对立面，把他们钉在道义的耻辱柱上，从而捍卫了正义，赢得了祖国的和本企业的尊严与权益。这说明，在口语表达过程中，善于把握时机，贯彻交际意图，就会取得成功。

再次，能够机智灵活，顺势调控。口语交际过程相当复杂，当表达的一方按预期的目的发出言语信息，或因措辞不当，或因对交际对象缺乏了解而引起对方的误解甚至反感时，就得机智灵活地加以控制、调节，换一种说法，使对方易于理解，乐于接受。或者，在交谈开始阶段是按原定目的进行的，可是说到中途，或因对方及周围环境发生变化，或因兴之所至，谈走了题，偏离了原定目的，这同样需要自觉调整言语行为，采取恰当措施回到原定话题上。例如：

一位农村大娘去买布料，售货员迎上前去热情地打招呼："大娘，买布呀？您看这布多结实，颜色又好。"谁知那位老大娘听了颇不高兴，嘴上冷冷地说："要这么结实的布有啥用，穿不坏就该进火葬场了。"

售货员一听，略一沉思，笑眯眯地说："大娘，看您说到哪儿去了，您身子骨这么结实，再穿几件也没问题。"一句话说得大娘高兴起来，爽爽快快地买了布，还直夸售货员心眼好。

在上例中，就售货员而言，目的是将布卖出去，但开头的话中有急于推销之嫌，反而使大娘感到不快，面对大娘冷冷的话茬，售货员迅速调控了话语展开方向，顺势得体地恭维大娘身子骨结实，"再穿几件也没问题"——健康长寿的表现，从而赢得了大娘的心理认同，达到了预期的目的。由此可见，机智灵活，善于调控，可以圆满地实现自己的交际意图。

## 第二节 得体原则

得体，是口语表达的最高原则，因为只有话语得体，才能实现交际目的，才能取得圆满效果。从口语表达过程看，口语表达者、口语表达内容与交际对象、语境诸要素的适当配合，主要表现在两个方面：一是适切；二是得体。可以说，适切是口语表达者遣词造句、表情达意的具体要求，表现为一种动态的选择过程；而得体则是对表达者言语行为、言语成果的客观评价，是一种静态的价值认定。

### 一、得体的内涵

口语表达的得体，笼而统之地说，是话说得适当、妥帖，恰到好处，即适时、适情、适势、适机、适人，一切都适度、恰当；若精细地分析，则"得"为"适合"，"体"为"语体"，即适合特定语体之意。语体是语言的一种功能变体，是语言运用时因适应不同交际领域、目的、任务需要而形成的各种语体功能风格类型。具体表现为人们对语言的使用，受到不同交际环境的制约或影响而形成的一系列言语特征（词汇、句法）的综合，是各种语言表达手段（如用词、造句、语音、辞格及章法等）的有机统一和语言表达方式与题旨情境完美适应的集中体现。不同的语体有着不同的语言运用上的总体要求和风格基调。如日常口语体、外交口语体和事务口语体就有着不同的总体要求和风格基调，它们制约或影响着相应语体中语言材料和表现手法的选择。所以说，得体是适合特定语体的总体要求和风格基调。因此，进行某种语体的口语表达，必须符合其程式与规范，只有这样，才能得体。

口语交际是在不同的言语环境中进行的，因而王希杰先生认为："语言环境的多层次性决定了得体性的多层次性"；得体性可分为"微观得体性"和"宏观得体性"。

微观得体性是指语言或话语本身，即在特定上下文（前言后语）中，一个词语、一个句子同其他相关词语和句子的搭配要得当，同整个话语协调一致，和谐统一，形成有机的组合。具体地说，在语音方面，得体性就是做到搭配之后和谐上口入耳；在语义方面，得体性就是做到搭配之后符合逻辑和情理；在语法方面，得体性就是做到搭配之后符合词语的语法功能和习惯；而就整个话语构成而言，则是要求符合特定的语体和风格，做到语言材料、话语内容与语体特征协调一致。

宏观的得体性则是话语"对物理语境、文化语境和心理语境的适应度"，即"物理、文化和心理方面的得体。物理所指的是时空关系，即场景。场景又蕴含着特定的文化氛围和交际双方的心理态势。同文化氛围协调一致的，就是得体的；不协调、相违背的，就是不得体"[①]。

由此可见，所谓得体，是适合特定的交际主体，适合特定的语体，适合特定的言语交际环境。

## 二、得体的具体表现

对口语表达活动的得体问题，古今中外的学者都有十分深入的研究。《摩罗法典》就已经把言语的得体性提到了一个非常重要的地位，认为语言能够在各种场合都持之以节，这就是得体。做到这一点的人，就可以同熟知《吠陀》经的人相提并论了。如：

通情达理的人，人不问不应该发言，或答复提得不当的问题；明知人家所问，也应该在交际中自持如哑人；

一个人胡乱答复另一个人胡乱提出的问题，两者中前者必会死亡或惹起仇恨；

客套已毕，接近长者的婆罗门要道出自己的姓名，说"我是某某"。

亚里士多德在《修辞学》中说："语言表现了情绪和性格，而又切题，那么，你的语言就是妥帖恰当的。所谓'切题'，那就是说，既不要把重大的事说得很随便，也不要把琐碎的小事说得冠冕堂皇。对于一些平凡的普通名词，不应加上一些漂亮的修饰语，否则就会显得滑稽。"郎加纳斯在《论崇高》中说："我们确实可以完全正确地说，美妙的措辞就是思想特有的光辉。我并不打算说，堂皇的语言是在任何场合都合适的。一个琐屑的问题一经富丽堂皇的言语打扮起来，会产生把一个英

---

[①] 以上所引王希杰的见解见：王希杰. 修辞学通论[M]. 南京：南京大学出版社，1996：347–353.

雄的巨大面具戴在小孩子头上那样的效果。"

在我国，春秋战国时期的《论语》《墨子》《韩非子》《战国策》等著作中，言语得体性就被提出来加以认真讨论了。孔子对话语得体性就很有研究，很有讲究。他说："可与言而不与之言，失人；不可与言而与之言，失言。知者不失人，亦不失言。"又说："侍于君子有三愆：言未及之而言，谓之躁；言及之而不言，谓之隐；未见颜色而言，谓之瞽。"现代语言学专家张志公先生认为："什么是'得体'呢？这不仅是指话的说法与自己和对象的关系相适应，而且，也包括说话的目的、场合这些因素。"

古今中外学者对得体问题的研究成果都有助于我们进一步认识和掌握遵循得体原则的基本规律。我们认为，遵循得体原则应做到适合身份，适切对象，适应语境。

（一）适合身份

在言语交际过程中，口语表达者总是以一定的社会角色——特殊的身份、地位出现在交际对象面前，因此，进入特定交际语境中，口语表达者的言行举止都会被听众对象所评判，评判的标准为是否得体。作为表达者，符合得体这条原则主要是把握准自己的身份、地位和文化修养所形成的形象和客观的要求。人们之所以对身着西装革履看起来风度翩翩却满口粗话、脏话的人不屑一顾，就是认为他缺少教养，言行举止与衣着所体现的身份不相吻合。有一年，某地举行修辞学年会，会长在开场白中这样说："先让我这个老猴来耍一耍，然后你们中猴、小猴耍。我老猴肯定耍不过你们，不过总要带个头吧。"代表们听了，觉得很有意思，十分得体。这是因为：首先，会长既是与会者中的最高权威，又年近古稀，把自己比作老猴，把其他与会者比作中猴、小猴，不仅描述老中青三代共聚一堂、切磋砥砺的学术气氛，而且妙趣横生；其次，在修辞学的研讨会上，会长故意用这种修辞手法表示自谦，与主体身份、客观对象和具体场合都十分协调，因而可以取得好的效果。但如果中年同志（即使是会长）说出这样的话，比如"我是个中猴，先让我来耍一耍，耍后请老猴和小猴耍"，就不得体了。因为听的人必定产生反感：把德高望重的老先生称作老猴是一种大不敬，按他的身份是不能这样打比方的。这说明，在进行口语表达即开口说话之前，一定要把握好自己的社会角色，想一想"说哪些话"和"哪些话能说"的问题，从而形成良好的语言形象。

（二）适切对象

在口语交际时，表达者必须根据交际对象的实际情况如性别、年龄、身份、地位、性格、民族、宗教信仰、职业、文化素养和彼此间的关系等进行恰当的表情达意，以便取得圆满的表达效果。

适切交际对象，主要表现在以下几个方面。

### 1. 适切交际对象的心理

把握交际对象的特点，最关键的是能抓住对象的心理需求和志趣，这样口语表达才会"灵犀一点通"，才会产生投契效果。关于这一点，韩非子在《说难》中曾有过较为深刻的论述："凡说之难，在知所说之心"，"所说出于为名高者也，而说之以厚利，则见下节而遇卑贱，心弃远矣。所说出于厚利者也，而说之以名高，则见无心而远事情，必不收矣。所说阴为厚利而显为名高者也，而说之以名高，则阳收其身，而实疏之；说之以厚利，则阴用其言，显弃其身矣"。韩非子在这里明确指出，谏说的难处，关键在于要使自己的话语切中对方的心理。对方求名，你若用利去打动他，他认为你节操不高而看不起你，自然不听你的；对方逐利，你若用名去打动他，他就认为你不务实际，也不会接受你的意见。有些人阴一套阳一套，表面上装的与内心想的不一致，你按他表面上装的去劝他，他表面敷衍你，实际不用你的；你按他内心想的去劝他，他就暗地里采纳你的意见，但表面上却疏远你。韩非子谈的，正是要求细心探究人们内心的实际想法和真实感情，以便话因人异，区别对待。如果不注意或不了解交谈对象的思想水平、精神状态、处境心情，即使言语表达的本意是好的，也会出现言与愿违的情况。有这样一件事：一郴州小伙子找了个热情而又大方的湘潭妹子。这姑娘人品挺好，只是身材偏矮点。快过春节了，小伙子要回乡下看望父母，姑娘热情地为他准备礼物，又是"龙牌"酱油，又是灯芯糕，让小伙子捎回去孝敬未来的公婆。小伙子满心高兴，一来劲顺口引湘潭民谣说："你们湘潭真好，'龙牌酱油灯芯糕，它它（tuó tuò 个子矮的意思）妹子随你挑'！"话音刚落，姑娘脸色马上晴转阴，小伙子还丈二和尚摸不着头脑。原来姑娘的心病正是身材偏矮，害怕人家说自己是"它它妹子"，小伙子得意忘形误踩了姑娘的心理"雷区"。姑娘怎会不生气呢？

### 2. 适切交际对象的文化水平

交际对象文化水平的高低，关涉到对话语理解的程度深浅甚至正误与否，因此，一定要弄清交际对象的文化程度，做到心中有数，随人发话，从而产生好的表达效果。

1927年秋收起义失败后，毛泽东在浏阳文家市里仁学校的操场上对被打散后又重新集结的起义队伍做了一次演讲。他说："我们工农武装力量现在很小，就好比一块小石头，蒋介石反动派现在力量很大，就好比一口大水缸。只要我们咬咬牙，挺过这一关，我们这块小石头就总有一天会打烂蒋介石那口大水缸！"毛泽东用"小石头"终至会打烂"大水缸"的比喻，深入浅出地说明了革命必胜的道理，战士们很容易理解和接受。这种说法非常切合出生于工农的起义战士的特点，因为他们的文化水平不高。如果换成"我们工农武装代表社会发展进步力量，蒋介石反动派是阻碍社会发展的反动力量"，"反动力量终究会被进步力量所战胜"等抽象术语来演讲，这些工农战士就不那么容易理解和接受。切合听众对象的特点，在一般的情况下，主要是切合听众对象的文化水平。不同的文化程度制约了人们对语义的理解，也制约了人们对言语组织形式的理解。如果不能切合听众对象的文化水平，就会出现说话人自命高雅，听者不知所云的情形。如某幼儿园大班的一小朋友，见妈妈留客人吃饭，便也拖着客人的衣角不让走。客人问小朋友有什么好"招待"的，小朋友只是瞪着眼望着。客人忙改口说"你有什么好吃的？"小朋友这才"巧克力、旺旺饼、口香糖……"一口气数开了。这里用"好吃的"取代"招待"，正是适合了小朋友的知识水平、理解能力。

### 3. 适切交际对象的独特性格

把握准交际对象的独特性格，就能做到因人施语，有针对性地采取正确的言语策略来取得口语表达的成功。例如，孔子有两个学生——子路和冉有，他们向孔子提出同样的问题，却得到孔子截然不同的回答。子路问："学了礼乐，就行动起来吗？"孔子说："有父兄在，怎么就行动起来呢？应当先听听父兄的意见才好。"接着冉有问同样的问题时，孔子却说："好啊，学了礼乐，就应该马上行动起来嘛！"孔子的另一位学生公西华对此疑惑不解，就此向孔子请教。孔子说："冉有这个人平常前怕狼后怕虎的,要鼓励他勇往直前。而子路好勇过人,有点鲁莽,应当让他冷静点。"孔子能针对学生不同的性格表达不同的意见,具有高度的针对性和预见性,不愧为杰出的教育家、口才家,而这个故事给我们的启示是,在人际交往中,即使是相同的内容和意见,对不同性格的人,也应运用不同的言语策略和表述方式来表达,这样才能把握主动权,具有征服力和感染力。

**4. 适切特定的人际关系**

言语交谈,双方客观上存在辈分、年龄、亲疏等方面的差别,加之交谈时因各种情况而形成的某种临时关系,因而交谈中,发话人和听话人的角色、地位是多重的、变动的,这些都直接影响到对言语形式的选择和修饰。如何把握好交谈双方特定的关系而做语言的修饰调整,以更好地传情达意,这正是口才学要研究的问题。譬如有记者问毛新宇:"在评价毛泽东的功、过时,有说二八开的,有说三七开或四六开的,功绩是主要的。你认为应如何评价?"毛新宇答:"作为毛泽东的孙子,我认为爷爷一生为国为民,二八开比较合适,但是作为历史系的学生,我同意绝大部分中国人对毛泽东主席的评价,三七开,功绩是第一位的。"记者与毛新宇间的问与答,双方除社会关系外,还临时处于特定的关系,即"记者与采访对象"的关系。而毛新宇的答话,还涉及自身与话语内容对象即与毛泽东的祖孙关系,领袖与百姓的关系,普通中国人与中国人民大学历史系学生等多种关系。正是这种种关系,制约了毛新宇答话形式的选择:用转折复句表达,前一分句用介词短语显示与毛泽东私情的特定关系,称谓用"爷爷",评价为二八开;为不失偏颇,以"但是"一转,仍以介词短语表达自己是历史系学生这一个体身份来评价领袖人物,称谓用"毛泽东主席",评价为三七开,功绩是第一位的。这里毛新宇便是准确地把握了交谈中自我角色身份的复杂性、多向性,从情感与理智的不同视点,表达了对爷爷的亲情,也表达了对一位故去的革命领袖的客观公正的评价。

(三)适应语境

口语表达适应特定的言语交际环境,是指所选择的语言材料、言语内容、表达手段和话语结构安排要切合特定的社会文化背景和自然环境,切合特定的时间、地点、场合和语言环境等语境要素。

### 1. 切合特定的社会文化背景

社会文化背景是指口语表达时的宏观背景情况，包括时代、民族、地域、社会等。社会文化环境是一个民族在自己的历史发展中形成的，具有独特的风格、传统和言语表达习惯，形成独特的文化氛围。因此，不同的民族有着不同的文化特征，不同的民族语言及其运用都可以反映出这种不同的文化特征。口语表达时必须注意适切这种种不同的文化背景的具体特征。例如在中国，不管是长辈还是同辈，对外出办事或旅游的人总是千叮咛万嘱咐："出门在外要小心一点"，"注意多穿点衣服，别感冒了"，"要照顾好自己的身体"等等。这一类话语有时听起来可能觉得啰唆，但听话人总的感觉是一种关怀、关心。如果让美国人来听，他就会产生反感，因为他可能认为这是说话者自感优越，把他当成毛孩子，指使他应该怎么做。如果不了解这种社会文化差异，不能适切特定的文化背景，说些"好心得不到好报"的话语，岂不自觉冤屈？其实，即使在相同文化背景下，也有文化教养不同这种现象，对不同文化教养的听众对象，也要采取相适应的表达方式，以便取得好的表达效果。

切合特定的社会文化背景来选择语言材料、语言手段是口语表达取得成功、避免失败的重要准则，这一方面需要避免和克服与特定社会文化背景不相适应、不相协调的情况，另一方面更需要有意识地主动联系社会文化背景的特点，选择恰当的言语表达方式，以便充分发挥其效能。例如：

> 1993年底，香港宝莲禅寺天坛大佛举行开光大典。新华社香港分社社长周南、港督彭定康均应邀做主礼嘉宾。仪式结束后，彭答记者问指责我港澳办关于香港问题的声明"并不是一份有特别吸引力的圣诞礼物"。记者以此请周南发表意见，周南以"佛教的日子"为由不予评论，因为在宗教圣地，参加宗教仪式，双方展开外交争论是不合时宜的。无奈记者追问再三，周南顺口答道："谁搞'三违背'定会苦海无边，罪过罪过！谁搞'三符合'，自是功德无量，善哉！善哉！"末了一句"阿弥陀佛"，引来在场者阵阵掌声和笑声。

上例是在佛教圣地参加宗教仪式上的对话，具有特定的社会文化背景。周南选用佛家语汇作答，既应情应景，又表明了自己的原则立场，十分耐人寻味。

## 2. 切合特定的自然环境

自然环境，指的是山川景物、建筑名胜、季节变化等。这些客观环境既是需要适应的，也是可以利用的。所谓"到什么山上唱什么歌"，说的就是这个意思。古诗"月上柳梢头，人约黄昏后"，就描述了谈恋爱的极好环境：僻静、悠闲、优美，有利于窃窃私语，倾诉情思。

口语表达时如果能结合自然环境来组织话语，便可激起听众的共鸣，取得更积极的表达效果。譬如同样是表示两国人民的友谊万古长青，在埃及应该说"两国人民的友情像尼罗河水一样长"，如果到了印度，则要改为"两国人民的友谊像恒河的水一样长"，到了缅甸则要改为"像湄公河水一样长"。这就是对自然景观的适应和利用。

自然环境还包括所处的季节，而季节又是由景物来体现的，有时注意适应和利用，也能收到好的效果。如1984年，在中英香港问题22轮会谈中，中方代表周南对英方代表伊文思说："现在已经是秋天了，我记得大使先生是春天来的，那么就经历了三个季节了：春天、夏天、秋天 —— 秋天是收获的季节。"这里，周南巧妙地利用了季节变化的特征作为自己的话题，以秋天的特点及其象征意义 —— 成熟和收获，将我国对收复香港主权问题的态度和决心含蓄、委婉地表达出来，虽是轻松地说家常话，却意味深长，具有强烈的针对性和灵活的策略性，收到了出人意料的好效果。

## 3. 切合特定的时间、地点、场合

口语表达切合特定的时间，主要表现在两个方面。第一是切合一定时代、历史阶段所具有的特点。因为一定时代、历史阶段的特点规定了语言材料、表达手段的选择运用，规定了特有的话语气氛与格调，如果不能适切这种时代特点，就会影响表达效果。例如，在当今社会，用"台甫""贵庚或贵甲子"等询问名字、年龄，就会弄得有些人不知所云，或者觉得是在掉书袋。之所以这样，就是因为这种说法带有明显的旧时代特征，不符合新的时代风尚了。第二是切合具体的交际时间。因为具体的交际时间规定了口语表达方式、交际内容的具体选择和话语的总体规模，应该"因时制宜"、"随时而变"，即该长则长、该短则短、该停则停、该说则说。

不能不顾具体时间的制约，随意"畅所欲言"。例如，对方有急事要办时，就应简短地谈一谈要点，提几条要求，也可另约一个充裕的时间深入交换意见。如果是大会发言或演讲被安排在最后，而这时听众都已疲倦，就应该抓住主要内容，简明地叙述，并恰当地运用警策等修辞手法以产生振聋发聩的效果。1936年10月19日上海各界代表公祭鲁迅先生，出版界的代表邹韬奋发言时已临近结束了，他只说了一句话："今天天气不早，我愿用一句话来纪念先生：许多人不战而屈，鲁迅先生是战而不屈。"邹先生只说一句话就十分切合具体时间特点和要求，而运用对比构成的警句则如警钟长鸣，激励着人们向鲁迅先生学习，去勇敢地战斗。

口语表达切合特定的场合、地点，就要求根据特定的处所、场合的现实情景选择最恰当的口语表达手段，包括言语总体方式的确定和用词造句的选择两个方面。成功的口语表达，总是能尽量地利用交际场合所提供的条件，触景生情，刻意生发，获取最佳的表达效果。有次在天津举行的国家足球甲级联赛，适逢下雨，当时任天津市市委书记的李瑞环同志赛前鼓励天津队的队员们时，借题发挥道："下雨了，你们要'浑水摸球'，要多射快传，千万别'拖泥带水'。"这句话说得令人叫绝，借助足球场上有雨有水这一实情实景，灵活巧妙地活用成语："浑水摸鱼"，仿拟变成了"浑水摸球"，而"拖泥带水"则是运用双关手法，既强调了它的字面意义，又有深刻的寓意，是一种语浅意深、充满情趣的告诫。

切合特定场合，应根据特定内容组织相应的话语形式来表达，以便产生积极的影响和实现特定的目的。有篇报告文学记载了王震同志帮助诗人艾青的感人故事，其间王震与艾青的几次谈话，很可说明特定的交际场合需要有特定的话语形式来表达。1957年后期，王震找到被错划为右派的艾青，一见面就说："老艾，我又爱你又恨你！你是不反对社会主义的，你是拥护真理的嘛！离开文艺界，你到我们那里去吧！"艾青到了王震兵团的密山安定下来后，王震诚恳而严肃地对艾青说："老艾呀，你要是搞不好，我是要骂你的，等我死了你再写文章骂我！"这些都是在背地里谈的话。在大庭广众之中说法又不一样了。艾青刚到密山，参加向荒原进军的动员大会，王震站在卡车上对大家说："有个大诗人，艾青，你们知道不知道？他也来了，他是我的朋友。他要歌颂你们，欢迎不欢迎呀！"还有一次，艾青不在身边时，王震对农场领导说："政治上要帮助老艾，赶快让他摘掉帽子，回到党内来。

要让他接近群众，了解战士。"前两次讲话，均为个别交谈的场合，王震的话语既有信任，亦有批评，既有鼓励，又有严格要求，也不乏朋友间的坦诚直率。后两例，交际场合为当事人不在场或在大庭广众中，话语更多热情、爱护与帮助，这对当时的艾青来说，真可谓久旱逢甘霖，使他一直半吊着的心安稳了，他觉得自己"开始了生命的新旅程"。可见王震这位老将军亦是根据不同交际场合选择言语形式的语言高手。

### 4. 切合特定的语言环境

切合特定的语言环境，是指根据一定的"前言"来组织自己的"后语"，这样可以显得自然流畅，语意贯通。有对夫妻的一段对话是这样的：

> 丈夫对妻子说："为什么上帝把女人造得那么美丽，却又那么愚蠢呢？"
> 妻子回答说："这个道理很简单，把我们造得美丽，你们才会爱我们；把我们造得愚蠢，我们才会爱你们。"

这段对话中妻子的回答绝顶聪明。丈夫采取寓贬于褒的方式抱怨妻子"愚蠢"，而妻子接过"美丽"与"愚蠢"话题做出犀利深刻、令人叫绝的"文章"："把我们造得美丽"，成了"爱我"的原因，而事情另一方面"把我们造得愚蠢"，则是"我爱"的原因。她的言外之意很显然是"爱你才真是我的愚蠢"。这种接过对方话题巧妙翻出新意的表达，既切合特定的语言环境，又展示了说话者的机敏和才智。

## 第三节 情感原则

口语交际是人与人之间的交际，而口语表达实质上是人类最重要的信息传输行为。人是有感情的动物，对感情尤为敏感，而语言所负载的信息，除了理性信息之外，还有情感信息。这种情感信息的内涵十分丰富，其功能不仅是要诉诸人的理智，而且是要打动人的情感。"感人心者，莫先乎情"，这就要求口语表达之中，一定要充满着讲说者自己的真情实感。所谓情感，就是人接触客观外界事物所产生的肯定或否定的心理反应，诸如喜欢、愤怒、悲伤、恐惧、爱慕、厌恶等。

在口语交流过程中，表达者深厚稳定且有原则性的情感，往往会产生巨大的鼓舞行动的力量。因此，情感原则是口语表达的重要原则之一，而且一定要贯彻到口语表达的过程之中，配合着得体原则去实现口语表达的目的。

### 一、情感原则的重要性

在人际交往中，话语饱含情感，就会在传递信息、思想的同时产生言语魅力，产生感染作用，从而取得更为圆满的交际效果。俗话说："情自肺腑生，方能入肺腑"，"通情才能达理"。列宁也认为："没有人的情感，就从来没有，也不可能有人对真理的追求。"[1] 言语交际时，"只有被感情支配的人才能使人相信他的情感是真实的，因为人们都具有同样的天然倾向，唯有最真实的生气或忧愁，才能激起人们的愤怒和忧郁"。这说明说话人的话语一定要受到发自内心的充沛情感的支配，才可能产生感染力、影响力和号召力。1963年8月28日，世界最著名的演讲家之一，美国黑人领袖马丁·路德·金在林肯纪念堂前发表了《美国给黑人一张不兑现的期票》的演说，其高潮部分是这样的：

回到密西西比去吧！回到阿拉巴马去吧！回到南卡罗来纳去吧！回

---

[1] 列宁全集（第20卷）第255页。

到乔治亚去吧！回到路易斯安那去吧！既然知道这种境况能够而且一定改变，那么就回到我们南方城市中的陋巷和贫民窟去吧！我们决不可以陷入在绝望的深渊中。

今天，我对大家说，我的朋友们，纵使我们面临着今天和明天的种种艰难困苦，我仍然有个梦想，这是深深扎根于美国人梦想中的梦想。我梦想着，有那么一天，我们这个民族将会奋起反抗，并且一直坚持实现它的信条的真谛——"我们认为所有的人生来平等是不言自明的真理"。

我梦想着，有那么一天，甚至现在仍为不平等的灼热和压迫的高温所炙烤着的密西西比，也能变为自由与和平的绿洲。

我梦想着，有那么一天，我四个孩子，能够生活在不以他们的肤色，而是以他们的品行来判断他们的价值的国度里。

我梦想着，有那么一天，就在邪恶的种族主义者仍然对黑人活动横加干涉的阿拉巴马州，就在其统治者抱不取消种族歧视政策的阿拉巴马州黑人儿童将能够与白人儿童如兄弟姐妹一般携起手来。

我梦想着，有那么一天，沟壑填满，山岭削平，崎岖地带铲为平川，坎坷地段夷为平地，上帝的灵光大放光彩，芸芸众生共睹光华！

这就是我们的希望！这是我们返回南方时所怀的信念！怀着这个信念，我们能够把绝望的群山凿成希望的磐石。怀着这个信念，我们能够将我国种族不和的喧嚣变为一曲友爱的乐章。怀着这个信念，我们能够一同工作，一同祈祷，一同奋斗，一同入狱，一同为争取自由而斗争。坚信吧，总有一天：我们会自由……①

在这段演讲中，马丁·路德·金用四段"我梦想着"领起的排比式表述，深情地、正面地、具体地表示了对自由的渴望，语势磅礴，一泻千里。他热切地期望种族歧视最严重的密西西比变成"自由与和平的绿洲"，希望自己的孩子在有高尚品德卓越才能的情况下不因肤色不同而得不到公正对待，希望黑人儿童与白人儿童能像兄

---

① 石幼珊译. 名人演说一百篇 [M]. 北京：中国对外翻译出版公司，商务印书馆香港分馆，1987：509.

弟姐妹一样携起手来，和睦相处，由此甚至希望一切都变得公正平直，坦途通天。作为民权运动的领袖，他的这些话完全发自肺腑，道出了千百万黑人的心声，使得在场的听众有的呐喊，有的喝彩，有的悄然流泪，有的失声痛哭。由此可见，情感语言出于肺腑，方能入肺腑，从而打动和激励听众。

在一般情况下，人们所说的话，都伴有愿望、欢乐、痛苦、恐惧等情感成分，说话人的感情往往直接影响着听话人的理解和接受，从而影响说话的效果。如果说话人态度冷冰冰的，说出的话不痛不痒，没有情感的参与，听众也会毫无所动，也就不会收到好的效果。对此，著名美学家朱光潜先生评之为"零度风格"。他说："说话人装作对自己所说的话毫无情感，把自己隐藏在幕后，也不理睬听众是谁，不偏不倚、不痛不痒地背诵一些冷冰冰的条条儿，玩弄一些抽象概念，或者罗列一些干巴巴的事实，没有一丝丝的人情味，这只能是掠过空中的一种不明来历去向的声响，所谓'耳边风'，怎能叫人发生兴趣，感动人、说服人呢？"

朱光潜先生的这段话，揭示所谓"零度风格"的言语态度、言语表现及其特征，从相反的方面说明了话语之中情感的重要性。没有情感的话语只能是一掠而过的"耳边风"，并无实际表达效果可言。

明确了情感原则在口语表达中的重要性，有必要要求我们在口语交际活动中做到以下两点。首先，自觉地将表达内容的情感与表达者自己的情感协调一致。对欢乐或忧愁、激昂或愤怒给予恰如其分的表露，"放"得自然、"收"得及时，恰当得体，使听众能自觉地随着表达者的情感表现而心领神会。其次，充分运用饱含情感的言辞和体态语去强烈地刺激听众的听觉和视觉神经，使之兴奋起来，得到铭心刻骨般的感染，受到振聋发聩般的鼓动，从而行动起来，勇往直前。

## 二、情感体现的主要途径

口语表达中情感原则的展现，主要有以下三种途径。

### （一）尊重谅解

尊重谅解是口语表达者在人际交往中对待听众对象应遵循的基本原则，它不仅表现出说话者文明礼貌有教养，更重要的是能够缩短情感距离，贴近乃至谐和双方的关系，营造出"亲如一家"的融洽氛围。

### 1. 尊　　重

尊重就是重视并恭敬地对待听众对象。在人际交往中如同事同行尤其是上级对下级、长辈对晚辈的交往中能够做到平等待人，就一定能够表现出对对方的尊重。人际交往中的尊重主要体现在三个方面：一是尊重对方的人格；二是尊重对方的秘密；三是回避对方的忌讳。尊重对方的人格，在很大程度上表现为尊重对方的自尊心，即不能歧视或者侮辱对方。如果自视高人一等，颐指气使，大呼小唤，就会伤害对方的自尊心。一旦言语表达中含有歧视乃至侮辱性的内容，就会损害人际关系，甚至中断人际交往。有一则材料说，某位全国知名企业家有一次在与另一家厂的厂长洽谈业务时，竟耽误了约定的时间，还一本正经地向对方说："我忙得不得了，只能用很少一点时间接见你。"此言一出，满座皆惊，对方厂长心里不是滋味，讪讪告退，结果是送上门来的一笔几十万元的生意告吹了。这个事例中的企业家，言和行都表现出对对方的极不尊重，内心认为自己是名人、忙人，地位比对方高一等，语气生硬，措辞狂妄，如"不得了""只能""很少""一点""接见"等等，这些既是对对方的心理伤害，也是对表达者自己形象的损害。

尊重对方的秘密，就是尊重对方的隐私权。一般说来，人们总是不愿意尤其是当众讲述自己那些不光彩的事、那些痛苦的事、那些难以启齿的事。涉及这些事情时，尤其是表达者清楚地知道这些事的内幕情况时，不应该得意洋洋地大声嚷嚷，甚至作为新闻到处传播，而应该替对方保密，这样才能让对方也尊重你的人格。那些在背后议论打探别人私事的言语，甚至在大庭广众之中把别人的私事抖出来的行为，不仅被认为是失礼的，而且很容易激怒他人，造成相互攻讦，从而恶化人际关系。由此可见尊重对方秘密的重要性。

回避对方的忌讳，就是不要说触犯对方禁忌的话语，忌讳因不同的人、不同的年龄、不同的职业、不同的性别、不同的心理、不同的生理、不同的经历而不同。口语表达之前，就应该了解清楚，做到心中有数。口语表达之中，如果无意中触犯了忌讳，应及时表示歉意。例如，某人的孩子十分不成器，如果对他大谈自己的孩子如何有出息，取得了怎样的成就，那他不仅不愿意听，而且还会认为是有意奚落他，从而形成严重的心理隔阂。可以说，尊重人的前提是了解人，在了解的基础上才能做到尊重人。运用委婉话语，可以体现对对方的尊重和关心。例如在与有生理缺陷的人交谈时，就一定不能直言其事其名，而应用委婉的说法。对失聪的人，直呼"聋子"，就显得很刺耳，不如说"耳背"或"耳朵背"、"耳朵不灵便"。对失明的人叫"瞎子"就很不文明，不如说"您的眼睛不好使"。对跛脚的人，直言"跛子"就比较粗野，应该说"脚不方便"。身体胖虽然不是生理缺陷，但有的人忌讳说他"胖"、"肥"或"肥胖"，一般称为"富态"或"发福"（中年以上的人）。换用委婉说法之后，既可以表示对对方的尊重，又显示表达者自己的文化教养。

### 2. 谅　　解

谅解是一种宽大为怀的表现。言语交往过程中的谅解，就是在体察对方心理、领悟对方用意的基础上，不去挑剔或指责对方的言语疏忽或错误。尊重是相对于对方的平等地位或自己的优势而言的，谅解则是相对于对方的言谈的过失而言的。言语交往过程中需要谅解的情形比较多。例如：所表达的意思对方一时半会儿领悟不了或者误解了原意；对方说起话来因水平所限或情绪激动等词不达意；在特定语境中对方说话因一时情急而言词激烈，甚至说了过头话而造成言语冲撞，等等。发生了这类情形，只要对方不是故意所为、恶意相加，就应该予以体谅，心平气和地用言语加以疏导，促使交谈深入进行。

在交往过程中，谅解对方还体现在以下两个方面。

（1）从对方的角度来思考、判断问题。所谓从对方角度来思考、判断问题，就是分析弄清其说话的理由所在，即为什么这样说、为什么提出这样的要求。能够把握这一点，在回答对方问题、评价对方言语时，就会比较客观公正且能表现出克制谦让的态度。日本有一家专营化妆品的公司接待了一位女士，她怒气冲冲地投诉说她的女儿刚刚高中毕业，前不久在这儿买了一种面霜，涂抹后满脸红肿发痛，现在要求公司给予补偿。这家公司的经理亲自接待。经理没有就面霜的质量优劣同她辩解，而是采取理智和冷静的态度，同情顾客的遭遇，说："实在对不起，您女儿的脸是我们最担心的，不妨一起带她到医院去治疗吧。"结果医生证明说："病者体质异常，并非面霜有毒，稍微治疗就会痊愈。"这时，家长已完全消除了对立的情绪，经理才给她解释面霜的质量是经过严格检验的。家长立即道歉说："实在对不起，原来是女儿体质不好，反而让你们瞎忙了一阵，又这么关切，真对不起呀！"试想想，如果不谅解对方的言行，一味解释面霜的质量，对方会那么心悦诚服地认错吗？可见有时从对方角度考虑，问题解决起来还要顺利一些。

（2）对对方的想法、说法、做法表示肯定。对对方的想法、说法、做法表示肯定，是在更高层次上对对方表示的理解。在某种意义上讲，就是把自己等同于对方，设身处地为对方着想。戴尔·卡耐基说过，有一句处理人际关系最灵验的神奇的句子："我一点也不怪您有这种感觉，如果我是您，很可能也会这么想的。"这句话的关键不仅表示对对方所作所为所见所言的谅解，而且表示了"心灵相通"的理解。例如，一对夫妻商量度假问题，妻子希望在家休息，丈夫却想去农村钓鱼，还想到大森林走一走，接近一下大自然。他看妻子不愿去，便心平气和地把自己的想法说给妻子听，然后请妻子解释一下不想出去的原因。原来妻子是不愿意在农村亲戚家的客堂里睡觉，因为那样不太自在，主人出入也不方便。听了这话，丈夫赶紧说："我也有你这种想法，只不过没有十分在意罢了，那我们就想个两全其美的办法吧。"对妻子言和行的谅解乃至理解，使丈夫重新做出选择。谅解和理解沟通了夫妻俩的感情，从而能够心心相印、和睦相处。

（二）声 中 蕴 情

口语是有声语言，有声语言的声音具有口语特有的传情性，所传递或表现出来的情感内涵是非常丰富的，几乎可以表现人的一切情感，而且是直接呈现在听众对象的面前，因此，利用口语语音的传情性，可以充分展示口语所要表达的丰富的多姿多彩的情感。

口语语音的情感表现是由语气语调和节奏形成的。关于这一点，古希腊时代的哲学家、修辞学家亚里士多德就已经认识到了，他在《修辞学》中指出："演说方法是否恰当，这一点关系演说的成功与否极大……实质上，它的问题是要把声调加以适当的安排，借以表达不同的情绪。——什么时候应该说得响亮，什么时候应该说得柔和，或者介于二者之间；什么时候说得高，什么时候说得低，或者不高不低；

根据不同的主题，采用不同的节奏。"这说明，人们在说话、演讲等言语交际活动中，可以借助语音的种种技巧来淋漓尽致地表现自己的情感。如果不注意运用各种语音技巧来展示内容和表现情感，或者只用一种声调讲话而缺少变化，不仅难以准确地表达思想，而且也不可能做到声情并茂，引人入胜。

讲究口语表达的声中蕴情不能不首先考虑语气语调。恰当的语气语调不仅能够增强表达的效果，而且也可以反映出表达者自己的身份、修养、情感、态度等等。孙中山先生讲述他练习演讲时曾说："演说如作文然，以气为主，气贯则言之长短、声之高下皆宜。说到重要处，掷地作金石声。"这里所说的"气"是指才气、气质、情感之类的意思，与我们所说的语气语调不尽相同，但是从情感的角度看，它们也有一致之处。我们看到，口才艺术高的人十分注意语气语调的选择和运用。不论讲述什么样的话题，在什么样的场合，总能恰到好处地运用语气，吐纳自如，恰如其分地表达自己的思想，紧紧地吸引听众。在庄重的场合或讲述庄重的内容，语气语调严肃郑重；在比较随便的场合或讲述平和的内容，语调舒缓、轻慢；感情激烈，则语调高亢而短促；感情悲伤，则声音低沉而徐缓。

总而言之，讲话的语气语调应该多种多样而又准确恰当。只有对讲述内容非常熟悉又饱含感情，讲起话来才能抑扬有致：或如轻风习习，声声入耳，或如大河瀑布，震人耳鼓，使自己的思想感情抒发得淋漓尽致。范曾演讲《扬起生命的风帆》时，他的听众是在校的大学生，是意气风发的青年。由于演讲者对青年深深理解而无限的热爱，因此他的演讲充满了鼓励、赞扬的感情，洋溢着激越、欢快的语调，像最后几句：

  回首顾，千秋青史；抬头望，无限关山。让我们吟哦唐代伟大诗人李白的诗句："大鹏一日同风起，扶摇直上九万里。"让我们举起垂天之翼，作一番长空的逍遥游！

这样的语句，如果不饱含浓烈的感情，不运用激越、酣畅的语气，就难以真实地体现出它的意境，也很难感染听众的情绪。

简单地说，节奏是一种"有秩序的变化"，它关系到所谈内容结构的疏密、起伏，情感的浓淡、激缓，速度的快慢、行止，声调的抑扬、顿挫，以及手势等辅助动作的动静、间歇等。一席谈话或一篇演讲虽然要有一个总的、基本的节奏设想，但也不可能总是一种节奏，只有跌宕起伏、轻重缓急、错落有致的结合，才能收到表达准确、层次分明、优美动听的效果。如闻一多的《最后一次演讲》，整个地看，其感情是激愤的、强烈的，因此它总的节奏就应该是较快的，声调也是高亢的、昂扬的。但是，在段落的转合之间，在每层意思的转换之间，其节奏和声调又应该有所变化，特别是里边有些感叹性的句子，像"无耻啊！无耻啊！"等，更应该用较慢的节奏和低沉的语调。这样，才能准确地表达思想，打动人心。

没有掌握好节奏，就会影响表达效果。有的人说话太快，紧锣密鼓，让人感到紧迫急促甚至喘不过气来；有的人说话又太慢，四平八稳，慢慢腾腾，让人烦躁不安甚至不忍卒听；还有的人快慢不分，当快时不快，当慢时不慢。这种不分节奏的讲话，从声调上看，必然是模糊的，混乱的，不优美的。当然，我们这样说并不包括那些心直口快的人的讲话。实际上，真正口才艺术高的人，不论哪种情况，都能恰到好处地掌握说话的节奏，洋洋洒洒，快慢得体。

在口语表达过程中，为了特殊的表达效果或调动听话人的情绪，也可以采用一些特殊的节奏形式和声调技巧，例如在正常的或不该变换的地方忽然加快或放慢了节奏，或者一句话当中前半句说得很快很响，后半句突然变得很慢很轻，或者在讲话过程中忽然出现停顿，以手势或其他辅助动作来代替语言，以收到"此时无声胜有声"之效等等。

### （三）话语真诚

话语真诚就是言语内容饱含真情实感。在口语表达中，只有真诚的心灵与情感，才能发出磁石般的吸引力，才能唤起听众的热诚，产生震撼人心的力量。正如著名演说家李燕杰所言："在演讲和一切艺术活动中，唯真情，才能够使人怒；唯真情，才能使人怜；唯真情，才能使人笑；唯真情，才能使听众信服。"可以说，只有真情实感的话语，才能产生更大更强烈的激情和魅力。

话语真诚主要表现在两个方面：语词选用情感分明，内容表述情真意切。

#### 1. 语词选用情感分明

语汇系统中的词语，有些本来就已经具有感情色彩，选用时就应该准确地把握。

如同样是表示"生命终结"的意义，对崇敬、尊重的人用"逝世"，对革命烈士用"牺牲"，对一般人可用"去世"，而对坏人则可说"见阎王去了""翘辫子了"等等。当然，特定的言语交际过程中，为了表示特殊的感情，也可以反用表示感情色彩的词语，如称最亲密的人为"冤家"等。

有些词语具有明确的否定或贬斥的感情色彩，直接运用可能会产生较强的刺激性，从而影响表达效果，因此，在必要的时候，应注意不使用或尽量避免使用，以增加感情的交融性，促使心灵的沟通。例如，1983年，曲啸应邀去某市向犯人演讲，一开始就遇到了怎样称呼对方的问题。他想："叫同志吧，不行，对方不够资格；叫罪犯吧，也不行，因为犯罪的人讨厌'罪犯'这个词。"经过反复思考，最后选择了"触犯了国家法律的年轻朋友们"这个称呼，结果话一脱口，立即引起了全体罪犯热烈的掌声，有的还当场就掉下了眼泪。"罪犯"一词，具有明显的贬斥意味，给人以强烈的精神刺激，极易产生抵触、对抗情绪；而"触犯了国家法律的年轻朋友们"这个称呼，既指明了对方的身份，又说明了演讲者与听众之间的关系，富有情感，富有人情味，从而感动了听众，起到了很好的教育作用。

### 2. 内容表述情真意切

内容表述情真意切，是指表达者所抒发、倾泻的情感符合所表述的内容本身，符合表达者个人的思想倾向和言语形象本色，不矫揉造作，不言辞虚浮。例如，正当希腊面临马其顿王国的入侵而有亡国和失去自由的危机的时候，希腊著名演说家德摩斯梯尼曾经做过一次著名的演说，他的每一句话、每一个词语都充满着发自内心的极为丰富的爱国主义情感。他热情洋溢地说："即使所有民族同意忍受奴役，就在那个时候，我们也应当为自由而战斗。"从德摩斯梯尼这句崇尚自由、充溢着爱国热情的话语中，我们可以看到一颗真挚的拳拳之心，因而他的演讲激励了无数希腊人从聆听演说的广场直接奔赴战场，连向家人作一声道别也认为是耗费了时光。而他的敌人，马其顿国王腓力见到这篇演说词后，也不由感慨地说："如果我听过德摩斯梯尼的演说，连我也要投票赞成他当我的反对者的领袖。"由此可见，富有情感的内容表述具有多么大的感染力和影响力。

情真意切的内容表述，往往可以运用设身处地为对方着想的方式进行，这样可以走进对方的心灵，促使心相通，意相融，产生认同感乃至精神共鸣。请看下面两篇文章。

作者陆素平发表在 2004 年 12 月 24 日《天津老年时报》上的一篇文章。父亲为了省钱，宁愿长途跋涉不坐车，父亲的节约意识和吃苦耐劳精神令人感动；而出租车司机主动退车钱的情景同样令人感慨，世间自有真情在！

父亲好不容易进一次城，我陪他看过高楼大厦后，又打的去一处风景区玩。下车时，父亲看见我给了司机 20 元，就说："坐一阵车怎么要这么多钱？"我说："不多，这已经是最便宜的了。"

从风景区出来后，父亲不肯坐车了。从风景区到家有 10 公里，走回家那还不得累死？我还是叫了一辆的士。父亲见我不听他的话，就生气地自己走了。我问司机要多少钱，司机说最少要 25 元。我预先付钱给司机，并说："等一会儿见到我父亲，你就说只要两块五毛。"司机问我为什么要骗父亲，我说："我父亲刚从乡下来，他心疼钱，死活不肯坐车。"司机愣了一下才说："好吧。"司机把车停到父亲身边。我叫父亲上车，父亲却要我下车。司机说："大叔，你上来吧。我是顺路捎你们回去。只收两块五毛。"父亲这才上了车，一个劲地谢司机。

司机一路跟父亲说话，把我们送到家门口时，还亲自给父亲打开车门。等父亲下了车进了家后，司机又把我叫回到身边，将那 25 元还给我说："这钱，你拿去买一瓶酒给大叔喝吧。"我莫名其妙地问："你为什么不要钱？"司机说："因为你的父亲太像我的父亲了。我父亲进城后，也是心疼钱，不肯坐车。"我问："你父亲还好吧？"司机说："他走路回家时，被车撞死了。"

司机眼里涌满了泪水，他默默地开车走了。那 25 元钱，我至今还保存着。

一条短信，一声问候，传递了多少美好的情意，让人深感温馨。

2005 年 3 月 29 日晚，京沪高速公路淮安段因车祸而导致一场严重的液氯泄漏事故。我居住的小城离出事地点 10 多公里，事故对我们没造成什么实质性的影响。但很多在外地的亲友还是打来电话，询问我们的状况。尤其是那一份来自陌生人的牵挂，更让我久久难忘。

那是 31 日清晨，我起床后刚开了手机，就接到一条短信："液氯泄漏对你们有无影响？多保重，祝平安。"短信是通过小灵通发来的，没有发信人的落款，号码我不熟悉，发信时间是 30 日晚上 11 点，那时我早关机了。再看区号，是徐州市的。我没有亲友在徐州，这条短信肯定是不小心发错对象了。想到发信人等了一夜没有收到他所牵挂的人的回音，一定很心焦。我赶快给他回信："您可能记错号码了，我们不认识，但我十分感谢您的牵挂。如果您的亲友不是住在淮阴区王兴镇或涟水县蒋庵办事处又很靠近京沪高速公路，应该没有问题。"这位陌生的朋友很快又回了信："谢谢你，我找到准确号码联系过了，他们都平安。虽然我们不认识，但发错的短信确实也表达了我的心声。我真心祝福你和世界上的每一个人平安、快乐！"

## 【思考与训练】

1. 口语表达有哪几项基本原则？怎样实现口语表达的目的？

2. 得体的含义是什么？口语表达怎样才能做到得体？

3. 在口语表达中，情感原则为什么重要？情感体现的主要途径有哪些？

4. 下面是李智红在《知音·海外版》2005年第3期上发表的《赞美如良药》一文。文中的动人故事告诉大家，实事求是的赞美将会产生怎样的效应？全村人异口同声，表述目的十分明确，对犯错的人不批评，专门摆好，说他做过哪些善事、好事，让他改过自新，重新做人。你从中受到哪些教益？

### 赞美如良药

在南部非洲的巴贝姆巴族中，至今依然保持着许多优秀的生活礼仪和处世方式。譬如当族里的某个人因为行为有失检点而犯了错误的时候，族人便会让犯错误的人站在村落的中央，公开亮相，以示惩戒。每当这个时候，整个部落的人都会不由自主地放下手中的工作，从四面八方赶来。

围上来的人们会自动分出长幼，然后从最年长的人开始发言，依次告诫这个犯错误的人，他曾经为整个部落做过哪些善事、哪些好事。每个族人都必须将犯错误的人的优点和善行，用真诚的语言叙述一遍。叙述时既不能夸大事实，也不允许出言不逊。对前面已经有人提及的优点和善行，后面的人不能再重复叙说。总之，每个人在叙说时，都要有新的褒扬。整个"赞美"的仪式，要持续到所有的族人都将正面的评语说完为止。

"赞美"的仪式结束以后，紧接着要举行一场盛大的庆典。庆典在老族长的主持下进行，部族中的男女老少都要参加。人们要载歌载舞，用一种隆重而热烈的礼仪，庆贺犯错误的人脱胎换骨，改过自新，重新开始一种全新的生活。

5. 几句真诚的赞美，让这位学旅游的见习服务员，从开始的挺不好，变成后来的"挺好"，这是什么在推动她前进？请你谈谈在这方面的深切感受。

"挺　　好"

一位学旅游的女学生曾这样谈她当见习服务员的体会：

实习第一天，我在广州某酒店端了一整天的盘子，累得精疲力竭，两臂越来越酸，双脚越来越疼，装满食物的托盘在手中越来越重，我感到疲倦和泄气，真想丢下托盘，躲到一个角落痛快地睡一觉。我好不容易又为一位顾客开完一张菜单，可是这位顾客的妻子和孩子三番两次要求更换菜单上的品种，我真的想把托盘一丢了事。

这时候，这家人的父亲站了起来，郑重地对我说："小姐，谢谢你，给你添了那么多麻烦。你对我们的照顾真是太周到了。"接着他把目光转向女大学生胸前的校徽，称赞道："看来，你的学校是个很值得自豪的学校。"突然之间，这位女学生的疲倦和烦躁无影无踪了。她的脸上绽出了笑容，脚步轻盈了许多。后来，当经理问她对第一天的工作感觉如何时，她回答说："挺好！"

几句真诚的赞美把一切都改变了。

6. 原外长李肇星关怀身边司机靳宝喜师傅的孙女珊珊的健康成长，劝告靳师傅："请马上打电话向珊珊道歉。"读此材料感人至深。试从口语表达的情感原则来阐述李肇星的表达艺术。

2004年7月初的星期六去钓鱼台国宾馆会见外宾途中，李外长发现在驾车的靳宝喜师傅似有不悦，便宽慰几句。

靳师傅说："今早动手打了6岁的孙女珊珊。"

李外长问："为什么要打孩子？应该道歉。"

靳师傅说："她把你上次送的那块好橡皮用小刀切成了碎块，好东西全给糟蹋了。"

李外长说："这也不应该打人啊！另外，珊珊为什么要切呢？也许是有原因的，无论如何，打人不对，必须道歉。"

外事活动结束后，李外长还惦着珊珊。靳师傅也许利用李外长会见外宾的空隙，给家里打过电话。回外交部的路上，李外长继续追问道："靳师傅，孩子怎么样了？给人家赔不是了吗？！"

"嗯！""嗯！"靳师傅欲言又止。

"究竟是怎么回事？"李外长明显加重了语气。

靳师傅这才道出了原委，并自责说："我今早打了珊珊两扫帚把，老伴立即夺走了扫帚。我马上也后悔极了。"原来珊珊是因为太喜欢这块橡皮，怕被个别小朋友"偷"走，或丢失，才想到切成小块。小块也不影响使用，更不怕丢失……

"那到底给孩子赔礼了没有？"李外长盯住实质问题不放。

"还没有。"靳师傅低声回答。

"这就更错啦！请马上打电话向珊珊道歉。"李外长很不客气地下了"命令"。

珊珊今年秋天上二年级，是北京朝阳门小学三好生。她的爸爸妈妈均在中国驻美国休斯敦总领事馆工作，这两年她都是由靳师傅的退休在家的老伴照顾，每天上学接送。

今年的8月8日是星期一，珊珊在另一户去中国驻休斯敦总领事馆探亲的家长陪伴下，去美国探望久违的爸爸妈妈。

此前的8月6日深夜，李外长在应约与韩国外长潘基文通完电话后，严肃地说："后天一定要安排靳师傅去机场送珊珊。"

— 55 —

珊珊真幸福。

7. 下面是发表在2005年第6期《师道》上的一篇报道。露依丝20年如一日，细心记录了女儿的每一天新生活，其伟大的母爱十分感人。读了这篇报道，你有何感悟？

在美国芝加哥市的西北角，有一个名叫罗爱德的小镇。前不久，该镇的教育机构为镇里一位女教师举办了一次摄影展览，展出的都是该教师以女儿为主人公的生活照片。出人意料的是，从美国各地来了2 800多位记者，打破了美国个人摄影展览采访记者人数的历史纪录。

这位女教师叫露依丝，今年45岁，自1991年起一直在当地小学任教。她生活很一般，与众不同的是，坚持每天给女儿珍妮照一张相，从女儿出生到20周岁，足足照了20年，照了7 300多张。她把这项活动称为女儿每天都是新的。

展览馆共有八层展厅，平心而论，这些照片本身都没有什么高超之处，从拍摄技术到画面内容，都是很平凡，甚至有千篇一律之嫌。

然而，就是这些平凡的照片轰动了整个美国，扬名于世界，因为它体现了露依丝对女儿珍妮永恒的爱。去年，露依丝因此被评为优秀教师。

永恒就是美丽，执着就是艺术，平凡铸就伟大。这是人们对露依丝这一活动的评价。

# 第三章  主要技巧  学会就好

—— 口语表达的基本技法

## 第一节  表述技巧

### 一、表述技巧的作用

表述，就是把所要宣讲的内容述说出来。内容的表述必须符合特定的交际场合、交际氛围和特定的交际任务、交际对象，这就必然涉及技巧问题。表述技巧，就是在适切语境的基础上，运用特定的方式将言语内容巧妙地表达出来的技能。本书所介绍的表述技巧，绝大部分与言语的风格表现类型有关系，有些就是以风格表现类型作为表述技巧的类别。我们认为，出现这种情形是因为分析探讨的角度不同所致。风格表现类型的归纳是依据言语成品进行的，而表述技巧则着眼于进行口语表达方法的探讨，但必须借鉴成功的口语表达成品作规律性的总结。在风格表现类型的基础上反过来总结表述技巧，不仅认识深刻，而且能够掌握规律，在口语表达实践中自觉地运用规律，从而创造性地发挥口才艺术。因此，我们认为，表述技巧，在口语表达中起着十分重要的作用。在某种意义上讲，口才艺术就是选择和运用表述技巧的艺术。有人曾这样比喻：语言可以唱歌跳舞，也可以咆哮怒号；可以小心翼翼地踮着脚尖走路，也可以雄赳赳气昂昂地阔步前进。它们像军队中的各个兵种，就看你这个指挥官用什么样的战术、在什么她方、在什么时候、与什么样的对手交锋。只要你指挥得当就能达到有机的配合和和谐的统一，就能导演出有声有色的"活剧"来。[①] 口语交际实践证明，恰当、精妙的表述技巧与正确、充实的口语内容水乳交融、有机结合，就可以表现出优秀的口语表达才能来。[②]

## 二、常用表述技巧

### （一）明确与模糊

#### 1. 明　　确

表达明确，是指内容表述准确、鲜明，不模棱两可。根据叙事与说理的不同，表述明确的具体含义是：陈述事实时，对事件发生的时间、地点、过程、人物、原因、结果表达得十分肯定、确切、清清楚楚；发表见解，讲述道理时，观点鲜明，提倡什么，反对什么，爱什么，恨什么，一清二楚，不吞吞吐吐。

明确的表述应注意做到以下两点。第一，宏观上必须把握每一次表述的总体内容，目的要明确。不论内容多少，都应做到思路清晰，重点突出，层次清楚，倾向鲜明，逻辑严密，从整体上给人以鲜明强烈的印象。第二，微观上运用词语要明确，即注意选择运用内涵具体准确清晰的词语来实现表情达意的目的。对于涉及数量、方位的内容，应选择运用相应的数量短语、指代方位语词等，把意思说得清楚、明确；对于有争议或界限模糊的内容，应注意选择恰当的词语使界限具体明确，不致产生歧义。例如：

常言道无规矩不成方圆，咱们也立个章程。第一点，要遵纪守法，讲职业道德，该交的交，该留的留，不能含糊，不能做缺德买卖。将心比心，我们哪位要是买了掺了假、爬了虫的点心，也会骂人家祖宗八代的！第二点，对顾客要热情，情暖三冬雪，诚招天下客。脸上少挂点霜，不善于笑的，多看几段相声，多听几句笑话，案头上摆个弥勒佛，还要讲点仪表美。济公心灵够美了，但请他老人家来站柜台恐怕不行。第三点，说出来有点不好听，大家在家不妨吃得饱一点，最好不要到店里来补充营养。咱们这个店去年有一个月损耗点心 100 多公斤，人人都说闹耗子，

---

[①] 王东，高永华. 口才与艺术 [M]. 北京：光明日报出版社，1991：116.
[②] 本章参见：李元授. 演讲与口才（二）[M]. 武汉：华中科技大学出版社，2007：316.

这也太损我们的形象了。

这是一位承包某食品店的青年就职演讲中的一段话。演讲者的目的明确，观点鲜明，话语层次清楚，要求具体细致，毫不含糊，从整体到局部，从目的到要求，都是十分明确的；再加上有些话语较风趣生动，给人以十分深刻的印象。

在一般情况下，口语交际需要做到明确，不然就难以沟通。特别是在一切需要使对方尽快理解自己的意向，接受自己的观点或需要多方协同配合时，那就更应该和必须做到表达明确了。

## 2. 模　　糊

在言语交际中运用模糊言语来表述，可以留下回旋余地，体现表达的"策略性"，表现交际的灵活性和机变性，产生严密、准确的表达效果。对于模糊表达，本书已有专节论述，这里不再赘述。

### （二）简洁与繁丰

## 1. 简　　洁

简洁就是用较少的词语、较短的语句传递尽可能多的信息。古人曰："事以简为上，言以简为当。"语言大师们则认为"简洁是天才的姐妹，是智慧的灵魂"。因此，我们在口语表达时要学会做到从语言宝库中"筛选"、"过滤"出最精辟的、能恰如其分地表情达意的词句，尽可能地以俭省的语言表达出深刻的内涵。

简洁表述的特征是：内容简约明了，集中概括；线索明晰，主干突出；语句简短，节奏明快，言简意赅。

简洁表述的要求如下。

（1）去掉或减少"口头禅"和多余的感叹词等信息价值不大的语言累赘。

（2）字斟句酌，精心辨别和选用最能准确反映事物本质、表达思想感情的语句，做到以少胜多。

（3）抓住中心、紧扣话题表述，不枝不蔓，坚持说短话。

（4）养成缜密思维的习惯。语言精练是思维严密、概括力强的表现。要做到简洁，就要善于抓住思维中最主要的东西，表述思维的精品而非其过程，从而正确地处理好思维的具体性与表达的简明性的关系。

简洁表达几乎适用于一切口语交际场合。例如：

威廉·格里辛格是德国著名医学家。他看病时只想知道那些最重要的情况，不耐烦听病人的唠唠叨叨。

一天上午来了一位女病人，她一言不发地把手伸给了威廉医生。

"事故？"医生问。

"玻璃碎片。"患者答。

"何时？"

"昨天早晨。"

"已处理过？"

"碘酒。"

"还痛吗？"

"感到血液跳动。"

接着进行了简单的检查，伤口得到了包扎。

"费用？"病人问。

"真令人高兴，"格里辛格笑容可掬地回答，"不用付钱，夫人，这对我来说是一种享受，该感谢的是我。"

医生的询问和病人的回答都到了惜语如金的程度，对话十分简洁明了，表意十分准确具体，两者之间配合默契，难怪格里辛格认为是一种精神享受。简洁精练的话语不仅能有效地表情达意，而且节省了说话的时间，患者看病因话语简洁得实惠应该给我们诸多启迪。又如：

你们杀死了一个李公朴，会有千百万个李公朴站起来！你们将失去千百万的人民！你们看着我们人少，没有力量？告诉你们，我们的力量大得很，强得很！看今天来的人都是我们的人，都是我们的力量。

这段话的句式简短，节奏紧凑，语意明确显豁，具有雷霆般的力量。鲜明的观点，磅礴的气势，振聋发聩，回荡在天地之间，产生激励人心的巨大作用。

## 2. 繁　　复

繁复不同于一般意义的啰唆，作为一种表述技巧，是由表达的语音易逝性和语义的连续性特点决定的。在书面表达中可以删除的多余的词语，在口语表达中往往必要而且有用，这种具有"冗余度"的恰当话语就是具有积极表达意义的繁复——即啰唆技巧。言语繁复主要表现在：恰当地运用口头语词和语气词；必不可少的解释、说明和细节描绘；连用必要的同义词、近义词语或句式，为某些需要多说的话语。

与特定语境和交际目的相吻合的繁复，是具有一定交际价值的，例如用于以下几个方面。

（1）用于寒暄。在人际交往中，礼貌用语、服务性用语的冗余度一般较大，见面时也往往说些"今天的天气真好"之类的话。这种没话找话有利于沟通感情，密切关系，创造良好的心境和气氛，为双方实质性交谈提供契机。

（2）用于填补思维空当儿。人们在说话的过程中同时要进行紧张的思维活动，这就会出现思维速度慢于说话速度的情形，如思维出现障碍或遗忘，或受到外界意外刺激而造成思维间歇等，为了填补这些空白，就必须运用啰唆技巧，以赢得必要的思维时间，保证表达的连续性和维护说话者的形象。

（3）用于表达复杂的感情。人们在情绪激动时往往会情不自禁地使用繁复方式。如对朋友的突然来到会喜出望外，会连声说"你来的真是太好了，太好了！"从而不自觉地表达出一种激动心情。

对一些较为复杂的内容，更需要用繁复的方式来表述，例如：

学生：我拿50元钱，干50元钱的活，行不行？

朱伯儒：一个人假如24岁参加工作，他的工作时间是36年，假如他活到70岁，就有34年不工作。这不工作的34年中需入托、上学、结婚、生孩子、养老；这一切不需要钱吗？此外，国家要积累，要发展，你还得为后代留点什么，这些也离不开钱。照此算，如果在工作期间拿多少钱就干多少活是不行的。人存在的价值不仅要创造自己所需要的，更主要的还要有所贡献。

朱伯儒对于学生提出拿多少钱干多少活这个涉及人生价值的问题，没有简单说"不行"，而是把人的一生能工作与不能工作的时间和费用很具体地算了几笔账，还提出了人生的价值与意义的问题，运用这样细致深入的语言，论证了"不行"的道理。如果不是用繁复的话语，是不容易将这个道理讲清楚的。

（三）直述与委婉

### 1. 直　述

直述就是直言表述自己的观点，介绍事情的原委。直述技巧在口语交际中的具体表现是，陈述事情直截了当，表示态度旗帜鲜明，表露感情真挚自然，说话语气恳切坦率，不拐弯抹角。

运用直述技巧表达，一般不加过多的修饰成分，语言质朴无华。直述能体现人的坦直性格，较易取信于人；直言快语，可以提高交际效率。在口语交际中，直述技巧运用的场合很多。会议发言、请示、汇报、研究讨论问题等，都需要开诚布公，直言不讳，以便迅速敏捷地进入话题和展开内容。例如：

> 1949年7月4日下午，黄炎培到毛泽东家里做客，感慨万分，他坦率地问毛泽东说："一部历史，'政怠宦成'的也有，'人亡政息'的也有，'求荣取辱'的也有，总之没有能跳出这个周期率。中共诸君从过去到现在，我略之了解的，就是希望找出一条新路，来跳出这个周期率的支配。"
>
> 毛泽东听后高兴地说："我们已经找到了新路，我们能够跳出这个周期率。这条新路，就是民主。只有让人民来监督政府，政府才不敢松懈，只有人人起来负责，才不会人亡政息。"

在这段对话中，黄炎培直言不讳地提出了中国历史所形成的"人亡政息"的周期率问题，表明了对中共执政跳出这个周期率的殷切希望，毛泽东则直截了当地告诉共产党的认识与作为——通过民主这条新路跳出这个周期率，让人民监督，人人负责。直述方法的运用，有助于双方开门见山，深入了解并达成共识。

### 2. 委　婉

委婉就是不直接说出本意，而是借助各种言语方式将不宜直说、不能直说或不想直说但又必须说的意思婉转曲折地表达出来。对此，本书有专节讨论，不再赘述。

（四）平实与奇崛

1. 平　　实

平实表述，就是用语通俗，一听就懂；语义通俗，深入浅出。平实表述的特征是：言语质朴无华，洗练精到，不事渲染，不加雕饰，把自己的思想感情朴朴实实明明白白地表达出来。用平实方式表述出来的话语，乍听平平常常，毫无新奇之处，深思则立意高远，很有力度，能给人以强烈的感染力。平实表述，可以展现表达者坦诚直率的性格，给人一种心口如一、自然亲切、真实可信的感觉，从而大大提高言语内容的可信度。

平实质朴是一种匠心独运的语言运用技巧，决非单调乏味、浅薄呆板。没有丰富的生活经验，没有深厚的语言修养，是很难达到这一境界的。葛应方深谙其理，认为："大抵欲造平淡，当自绚烂中来，落其纷华，然后可造平淡之境……李白云'清水出芙蓉，天然去雕饰'，平淡而到天然处则善矣。"[①] 可见平淡朴实的语言是"平中见巧，淡而有味"，"落其纷华，返璞归真"。也就是说，平实朴实的话语中蕴含着独具的情趣和文采。正如苏轼所言："凡文字，少小时须令气象峥嵘，色彩绚烂，渐老渐熟，乃造平淡；其实不是平淡，乃绚烂之极也。"

平实质朴的表达具有两个特点：一是明快；二是简洁。明快就是有话直说，直截了当，爽快明朗，不拐弯抹角，不故弄玄虚，不装腔作势。因此，应注意运用规范性词语，尽量少用文言词、方言词和生僻词语；应注意运用群众性语言，如谚语、俗语、歇后语等群众口头常用的生动活泼的大众化语言以及一些社会流行的带有生气和活力的新词语，尽量不用某些特殊专业或范畴的非常用语汇。简洁就是言简意赅，决不用多余的词句，尽可能以简约的言语传递尽可能多的信息。这就需要多用短句，少用结构复杂的长句，善用比较方式，通过比较差异变化来简单明了地说明问题。例如：

马玉祥曾是一位志愿军战士，魏巍的《谁是最可爱的人》中描写的冒

---

① 葛应方. 韵语阳秋 [M]. 上海：商务印书馆，1937：274.

火抢救朝鲜儿童的战士就是他。他转业到地方默默无闻地工作了30年。有一次，他与大学生交谈，其中一段对话如下。

问：您回地方这些年默默无闻地工作和生活，您从来没有想到过您是英雄吗？

答：我不是什么英雄，当年在朝鲜战场上我是个兵，后来转业到地方，我也是个"兵"，现在离休了，我还愿当个老兵。这辈子我掂量掂量自己，只要够个"兵"的分量也就心满意足了！（热烈鼓掌）

问：您是50年代的青年，我们是80年代的青年，两代青年在气质、品格等方面有许多差别，您喜欢哪一代青年？

答：50年代青年有点"傻"，80年代青年有点"尖"，还是两代掺和掺和好！（笑，鼓掌）

马玉祥在回答大学生的问话时，语气恳切，语意明确，平实质朴，真挚感人。所选用的词语如"兵""老兵""掂量掂量""傻""尖""掺和掺和"等，是群众性的口头语词和社会流行的新词语，朴实无华，明白易懂；所表述的语句，如"我不是什么英雄"、"我是个兵"、"只要够个兵的分量也就心满意足了"、"傻"、"尖"、"掺和掺和好"等，没有丝毫的雕饰与夸张，简练、精约、朴质明快，真诚生动，亲切可信。

## 2. 奇　崛

奇崛表述就是采用超常说法，以追求振聋发聩、境界全新的表达效果。奇崛表述不落俗套，具有求新、求异、求巧的特点，或在观点上，或在遣词造句上，或在内容安排上，或在言语策略上刻意追求与众不同，超常出新，从而启人心智，出奇制胜。

奇崛表述是思维活跃的表现，只有克服"思维定式"，敢于和善于摆脱现成的思维方式和传统习惯，才能独辟蹊径，出言不凡，把话说得奇崛。奇崛说法是丰厚的文化修养和渊博的知识底蕴积淀迸发的产物，是各种知识的融合、移植、嫁接与联系的生动表现，是知识巧用、活用的成果。常见的奇崛表述方式有以下四种。

（1）独到之语。即善于从新的角度来阐发与众不同的独到见解，鞭辟入里地说明道理，使人耳目一新，由衷叹服。

（2）点睛之语。即对错综复杂问题的本质特征、关键症结，或对事件发展的趋势、结局，能高瞻远瞩地用凝练概括的语言，画龙点睛、提纲挈领地予以点明，从而使人产生豁然开朗的感悟。

（3）警策之语。即在发言或演讲中，引用或创造几句体现表达者思想、精神、情感或主张并切合所讲内容的蕴含哲理的名言隽语。这样，就可以震撼人心，发人深省，令人回味。

（4）反常之语。即说话时故意别出心裁、"别有用心"地违反常规惯例所表述的语言。如在需做长篇大论演说的正式场合破例做简单的发言，需做正面阐述的偏偏使用反语方式，需要疏导慰藉的却用"激将法"等，往往能产生奇效。

在言语交际中，思路广、点子多，才能独辟蹊径，出言新奇。当然，新奇之语不是凭空产生的，而是各种知识融会、移植、嫁接和联系在一起激活而成的，是知识的巧用和活用。例如：

> 战国时期的魏国有一位大臣叫李克，一天魏文侯问他："吴国灭亡的原因是什么？"李克马上回答说："是因为屡战屡胜。"
>
> 魏文侯一下子迷惑起来，不解地问道："屡战屡胜是国家吉利的事，怎么会使国家灭亡呢？"
>
> 李克回答说："屡战，人民就要疲困；屡胜，君主就会骄傲。以骄傲的君主，去统治疲困的人民，这就是灭亡的原因。"
>
> 魏文侯信服地点点头，对李克的远见卓识极为赞赏。

魏文侯认为屡战屡胜是国家吉利的事情，而李克则认为是亡国的原因，这种见解已超出常人了。其后的分析入情入理，令人信服。由此可见，做奇崛表述应善于透过现象看本质，做辩证分析，这样才能高屋建瓴，独有所见。

（五）庄重与幽默

1. 庄　　重

庄重表述就是使用规范、典雅、严肃的词语和句式来表述的一种言语方式。这种表述方式适用于歌颂伟大、崇高的人物和事件，表述重大的事件、问题，论证科学道理、法则等。

庄重表述的主要要求是：①少用或不用俚词俗语，多用正式规范词语（如书面词语、专用词语）和成语、文言词语等；②用全称来称谓事物，这样，便带有强烈的书卷气，形成庄严、郑重、古雅的氛围；③采取直叙、顺叙的方式讲述，不用或少用疑问句、感叹句，多用陈述句、判断句；不用或少用变式句，多用常式句；不用或少用短句，多用长句；注意运用同位语、排比成分、排比句、排比段和严整的句群来加重分量，以表明郑重其事，形成稳重的格调。例如：

1955年4月，周恩来在亚非会议上发言，当谈到宗教信仰自由的问题时，他说："宗教信仰自由是近代国家所共同承认的原则。我们共产党人是无神论者，但是我们尊重有宗教信仰的人。我们希望有宗教信仰的人也尊重无宗教信仰的人。中国代表团中就有虔诚的伊斯兰教的阿訇。这些情况并不妨碍中国内部的团结，为什么在亚非国家的大家庭中不能将有宗教信仰和没有宗教信仰的人团结在一起呢？"

关于宗教信仰自由的问题，是一个很严肃且十分敏感的问题，因此周恩来采用庄重表述方式来表明态度，提出看法。他首先肯定了宗教信仰自由的国际原则，接着提出了"有"与"无"两者相互尊重原则和团结共处原则，为解决这个问题发表了具有建设性的意见。转折句式、递进句式和"以……计"的文言格式的运用，不仅郑重其事，而且鲜明有力地说明了观点。

2. 幽　　默

幽默是运用意味深长的话语再现现实生活中具有喜剧性特征的事物和现象以传递某种特殊信息的表述技巧。美国人约翰·哈斯灵认为："幽默是演讲者与听众建立友好关系的最有效的手段之一。当你讲得听众眉开眼笑时，他们也就主动地参与了思想过程。"可见幽默表达可以建立友好关系和促进思想交流,使表达者的观点看法在轻松的气氛中深入人心,实现最佳的表达效果。关于幽默表达技巧,请参看本书有关章节。

（六）激昂与省略

**1. 激　昂**

激昂表述的特征是,词句遒劲,气势雄浑,感情奔放,境界开阔。在言语交际中,激昂表述的言语,感情炽热而外显,具有强烈的感染力,能够促使听众胸襟开阔,精神昂奋,达到同悲同愤、同生同死的境界。

激昂雄浑的言语主要表现为：①运用动作性强的动词,色彩浓重的形容词,概括性强的数量词等分量重、力度强的词语以壮大声势；②高频率地重复使用某些词语,以表达某种强烈的感情；③灵活或综合运用语意贯通的长句,明快跳跃的短句,铿锵奋发的整句,抑扬顿挫的散句来抒发激昂的情怀,表现壮阔的图景；④运用排比、夸张、比拟、引用、呼告等修辞手法来增强语言的动态感、立体感和形象性,扩展意境,增强气氛；⑤构思宏伟,境界壮阔,内涵丰富。例如：

1946年8月,闻一多先生在云南大学至公堂悼念李公朴先生的大会上,作了名垂千古的《最后一次演讲》。闻一多先生深切痛恨国民党反动派的腐朽黑暗和卑鄙无耻,他视死如归,拍案而起,怒斥凶顽,喊出了人民的吼声,道出了人民的意愿,像一头"雄狮",展示出中华民族的英雄气概,很典型地表现出激昂雄浑的口语风格。下面节选一段试做分析。

"这几天,大家晓得,在昆明出现历史上最卑污,最无耻的事情！李先生究竟犯了什么罪,竟遭此毒手？他只不过用笔写写文章,用嘴说说话,而他所写的,所说的,都无非是一个没有失掉良心的中国人的话！大家都有一支笔,有一张嘴,有什么理由拿出来讲啊！有事实拿出来讲啊！（闻先生声音激动了）为什么要打要杀,而且不敢光明正大地来打来杀,而偷偷摸摸地来暗杀。（鼓掌）这成什么话？（鼓掌）"

"今天,这里有没有特务？你站出来！是好汉的站出来！你出来讲！

凭什么要杀死李先生？（厉声，热烈鼓掌）杀死了人，又不敢承认，还要诬蔑人，说什么'桃色事件'，说什么共产党杀共产党，无耻啊！无耻啊！（热烈的鼓掌）这是某集团的无耻，恰是李先生的光荣！李先生在昆明被暗杀，是李先生留给昆明的光荣，也是昆明人的光荣！"[1]（鼓掌）

闻先生开头的这段话和通篇演讲的基调一样，感情激愤，语调铿锵。从句式的角度讲，运用长句来说明事实，揭示真相，如"他只不过用笔写写文章，用嘴说说话，而他所写的，所说的，都无非是一个没有失掉良心的中国人的话！"这句话，既说明了李先生被害的原因，又揭露了反动派惧怕人民讲真话讲实话的丑恶嘴脸；大量运用短句来表达愤激的感情和显示正义的力量，如"今天，这里有没有特务？你站出来！是好汉的站出来！你出来讲！凭什么要杀死李先生？"这叱咤风云的怒吼，厉声责问的表情，大义凛然的神威，如响耳畔，如现眼前。从修辞手法来讲，大量运用反问、反复和对比手法，表现了怒不可遏的情感和爱憎分明的立场，如"为什么要打要杀，而且不敢光明正大地来打来杀，而偷偷摸摸地来暗杀。（鼓掌）这成什么话？"这个反问句揭露了敌人的卑鄙无耻。"无耻啊！无耻啊！"反复手法的运用加强和开拓了揭露的力度和深度。"这是某集团的无耻，恰是李先生的光荣！"鲜明的对比表达了强烈的爱憎情感。"无耻""光荣"等词语的反复运用，更集中强烈地表现了激昂的情绪，给听众以强烈的感染。

激昂雄浑的言语，往往给人以奋发向上、勇往直前的强大动力，因此，在带有鼓励性、号召性、呼吁性和论辩性的演说中，常常使用这种表述技巧。

### 2. 省　　略

省略就是在特定的言语交际环境中，有意省去一些语言成分或略去某些内容的一种表述技巧。运用省略技巧，可以使交际过程更加简单明了，感情色彩更加丰富，同时，也能进一步提高交际效率。

省略的表达形式通常有两种[2]：一是成分省略，即单句中对主、谓、宾等句子成分的有意省略；二是内容省略，对有些心照不宣的内容省略不说，或故意讲"半

---

[1] 仲金留等编. 名人演讲辞精萃[M]. 桂林：漓江出版社，1987：368.
[2] 王东，高永华主编. 口才艺术[M]. 北京：光明日报出版社，1991：135.

截子"话，以达到一种微妙的表达效果。

说"半截子"话是一种语用预设，在省略表述技巧中较为特殊，故做出较为具体的介绍。所谓说半截子话，就是只说出与本意相关的其余部分，让听众根据这半截话去理解、去领悟所预设的意义。例如：

> "文革"期间，有个青年妇女被关进牛棚。后来她诉说自己的不幸遭遇时讲道："一天深夜，新上任的群专队长一个人提审我，他说可以放我出去，但要我答应一个条件……我死也不肯！"

在上例中，"条件"是什么，没有说出来，但听众根据人物性别"青年妇女"，具体情节"群专队长一个人提审"和妇女的态度"死也不肯"，可以领悟这个条件的含义。

说半截话的技巧有以下几种。

（1）可以用交代特定语境的方式进行，如上例。

（2）用只说出彼此熟悉的成双成对使用的俗语、成语、歇后语乃至名言、诗句的一部分的方式进行，如评价某人没有什么作为或成果时只说"张飞卖豆腐"。

（3）用借助特定语境中某些具体细节来补充说明的方式进行。例如："让你带伞，你偏不带，看你浇的！"浇成什么呢？"落汤鸡"。

（4）用表述说话人自己的感受或评价的方式进行。例如："你这人真是！人命关天的事，还东瞒西瞒的！""你呀，我不说你了。""真是"什么，"你呀"怎么样，这些常用的口头禅，往往表现了说话人的感受或评价，在具体的交际环境中可以让对方体味出来。前例根据后语的补充，有"糊涂"之意；后例在不同的对象条件下，有"真不听话"、"太淘气了"、"真顽皮"等意思。

在言语交际中，省略技巧常用于下列特定情境中。[①]

（1）当背景单一，说话者所处的环境、显示的意义比较清楚时，就可以省略一部分口语，省略掉的部分由环境替你说出。比如在入站口，检票员对乘客往往使用省略方式，只用"票！"一个字就把意思说清楚了。

（2）当交谈对象比较熟悉时，由于双方较熟悉，彼此间已形成很多默契语言

---

① 王东，高永华主编. 口才艺术 [M]. 北京：光明日报出版社，1991：135.

或动作体态语言。他们在交际时可将心照不宣的内容省略，仅仅吐露片言只语，或辅以特定的手势或眼神、表情等，就可以达到沟通的目的。这种省略方式常常用来表达多种特殊的感情，如责备、惋惜、亲密等。

（3）当表达特殊的思想感情时，在口语表达中将某些次要问题或内容有意省略，可有效地强调突出主要内容，这就是我们常说的"半截子话"。比如表达"恨铁不成钢"的感情时说："你呀！真是……"省略的恰恰是要强调的。既可引起震撼，又可表现说话者的策略。

口语省略现象从本质上看并不是语言的省略，它不过是一种语言表达形式的转化或替换，即用其他非口语形式，如环境语言、默契语言、体态语言等辅助表达而已。

（七）先说与后说

口语表达的效果与内容本身关系密切，也与这些内容展开的次序和结构紧密联系，因此，表达过程中先说什么后说什么便成了一种不容忽视的表述技巧。这种技巧表现为两种形式：一是语序安排，主要是指语句的排列顺序；二是内容安排，即说话内容总体结构的合理设计、组合。

**1. 语序安排**

汉语的语序是一种很重要的语法手段，具体表现在言语交际中，语序不同，表达的含义往往不一样，侧重点往往就会不同。如"其情可悯，其罪当诛"，语意重心在该杀上；反之，说成"其罪当诛，其情可悯"，那就要刀下留人了。在言语交际的语流过程中，有一种接引规律，即一方的话语往往紧承另一方的话语而来。根据这个规律，安排好恰当的语序，就会实现特定的交际目的。例如：

日本战后许多商店因人手不足而设法减少送货任务。有的商店就将选择疑问句"是您自己带回去呢，还是给您送回去？"的语序改为"是给您送回去呢，还是您自己带回去？"结果如愿以偿，要求送货的大大减少。

商店在无法完全满足顾客送货要求的时候，巧妙利用语流接引规律重新设计问话，调整了语序，既达到了目的，又不违背文明服务的原则。这说明语序选择的重要，也说明先说与后说的确是一种表述技巧。

## 2. 内容安排

内容安排即表述的程序问题。口语交际是一种双边活动，表达效果的取得往往取决于表达对象的接受程序与心理状态。为追求最佳效果，有时应以交际对象和特定场合为着眼点，精心安排话语内容的先后顺序。

确定话语内容先后顺序的基本原则是：将对方容易接受的内容放在前面，从"共同点"入手，缩短距离，融洽感情；把分歧点（即对方难以接受的内容）置于后面，以便达成共识。需要精心安排话语内容先后顺序的口语表达最典型的是批评性谈话和劝导性谈话。批评性谈话如果以赞扬为先导，就能促成心理相容，建立沟通的桥梁，然后指出问题或不足、不妥之处，对方就较易接受；劝导性谈话如果安排一个便于澄清或提高对方认识的内容于前，然后再正面提出问题，也会取得积极的交际效果。例如：

在某宾馆的休息厅内，一名经济学家向八位同行介绍自己对企业深化改革的看法，以寻求支持和帮助。他确立的中心话题是改革企业管理体制势在必行。他没有一上来就谈这个问题，因为他怕如此一来，谈话太突兀，会失去社交应有的交流环境和气氛。于是他设计了这样几个人们感兴趣的话题。

——最近，报纸披露了某厂管理混乱，造成巨大浪费的新闻。

——今年国家统计局对部分工业产品质量抽样检查的结果。

——某厂长准备在上任后搞一套新的管理方案以及对此进行论证的情况。

这几个话题的不断提出使大家渐渐投入了谈话，思路活跃起来。于是，他适时转入自己设计的改革企业管理体制方案的正话题。人们由于有前面的铺垫，思想相当投入，对此从多个角度热烈讨论起来，为他的设计方案甚至思路提出了许多建设性的意见。

这位经济学家之所以取得交际交谈的成功，是因为他以主要话题为中心，同时设计好必要的具有间接兴趣点的话题，妥善处理了先说与后说的关系问题。间接话题是指那些与中心话题有一定逻辑联系，如因果、主次、反衬、解释、说明、背景、类比等关系的话题，它们能够起到必要的缓冲、铺垫作用，解释或说明主要话题的意义或重要性，使中心话题更容易令人接受，也能加深、拓宽谈话内容，使整个交谈更加丰满，增强谈话效果。又如：

  战士小沈与房东的姑娘春梅在谈恋爱，这违反部队的纪律规定。班长乘着月色把他带到了枣树边，闲聊了一会对小沈说道："你看，那棵树上的枣又大又鲜，已经熟透了，你去摘一包咱们吃。"

  "什么？"小沈被弄得莫名其妙，反驳道："你每天讲不拿群众一针一线，难道就是这样做的吗？"

  班长仍一本正经地说："哎，说是说，做是做，现在摘了，天知、地知、你知、我知，咱们悄悄吃了，只要你我不说谁知道？"

  小沈态度严肃地说："这可不行，有人没人要一个样。要不然，军队的纪律不就白订了吗？"

  班长听后，微微一笑，说："是啊，军队不许在驻地找对象，这可是总政规定的纪律啊！"

  小沈一怔，恍然大悟，说："班长，你放心，我一定改正。"

  第二天，小沈便找到春梅，婉言谢绝了她的爱情。

在这次劝导性交谈中，班长的目的是教育战士小沈不要违反部队纪律，他没有直接提出批评并做硬性规定，而是利用聊天之机故意犯下一个错误，这个错误与小沈在驻地谈朋友之事具有相同的性质。小沈自然要批评班长违反纪律，而班长则利用这一共识来戳尔之盾，小沈也就心悦诚服地接受了正确意见。这生动地说明了批评劝导性交谈中言语内容安排的确具有技巧性，忠言顺耳，效果更佳。

## 第二节 应变技巧

### 一、应变技巧的功能

应变，又叫机变，是随着情况的变化，善于把握时机，灵活机动地应付的意思。在口语交际过程中，总难免会出现碰上难题、处境不利或尴尬、困窘的情形，这就需要及时做出反应，采取有效措施加以解决。能够正确、得体、机巧地应付处理突发事件和意外情况，是应变能力强的反映。具体地说，应变能力是善于运用机变技巧的能力。所谓机变技巧，就是在口语交际过程中，表达者针对具体交际场合当中出现的各种不利因素，临场机敏地调整内容、巧妙地变换言语形式以适应事物发展变化的一种随机应变技能。能够运用机变技巧应付处置各种意外情况，是具有良好心理素质和快速反应能力的表现。

在口语交际过程中，涉及的因素较多较复杂，其中任何一个因素的不协调都可能导致口语表达的失败。各种各样的问题，如听众、场合及表达者自身等因素常常使具体的言谈过程像个无形的"魔方"，变化万端，甚至难以预测，只有具备机智灵活的调控能力，即应变能力，才能在紧急情况下，运用机变技巧，保持主动地位，消除不利影响，使言谈达到相谐统一、充满趣味和魅力的最佳状态。由此可见，在一般交谈时，对于像由于听者发难或自己的疏忽、过失酿成的各种意外情况等，成功有效地运用机变技巧来应付，就可以"化险为夷"，消除难堪的窘境和摆脱不利的局面。在辩论或辩论比赛中，新颖的机变，巧妙的语言，可以出奇制胜，战胜对手。在演讲等单向性口语表达活动中，运用机变技巧可以控制情绪，赢得听众的认同与赞赏，增强言语的磁力，提高表达的效果。

## 二、应变技巧运用的原则

**（一）围绕目的，机敏选择最佳方式**

任何交谈都带有一定的目的性，因此，在口语交际出现意外情况或不利因素时，一定要围绕既定的目的，灵活地安排表达内容，机敏地选择最佳表达方式，有理、有利、有节地重新设定程序，坚定不移地为贯彻交际意图做出最大努力。如果主要目的不可能实现，则注意即时确定最有可能实现的目的并做出积极反应。也就是说，无论如何，都必须给自己树立明确的目标，因为只有目标明确，才有可能激起创造性地运用机变技巧的欲望和急智。

**（二）维护形象，保持自我个性特征**

言语交际在不同的场合、氛围中，说话者的身份、充当的社会角色是不尽相同的，因而表达形象规范[①]也就有所不同；从另一方面讲，不同情境有不同的要求，不同的人有不同的优势，具有不同的个性特征，因此，面对突发事件、意外情况等，严防出现一味向听众对象献媚，说些不合身份、有损人格的话，而要在运用机变技巧做出积极处置时，保持自我形象，突出个性特征，用人格魅力、言语机智来施加影响，创造奇迹。

**（三）讲究协调，创造全新融和氛围**

口语表达的对象是人，无论是单个的人，还是群体的人，都是具有思想、意愿、情感的人，都具有鲜明的个性和倾向性，他们对表达者欢迎与否，对观点肯定与否，对信息的接受积极与否，都直接涉及口语表达的效果。在处理意外情况尤其是听众对象的发难时，更应处理好与他们的关系，因为是否取得效果是由他们接受与否作为衡量标志的。换句话说，运用机变技巧就是要通过协调关系来创造出融和的交际氛围，处变而不惊，临急而生智，有效地控制交际对象和现场局面，掌握交流的主动权。

---

① 李军华. 口才学 [M]. 武汉：华中理工大学出版社，1996：166.

### （四）综合权衡，实现最优交际效果

这里的最优，是指运用机变技巧所能赢得的一种最为积极的效果，即在特定的情境中，灵活巧妙地使用机变技能引导口语交流达到最佳状态，取得最佳效果。

在言语交际时，说话目的与表达效果往往互为表里，开口之前，表现为要达到的目标；出口之后，则会成为已实现的效果。效果的优与劣往往表现出交际目的实现的程度，优则完全达到目的，劣则部分达到或没有达到目的。因此，运用机变技巧应根据既定目的，充分考虑个性原则、协调原则及其他相关因素，实现特定情境中的理想状态、最佳效果。这种理想状态、最佳效果，并非是完美化的东西，而是对具体的、突发的情形采取应变措施所能达到的程度而言的。也就是说，是在综合权衡的情况下，对应变本身的一种客观评价。如果在采取机变措施之前能充分考虑到这一点，就会大大增加运用机变技巧的成功机会，从而取得最佳效果。

## 三、常用应变技巧

根据不利因素的内容和意外情况出现的场合，根据应变技巧本身所具有的特征和功能，常见应变技巧可分为三种类型：智答技巧、即兴技巧和脱窘技巧。

### （一）智答技巧

发问应答可以说是人际交往的一种最基本的言语交往形式。应答，在一般情况下，应该满足发问者的要求，提供对方所需要的信息。然而，人际交往较为复杂，有时因交际对象别有用心，有时因条件不成熟、情形不利，往往会出现一些不能回答、不该回答或不便回答而又不能不答的问题，这就要采取适当的方式做出机智的回答，以改变自己的不利地位。常见的智答技巧有以下 10 种。

#### 1. 设定条件

有的问题，直接或婉转都无法解答，这往往是因为发问者故意刁难答问者。对这类问题，可采取突破其问题的控制，假设一定的条件并给出相应的结论的方式作答。这样，不仅可以化被动为主动，反过来控制对方，而且可以表现出答问者的机敏。例如：

有一个外国旅游团举行答谢宴会。团长在致祝酒词之后向国旅北京分社欧洲导游吴泽恩说道："请问，如果向您提出一些不客气的问题，您愿意回答吗？"愿意不愿意似乎都不妥，谁知道团长会提出些什么怪问题呢？吴泽恩想了一下，回答说："我们是把您当作朋友看待的，如果您的问题有助于加深彼此的了解与友谊，我将不介意。"

在上例中，吴泽恩的回答，实际上是给外国旅游团团长的问题设定了一个条件：必须有助于加深彼此的了解与友谊，这个答话作为诚挚的朋友来说，不卑不亢，合情合理，恰到好处。

### 2. 否定预设

即针对对方问语本身中含有预设的前提这种情况，以否定问语本身的方式作答，从而打破发问者的圈套，变被动为主动。例如：

在一次记者招待会上，有一名不怀好意的外国记者问中国外交部发言人："中国政府对在印度政治避难的达赖回到他自己的国家——西藏持何态度？"我外交部发言人义正词严地答道："首先，我国政府从未对达赖实行过政治迫害，不存在什么政治避难问题。西藏是中国不可分割的一部分。我们始终欢迎达赖回到祖国来，他愿意的话，也可以在西藏自治区工作。"

在上例中，我外交部发言人的回答是对这名居心叵测的西方记者提问本身的否定。如果不否定问语本身，便等于承认了它们。这种预设前提的问语实际上是一个圈套，诱使人上当，因此，应敏锐地察觉并直接否定问语本身。

### 3. 反思逆答

即不按照问语暗示的意思顺势作答，而是从话题的逆向去思考，做出出乎意料却意境全新的妙答，这样不仅可以化解紧张气氛，变尴尬为融洽，而且可以表现出应答者思维敏锐、应对迅捷的才华，例如：

1972年美国总统尼克松访问苏联。一次，飞机准备起飞时，突然有一个引擎发动不起来。在场的勃列日涅夫又急又恼，指着民航部部长问尼克松：

"我应该怎样处分他?"尼克松应声答道:"提升他,因为在地面发生故障总要比在空中好。"

在上例中,尼克松没有顺着勃列日涅夫"处分他"的思路回答,而是反过来建议"提升他",答话与问语形成对照,妙趣顿生,既表现了大政治家的风度,又为东道主保全了面子。

### 4. 仿话应对

即仿照对方问语的句式、语意作答。这种方式主要用于回击发问者的刁难,它按照荒谬或诘难问题的结构如法炮制,再还给对方受用,从而陷发问者于为难的境地。仿话应对是"以其人之道,还治其人之身",让对方搬起石头砸自己的脚,因而可以充分显示出答问者的机敏、诙谐。例如:

> 英国某电视台一位40多岁的老练的记者,现场拍摄电视采访作家梁晓声的节目。在谈了一段时间之后,记者问道:"没有文化大革命,可能也不会产生你们这一代作家,那么文化大革命在你看来究竟是好还是坏?"梁晓声略为一怔,沉思片刻,立即灵机一动地以问代答:"没有第二次世界大战,就没有以反映第二次世界大战而著名的作家,那么您认为第二次世界大战是好还是坏?"老练的记者也不由一怔,因无话可答,只得下令停止拍摄。

在上例中,记者的问题是如此刁钻,以至于无法用"好"与"坏"来做简单判定。所以,梁晓声仿话应对,既有礼有节,又相映成趣。

仿话应对也可用于赞美。例如:

> 大科学家爱因斯坦十分喜爱卓别林主演的电影。一次,他禁不住写信赞美卓别林说:"全世界的人都能理解你的幽默、含蓄,你的确是一位伟大的艺术家!"卓别林回信说:"世界上只有很少人能理解你的'相对论',可你仍然是一位真正的伟大的科学家。"

## 5. 模糊应对

即运用伸缩性较大、不很明确的话语作答。这种方式主要是为了避免做实质性的回答。例如：

> 1945年，美国在日本投下两颗原子弹以后，美国新闻界一个突出的话题是猜测苏联有没有原子弹以及有多少颗。苏联外交部长莫洛托夫这时率一个代表团访问美国，在下榻的旅馆前被一群美国记者包围，有记者问道："苏联有多少颗原子弹？"莫洛托夫绷着脸仅用一个英语单词回答："足够！"

在上例中，"足够"是一个模糊概念：是足够拥有研制原子弹的能力，还是足够对付原子弹的威胁？莫洛托夫的模糊应对，既可以保守国家机密，又表现出苏联人民的自尊与力量，言简意赅，恰到好处。

## 6. 补正条件

有些事物在一定范围内呈现出量变关系，当双方对某个具体的数量都偏于一端、各执一词且请你当评判人时，你可以在不违反原则的情况下，补出双方说法的相关条件，使双方的说法都获得合理的解释。这样既可以化解争执，又能够融洽气氛。例如：

> 张之洞新任湖北总督时，抚军谭继洵特地在黄鹤楼设宴接风庆贺，并请了鄂东诸县的县官作陪。席间，张、谭二人为长江究竟有多宽争执起来。谭说五里三分，张说七里三分，争得面红耳赤。于是张、谭命江夏知县陈树屏回答。陈略作思考，便朗声答道："水涨七里三，水落五里三，二位说的都对。"张、谭大笑，赏了陈树屏20锭大银。

在上例中，陈树屏无论肯定哪一方，都会得罪另一方，而且会使宴会不欢而散。于是，他补出了"水涨"与"水落"两个条件，变对立为共存，睿智的回答产生了皆大欢喜的结局。

### 7. 俗问俗答

这里的"俗",是庸俗、粗俗之意。遇到"俗"的问题,可采用"俗问俗答"的方式予以回击。在俗问俗答时,最好是在对方问题的基础上加以推演、发挥,不宜另起炉灶,否则,就会有失身份,甚至成为泼妇骂街。例如:

> 1957年,尼克松副总统前往苏联出席一个由美国举办的展览会开幕式,同赫鲁晓夫做了一次著名的"厨房辩论"。赫鲁晓夫怒气冲冲地说,美国国会刚通过的那个有关被奴役国家的决议,"臭极了,臭得像刚屙下来的马粪。尼克松先生,还有比马粪更臭的东西吗?"尼克松知道赫鲁晓夫青少年时期当过猪倌,就反唇相讥道:"我想主席先生大概搞错了,比马粪更臭的东西是有的,那就是猪粪。"赫鲁晓夫顿时面红耳赤,赶紧转换了话题。

在上例中,赫鲁晓夫在庄重的外交场合,竟提出一个俗不可耐的"还有比马粪更臭的东西吗?"的问题,粗鲁无礼,侮辱人格。尼克松则接过"更臭"的话题,直答"猪粪",以影射其短,不仅自然有力,而且维护了自己的人格。

### 8. 正本清源

即分析对方问语的依据,以揭穿其混淆视听的荒诞不经之言。在此基础上,再重申对相关事情的立场、观点,应答便十分明确有力。例如:

> 中国驻印度特命全权大使李连庆,是位颇有声望的外交官。在一次记者招待会上,一位印度记者突然向他发问:"据说,中国在新疆帮助巴基斯坦试验核武器。对此,大使先生有何感想?"
>
> 中、印、巴三国有着相当微妙的关系,李连庆严肃地答道:"'据说'是一个推测用语,而在这样重大的问题上,使用这样的词语是不够慎重的。据谁而说?证据何在?中国一贯主张销毁核武器的原则立场是众所周知的,她自己制造核武器,也是为了打破超级大国的核讹诈,以至最终销毁核武器,怎么会再去帮助另外一个国家去试制核武器呢?"

在上例中,李连庆先指出对方发问用语的不合理与不严肃,并趁势追问"证据何在",以正视听;然后正面阐明中国一贯坚持的原则立场,言之有理,论之成据,达到了正本清源的目的。

### 9. 自嘲应对

对一些无论怎么回答都会有损自己形象的问题,干脆采取自嘲的方式来取笑自己。这样不仅可以变被动为主动,而且具有较强的反击力量。例如:

> 美国前远东军司令麦克阿瑟的傲慢与刚愎是出了名的。一次,在与杜鲁门总统会见时,他竟然不经意似的掏出大烟斗,装满烟丝,叼在嘴上,然后问杜鲁门:"我抽袋烟,您不至于介意吧?"周围的人静下来,都看着杜鲁门。杜鲁门狠狠地盯了麦克阿瑟一眼,却甜蜜地说:"抽吧,将军。别人喷到我脸上的烟雾,要比喷在任何一个美国人脸上的烟雾都多。"

在上例中,麦克阿瑟并不是真心实意地征求杜鲁门的意见,他已做好了抽烟的准备,如果总统说自己介意,那就显得太粗鲁太霸道了。于是,杜鲁门采用嘲笑自己的方式,答应麦克阿瑟的请求,既表现了内心的不满,又显示出豁达大度。

### 10. 行为体验

即适情应景地设计一定的动作行为让对方自己体会出所提问题的答案。采用这种方式应答的前提是,答问人必须具有权威性。例如:

> 1945年,富兰克林·罗斯福第四次连任美国总统。《先锋论坛》报的一位记者就此请他谈谈这次连任的感想。罗斯福没有回答,而是很热情地请这位记者吃三明治。记者吃第一块时觉得是享受殊遇,吃第二块时感到情不可却,吃第三块时就很勉强了。哪知罗斯福总统还微笑着端起第四块请他吃。记者一听啼笑皆非,连连摇头,因为他实在吃不下去了。罗斯福笑着对他说道:"现在,你不需要再问我对于第四次连任的感想了吧?因为你自己已感觉到了。"

在上例中,罗斯福总统用让对方连吃四块三明治的方式,让对方体会第四次连任的感觉,其情形让人忍俊不禁,但的确是巧妙地回答了对方的问题。

此外,还可以用转移话题、无效回答、诱导否定、推诿他人、装聋作哑等方式来机智地做出应对。上述的种种方式技巧说明，智答的关键是能够掌握交际的主动权，反控交际对象的思维和话语展开方向，离开了这一点，就谈不上智答技巧了。

（二）即兴技巧

口语表达中的即兴，有两种情形：一是对眼前景物有所感触，临时发生兴致而做现场讲说；二是身处某一言语交际环境中，临时被要求做现场讲说。这两种情形的共同特点是事前毫无准备，全靠临场发挥。即兴讲说是口语表达艺术中的最高级形式。它既无讲稿，又无提纲，更无背熟的"台词"，全凭迅速组合头脑中的可用资料，当场捕捉信息，展开联想，边想边说，而且要求中心突出，有理有据，情趣高雅，可见即兴讲说是一种高超的语言艺术。

即兴讲说的关键是能在现场选好"点"。选准了"点"，就能把看似孤立的人、事、物，通过联想把它们有机地联系起来，做整体的把握，运用并联式、对比式、递进式、总分式等连缀方式进行严密的构思，创造性的阐发，从而形成具有高度艺术性的言语成品，同时树立表达者良好的社会形象。即兴讲说的"选点"，就是选好能沟通演讲者与听众心灵的人、事、物。即兴演讲事先无法精心构思演讲稿，因而必须临场选择听众所熟悉的、易于理解的人、事、物作为媒介物，传递信息，激发听众的共鸣。选点的要求是：所选的人、事、物必须与演讲的主题和谐一致，这样才能充分表达演讲者符合此情此景的特有的思想感情。常见的选点方法有以下4种。

**1. 以"物"为点**

抓住某物在特定场合、特定时间下的象征意义，借题发挥。例如：

> 上海市"钻石表杯"业余书评授奖会上，《书讯报》主编贲伟同志做的即兴演讲是：

> 今天，我参加"钻石表杯"业余书评授奖会，我想说的一句话是：钻石代表坚韧，手表意味时间，时间显示效率。坚韧与效率的结合，这是一个人读书的成功所在，一个人的希望所在。谢谢大家。

贲伟同志选取"钻石表"为点而生发，由"钻石"联想到"坚韧"，最后揭示"坚韧与效率"的结合的现实意义。选点准确，话语含义深远。

### 2. 以"事"为点

即选择现场临时发生的或正在进行的事情为点，阐发其意义。例如：

> 1952年度，奥斯卡最佳女主角得主雪莉·布丝莱在上颁奖台台阶时，由于跑得太急而绊了一下，差点摔倒。这个"差点摔倒"的小事故成了她致答谢词的生发点，她意味深长地说："我经历了漫长的艰难跋涉，才达到这事业的高峰。"

雪莉·布丝莱这段演说词，巧借差点摔倒进行即兴发挥，即运用夸张、象征等方式对自己的失态进行掩饰乃至美化，又真实地道出了自己平时刻苦探索与不懈追求。就事论理，很有启发意义。

### 3. 以"景"为点

即兴讲说总是在特定的环境、特殊的氛围中进行的，选取其中的某个要素为点，点明其象征意义，便可表现出特定的主题。例如：

> 在号称"海天佛国"的普陀风景区，一群游客登上当地最高的佛顶山，个个疲惫不堪，默默无语。这时，一位导游面对浩瀚无垠、海鸥轻翔的大海做了一番即兴导游演说："朋友们，脚下那锦鳞片片、白帆点点的水面就是东海。多少年来，这海拥抱着、冲刷着佛顶山，以它特有的英姿启迪着人们：海是辽阔的，胸怀无比宽广；海是厚实的，什么都能容纳；海是深沉的，永远那么谦逊稳健……常看大海，烦恼的人会开朗，狭隘的人会豁达，浮躁的人会沉稳……"

这位导游选取大海为点，在描述大海的同时揭示其可资借鉴的做人特征：人的一生要像大海一样"胸怀无比宽广"、"什么都能容纳"、"永远那么谦逊稳健"……这种充满豪情和哲理的演讲，会令人感慨不已，情趣顿生。

## 4. 以"话"为点

这种选点方法要求当场从前面演讲者的话语里，捕捉出话题，加以引申、发挥，讲出新意来，从而给人以启迪。例如：

年轻的朋友：

讲演对于我倒不是件难事，然而要不多不少恰好"五分钟"，却使我感到困难。而主席又只要我做"五分钟"的滩头讲演，让你们好早点跳下海去，做你们的青春之舞泳。

我想了，本来我可以这么开始我的演讲："各位先生，各位女士，请大家沉默五分钟！"于是当大家沉默到五分钟的时候，我便说："沉默毕，我的讲演完了。"

大家假如要反诘我："你向我们做五分钟的讲演，为什么叫我们沉默五分钟呢？"我可以理直气壮地回答："朋友，人们不是说'沉默胜于雄辩'吗？"

本来我可以这么开始我的讲演的，但是当我听了刚才×先生两分钟的演讲，太漂亮了！他说："人民的作家萧红女士一生为人民解放事业奔走，到头来死在这南国的海边，伙伴们把她埋在这浅水湾上，今天，围绕在她周围的都是年轻人，今后的日子里，不知有多少年轻人来围绕着她。朋友们！我们是年轻人，我们没有悲伤，我们没有感慨，请大家向萧红女士鼓掌。"太好了，我的五分钟讲演只好改变计划了，让我把年轻人引申来说一下吧。

年轻人之所以为年轻人，并不是单靠着年纪轻，假如是单靠年纪轻，我们倒看见有些年纪轻轻的人，却已经成了老腐败，老顽固，甚至活的木乃伊——虽然还活着，但早已死了，而且死了几千年。

反过来我们在历史上也看见有好些年纪老的人，精神并不老，甚至有的人死了几千年，而一直都还像活着的年轻人一样。所以一个人的年轻不年轻，并不是专靠着生理上的年龄，而主要的还是精神上的年龄。便是"年轻精神"充分的，虽老而不死；"年轻精神"丧失的，年虽轻而人已死了。

那么，什么是年轻精神的品质呢？

第一，是真理的追求者。他是一张白纸，毫无成见地去接受客观真实，他如饥似渴地请人指教，虚心坦怀地受人指教，他肯向一切学习，以养成他的智慧。这是年轻人的第一特征。

第二，是博爱的实践者。他大公无私，好打抱不平，决不或很少为自己打算，切实地有着人饥己饥、人溺己溺的怀抱，而为他人服务。这是年轻精神的第二特征。

第三，是勇敢的战士。他不怕任何艰难困苦，他富于弹性，倒下去立刻跳起来，碰伤了舐干血迹，若无其事，他以牺牲自我的意志彻底一切，这是年轻人的第三特征。

这三种年轻精神的特征，每一个年轻人都是有的，假如他把这些特征保持着，并扩大着，那他便永远年轻，就死了还年轻；假如他把这些特征失掉，比如年纪轻，便做狗腿子的事，那他不再年轻，而老早是一个死鬼了。

就在这样的认识之下，我们向"年轻精神"饱满的青年朋友们学习，使自己年轻，使中国年轻。（郭沫若《在萧红墓前的五分钟演讲》）

郭沫若先生在这篇即兴演讲中，以前者发言中提到的"年轻人"为点来引申发挥：从生理上的年轻说到了精神上的年轻，饱含激情地指出"年轻精神"的特征就是"真理的追求者"、"博爱的实践者"、"勇敢的战士"，满怀敬意地呼吁："向'年轻精神'饱满的青年朋友学习，使自己年轻，使中国年轻！"郭老用此法做成的富有哲理的精彩演讲，至今还产生着激励作用。

（三）脱窘技巧

在人际交往中，表达者难免出现言行失误，说出不得体、不合时宜的话语，做出不得体、不合时宜的事情；在某些特殊的场合，表达者也可能遭受无端的指责甚至恶意的侮辱；而更可能经常出现的情形则是，有人蓄意以言辞来加以嘲弄、讽刺、挖苦、奚落。在这些难堪的处境中，受窘者迫切需要运用巧智的语言对失误进行"合理"的解释，或报以有力的反击，从而摆脱尴尬的困境。这就需要学习和运用脱窘技巧。

所谓脱窘，就是从十分为难的境地中解脱出来。在某种意义上讲，脱窘就是一种目的，运用脱窘技巧的言行就是一种具有明确目的性的言语活动。因此，有必要强调以下脱窘技巧运用的原则。

（1）沉着冷静，敏捷机智。出现对自己不利的窘迫情形，在一般情况下，是只能靠自己解脱的。这时，你的救星就是你自己，因此，在转瞬即逝的时刻里，一定要沉着冷静，不急不躁，同时更要敏捷思维，采取机智灵活的方式予以解脱。之所以强调沉着冷静，不急不躁，是因为急则无智，躁则莽撞，不仅于事无补，反而弄得更糟。只有沉着冷静、思维敏捷，才能把握时机，想出巧妙的对策。

（2）保持自尊，维护人格。无论运用什么脱窘技巧，即使是自嘲方式，也都必须做到不损害自尊，不自轻自贱，因为运用脱窘技巧的目的就是维护自己的人格尊严。如果不能维护自己的人格尊严，那就不仅仅是口语表达的失败，更可怕的是有可能陷入更大的困境之中。

（3）融洽气氛，增进情谊。出现困窘情形，气氛往往不协调，甚至呈尴尬、凝重状态。这就需要运用脱窘技巧来协调，融洽气氛、谐和关系，增进友谊和感情。能够使气氛活跃、欢腾起来，困窘情形也就不复存在，大家也就能够在欢乐、融洽的气氛中领略和享受机智言语的情趣了。

（4）反戈一击，反困对方。对于蓄意或恶意的嘲讽与攻击，没有必要进行谦让、躲避，应采取积极有效的方式进行巧妙的反击，反陷对方于困境之中。

在人际交往中，常见的脱窘技巧主要有以下 9 种。

## 1. 自我嘲讽

即用一些幽默风趣的话语来嘲笑讽刺自己，以制造一种轻松自然的气氛，达到消除尴尬的目的。心理学研究表明，刻意掩饰自己的缺点、错误、过失，是一种不健康的心态，长此以往容易变成"潜移状态"，很可能会"积郁成疾"。因此，对于业已形成的言行失误，要敢于在人前直言曝光，不仅坦率承认，更要机智地利用，从而在自嘲中表露心迹，建立形象，取得积极的交际效果。例如：

第二次世界大战期间，英国首相丘吉尔到华盛顿首次会见美国总统罗斯福，要求美国同意出兵抗击德国法西斯，并给予英国物资支援。丘吉尔受到热情接待，被安排在白宫下榻。

一天清晨，丘吉尔躺在浴盆里津津有味地抽他那特大号雪茄烟，门开了，进来的是罗斯福总统。丘吉尔大腹便便，肚皮露出水面……两位伟大的人物，在这样的场合见面，彼此都觉得非常不自在。但丘吉尔很快就打破了尴尬的场面，他乐呵呵地说："总统先生，我作为英国首相，在您面前可真是开诚布公、毫无隐瞒了。"罗斯福也忍不住大笑起来，连说："毫无隐瞒！毫无隐瞒！"

此后，谈判成功，英国得到了美国的援助。

在上例中，丘吉尔的那句自嘲，语带双关：既描述了他本人当时裸露浴池的处境，又反映出当时英美两国在外交上的要求，裸露窘态反而成了丘吉尔对美国总统真诚坦白的直接表示。在自嘲引起的笑声中，丘吉尔收获了外交的巨大成功。

自嘲自贬会引发开怀的笑声，这种笑不是讥笑愚笨，而是对机智聪明的肯定，是紧张心理冰释的外现，是脱窘之后所形成的一种畅快轻松的最佳状态。

**2. 以退为进**

面对对方的攻击、指责和刁难，不是直接回击，而是先做出必要的退让，承认其观点的正确或事实的可信，然后再分析和利用其观点或事实中对自己有利的因素，从而积蓄力量，反戈一击，压倒对方，取得实际的主动权，这就叫以退为进。例如：

萧伯纳的剧本《武器与人》首次公演便获得巨大成功。许多观众在剧终时要求萧伯纳上台见见大家，接受众人的祝贺。可是，当萧伯纳走上舞台，准备向观众致意时，突然有一个人对他大声喊叫："萧伯纳，你的剧本糟透了，谁要看！收回去，停演吧！"

观众们大吃一惊，大家以为萧伯纳一定会气得浑身发抖，用高声的抗议来回答这个人的挑衅。谁知道萧伯纳不但不生气，反而笑容满面地向那个人深深地鞠了一躬，彬彬有礼地说："我的朋友，你说得好，我完全同意你的意见。"说着，他指着场内的其他观众说："但遗憾的是，我们两个人反对这么多观众有什么用呢？我们能禁止这剧本演出吗？"两句话，引起全场一阵响亮的笑声,紧接着暴风骤雨般的热烈掌声。在掌声中,那个故意挑衅的人灰溜溜地走出了剧场。

在上例中,萧伯纳面对当众的侮辱,从容镇定,雍容大度地同意对方"剧本糟透了,停演"的意见,然后用对比方式与对方商量:"我们两个人反对这么多观众有什么用呢?我们能禁止这剧本的演出吗?"反过来置对方于跳梁小丑的位置上,并揭示出其观点的不得人心,荒唐可笑。

### 3. 语意直解

即置话语的深层意义或表达者的真正用意于不顾,按照话语的表面意思来理解,以取得消除难堪、困窘的效果。运用语意直解方式一定要与言语交际环境相协调,做到自然而趣雅,不唐突,不节外生枝。例如:

英国前首相威尔逊,在一次竞选演说中,遭到一个捣乱分子的挑衅。演说正在进行,捣乱分子突然高声喊叫:"狗屁!垃圾!臭大粪!"这些话不堪入耳,且造成难堪局面。可是,威尔逊只是报以容忍的一笑,安慰他说:"这位先生,我马上就要谈到你提出的环境脏乱差问题了。"听众中爆发出掌声笑声,为威尔逊的机智幽默喝彩。

在上例中,捣乱分子的话语本意十分明显,是骂威尔逊的演说臭不可闻,不值得听。威尔逊故意不理会其本意,而根据这几个词语的表面意思引申出一个"环境脏乱差问题",巧妙地避开了其锋芒,消除了窘迫,而且显露出令人钦佩的急智。

### 4. 妙用岔题

岔题就是转移话题,即在言语交际过程中,对使自己为难或难堪的话题不接茬,而用别的话题来岔开,以避免出现尴尬或对自己不利的情形。例如:

1988年7月22日,中曾根首相和戈尔巴乔夫的会谈在克里姆林宫里紧张地进行着。

戈尔巴乔夫有一次竟用拳头将桌子敲得砰砰作响。他声称:"据说,在日本居然有人说什么'今后只要日本持续不断地增加经济力量,苏联便将乖乖地屈服于日本的实力之下,与日本进行合作'。殊不知,这是大错特错的，苏联决不向日本屈服。"

中曾根也是毫不示弱，他以强硬的口气说："尽管如此，两国加强交往也是重要的。阻挠两国关系发展的问题关键是北方的领土问题。铸成这个历史问题的原因在于斯大林错误地向属于北海道的岛屿派遣了军队。"

他又接着说："我毕业于东大法律系，你是从莫斯科大学法律系的门槛里走出来的。同是法律专业毕业生，本应是了解国际法、条约、联合声明的。国际社会都承认日本的主张是正确的。"

"我当法律家亏了，所以变成了政治家。"

这时戈尔巴乔夫笑容可掬地接过话茬。此语一出，戈尔巴乔夫已顺利地下了台阶，避过中曾根话题的锋芒。

戈尔巴乔夫在自知理亏时，为自己解脱困境，采用的是"岔题"法，巧妙地避开了中曾根咄咄逼人的攻击。所以，在遇到难以回答或不愿回答的问题，在没有更好的理由反驳对方时，要擅长于抓住时机，有意识地用一个新话题岔开原来的问题，使自己不感到难堪。如上述的例子，中曾根批驳戈尔巴乔夫是法律专业毕业，却不懂得法律，戈尔巴乔夫利用该话题，岔开并引出自己是"当法律家亏了，所以变成了政治家"，巧妙地下了台阶，还保持了和谐的气氛。

言语交际中，"岔题"是一种十分有效的言语策略，比如交际对方单刀直入，脱口说出了一句不中听的话，诸如"我爱你爱得都快发疯了"，你可以找一句毫不相干的话岔开，以示你对他的话毫无兴趣，例如，以关心的口吻问："听说进口电冰箱又涨价了，你知道涨了百分之三十还是百分之四十？"

### 5. 以逸待劳[①]

以逸待劳最开始恐怕是一种军事策略，但现代社会中使用得较普遍，世界著名拳王阿里对此有着十分深切的体会，他说："站稳了让别人去打，等他打累了，他自然就会倒下。"这就叫"以逸待劳"。借用在言语交际中，就是尽可能地让对方从喋喋不休到词穷语塞，自己则不"言"而胜。

"以逸待劳"的方法，可用来应付无聊的人。例如，有人想在公开的场合侵犯

---

[①] 陈大海编著. 公关口才教程[M]. 广州：中山大学出版社，1995：194–195.

你的隐私权，好让你狼狈不堪、无地自容。如果你讳莫如深，竭力辩解，那正好中了对方的圈套。如果你摆出一副毫不在乎的样子，鼓励对方说下去，并让对方感到你听得："饶有兴趣"，对方很快就会"毫无兴趣"了。请看一个有趣的案例。

## 中美外长"针锋相对"

一次，在联合国大厅一个咖啡厅里，时任中国驻美大使李肇星和美国大使奥尔布赖特不期而遇，两人闲聊了起来。

奥尔布赖特突然发问："请问李先生，你们中国老说一句话，说你们的立场是一贯的，外交政策也是一贯的，那么，你们中国的外交政策到底是什么？您能不能用最简短的语言给我作一个描叙？字要用得越少越好。"

李肇星不知对方的葫芦里卖的是什么药，便说道："您先说，用最简短的话语描绘一下，美国的外交政策？"李肇星以退为进，"您用的词也要越少越好。""那好！"奥尔布赖特回答，"美国的外交政策就是两个词：Leadership and Partnership（领导和伙伴）！"

李肇星听罢，当即回答："中国的外交政策也很简单，概括来说也是两个词：Peace and Independence（和平与独立）！"

李肇星归纳得十分恰当，中国外交以维护世界和平为出发点，也以此为归宿，一切外交努力都是为了争取一个和平的环境，都是为了维护国家的独立自主原则。李肇星灵活机动，以逸待劳，如法炮制，赢得主动。

使用"以逸待劳"的方法有一个要诀：就是身心高度放松，超然世外，并有足够的自制能力和双倍的耐心，无论对方说什么，你都能毫不动气。这其实是一种精神战。如果听到中途，你就发起脾气来，那就全盘皆输了。

### 6. 金蝉脱壳

"金蝉脱壳"计是在处于劣势的情况下，以假象迷惑"敌人"，实现安全撤离的谋略。

人们在观察和思考问题的时候，往往直观地注意那些异乎寻常的迹象，而忽视原封不动的表象背后所发生的变化。"金蝉脱壳"就是利用这一思维定式，以貌似原形的假象麻痹对方的判断，掩护自己脱身而退。

言语交际中的"金蝉脱壳"，就是当处在或即将处在为难等种种不利情景时，运用巧妙的方法不动声色且安全地使自己抽身而退。"金蝉脱壳"往往是寻找各种各样的借口得以实现的，有时也用"推诿他人"的方式进行。例如：

著名科学家爱因斯坦经常坐小汽车到各大学讲学。有一次在去讲课途中，司机对他说："博士，我听过你的课大约有二十次了，我已经记得很清楚了。我敢说，这课我也能上哩！"

"那么，好吧，我给你个机会。"爱因斯坦说，"我们现在要去的学校，那里的人都不认识我。到了学校，我就戴上你的帽子充当司机，你就可以自称为爱因斯坦去讲课了。"

司机准确无误地讲完了课。正当他准备离去时，一位教授请他解释一个复杂的问题。司机灵机一动，说："这个问题太简单了。好吧，为了让您明白它是多么的容易，让我去叫我的司机来为您解释吧。"

在上例中，这位司机的聪明才智是十分令人敬佩的，他不仅可以代替爱因斯坦讲学，而且能成功运用"金蝉脱壳"的言语策略避免"出丑露乖"，可谓处变不惊，急中有智，是个人才。

### 7. 提供台阶

在口语交际中有时出现的困窘场面，不仅"出洋相"者受窘，其他人也同样难堪，因此，任何人在社交活动中不仅应维护自己的人格与尊严不受伤害，而且要随机应变，帮助他人解脱困境。解脱困境的方式之一就是为对方提供一个台阶，让其言行得到合理的解释，从而消除尴尬，再创和谐。例如：

1953年，周恩来率中国政府代表团慰问驻旅大的苏军。在中方举行的招待宴会上，一名苏军翻译在翻译周总理的说话时，不慎译错了一个地方。我方一位同志当场予以纠正，这使总理感到十分意外，而在场的苏军驻军司令更是大为恼火，因为部下在这场合下的失误丢了他的面子。他马上走过去，要撕下翻译军官的肩章和领章。

宴会厅里的气氛顿时显得异常的紧张。这时，周总理及时为对方提供了一个"下台阶"，他温和地说："两国语言要恰到好处地翻译是很不容易，也可能是我讲得不够清楚。"并慢慢重述了被译错的那段话，让翻译重新准确地译出内容，缓解了紧张的气氛。

这里，如果周总理不采取自责的方式给苏军"下台阶"，不仅场面可能进一步恶化，还有可能影响两国关系。由于周总理及时引咎自责，既保住了苏军的面子与尊严，又展示出一位精明机智、宽厚仁慈的长者风范。

## 8. 反戈回击

反戈回击就是掉转兵器的锋芒反击对方。在言语交际中，反戈回击就是将对方刻意污蔑、侮辱性的语言反过来用在他本人身上，以其人之"言"还治其人之身，使其无法招架，无可辩脱。例如：

萧伯纳是伟大的戏剧家，他常在戏中揭露资本家的丑恶面目。一次，有个资本家想在大庭广众之下羞辱萧伯纳，他挥着手大声地说："人们都说伟大的戏剧家都是白痴。"萧伯纳笑了笑，随即回答道："先生，我看你是最伟大的戏剧家。"

萧伯纳这个貌似恭维的反击十分巧妙，不仅委婉地将"白痴"桂冠戴在了这个资本家头上，而且机智地揭露了对方的无理、无知与无耻，从而维护了自己的人格尊严。

## 9. 反唇相讥

即面对对方故意表述的侮辱人格、有损尊严的话语，抓住对方相同、相近、相类或相反的弱点或问题，趁势反过来用恰当的话语戏谑、嘲讽或指责对方。反唇相讥应做到格调高雅，语言文明，不能演变成相互谩骂和人身攻击。运用反唇相讥的方式表述，要精练有力，一语制人，让对方接受理智与理性的熏陶，得到心灵的净化与境界的升华。例如：

巴黎。联合国大会。

菲律宾著名外交家罗慕洛，同苏联代表团团长维辛斯基发生了激辩。

由于罗慕洛在发言中讥刺维辛斯基的建议是"开玩笑",于是惹恼了维辛斯基,他非常轻蔑地对罗慕洛说:"你不过是个小国家的小人罢了。"

罗慕洛的确是个矮个子,穿起鞋来也只有 1.63 米。但正是这个矮个子,做出了许多高个子都无可企及,因而更具有轰动效应的事情。所以他从不因矮而自卑,而"愿生生世世为矮人"。一旦他的国格人格受到污辱,就同苏联外长针尖对麦芒了。

一俟维辛斯基把话讲完,他就跳起来告诉联大代表说:"维辛斯基对我的形容是正确的。"接着话锋一转:"此时此地,把真理之名向狂妄的巨人眉心掷去——使他的行为检点些,是矮子的责任!"

在庄重的国际会议上,利用别人的生理条件构成的缺陷进行人身攻击,是十分不明智的,既无理,又失礼。菲律宾著名外交家罗慕洛身材矮小,穿起鞋来也只有 1.63 米。苏联代表团团长维辛斯基竟在联合国大会上称其为"小国家的小人",这是对其人格乃至国格的极不尊重,因此,罗慕洛必须予以反击,他从相反的生理条件、性格特征和自身责任等角度立论反唇相讥,要"把真理之石向狂妄的巨人眉心掷去——使他的行为检点些",打击了维辛斯基的嚣张气焰,义正词严,有理有节。

## 【思考与训练】

1. 表述是有技巧的。试选择两种常用表述技巧，说明其表述效应。

2. 应变技巧运用有什么原则？常用的应变技巧有哪些？

3. 《郭沫若与李真真》是一个感人的故事。试问郭老的表述有何特点？

  1962年10月，郭沫若在游览普陀山"梵音洞"时，拾到一本日记，扉页上写着一副对联："年年失望年年望，处处难寻处处寻。"横批是："春在哪里。"

  再翻一页，是一首绝命诗，并署着当天的日子。郭老看后很是焦急，急忙叫人去找。结果找到失主是一位神色忧郁、行动失常的姑娘。经过了解，姑娘姓名叫李真真，参加高考三次落榜，爱情上又遭挫折，于是决心"魂归普陀"。郭老耐心地开导她，十分关切地说："这副对联说明你有一定的文化水平，不过下联和横批太消沉了，这不好。我给你改一改，好不好？"姑娘点点头。郭老改写道："年年失望年年望，事事难成事事成。"横批是："春在心中。"

  接着郭老又挥笔写了一联：

  "有志者，事竟成，破釜沉舟，百二秦关终属楚。苦心人，天不负，卧薪尝胆，三千越界可吞吴。"下面写着："蒲松龄落第自勉联。"

  李真真仔细阅读后，感到这副对联正是对"事事难成事事成"的最好注释，就请郭老题名。郭老写上"郭沫若，六二年秋"。姑娘惊喜万分，表示要永记教诲，并大胆地作诗谢郭老：

  "梵音洞前几彷徨，此身也欲付汪洋。

  妙笔竟藏回春力，感谢恩师救迷航。"

4. 周恩来总理巧改电影说明书这个故事，说明周总理站得高，看得远，又能考虑到外国人的欣赏习惯和情趣，做了画龙点睛式的改动，让人不得不佩服周总理的语言表达能力与应变能力。请你谈谈自己的感想。

中国的《罗密欧与朱丽叶》

  1954年周恩来总理出席日内瓦国际会议，为了向国外人宣传中国人并不好战，决定为外国记者举行电影招待会，放映越剧片《梁山伯与祝英台》。为使放映达到理想的效果，工作人员准备了一份长达16页的说明书送给周恩来看。周恩来看后批评说："这是不看对象，对牛弹琴。"工作人员不服，说："给洋人看这部电影，才是对牛弹琴呢！"周恩来说："这就要看你怎么弹法，你要用上十几页的说明书去弹，那是乱弹。我换个弹法，只要你在请柬上写一句话：'请你欣赏一部彩色歌剧电影：中国的《罗密欧与朱丽叶》。'"果然，这一改赢得了外国人的赞赏。

5. 节目主持人，都有较强的应变能力，常常需要串连节目救场，倪萍更是救场的高手。试就下例具体分析倪萍的随机应变能力。

坏了，少了一封电报
倪　萍

  1990年春节晚会，是我第一次参加这样重要的节目。晚会中的许多电报、电话都是临时交给主持人的。你基本上连看一眼的时间都没有就上场了。我记得，接近零点时，我刚下场又被导演推上了台："快，这是四封电报，马上宣读，时间要占满1分20秒。"我接过电报一扭头就神采飞扬地走向了主持台，为了把即将到来的零点高潮推上去，我边走边用激昂的语调说："亲爱的朋友们，我手里拿的是刚刚收到的四封电报，第一封是侨居马尼拉的……第二封是……第三封是……第……"当我要读第四封电报时，才发现我的手里已经空了。坏了，少了一封电报。我这时已经用余光看见了导演在台下拿着这封电报向我示意。此时我既不能下台拿，导演也没这个胆量给我送上来，但观众已经听得清清楚楚我说的是四封电报，瞬间，大概也就是两秒钟吧，我就做出了决定，我合起手中的电报说："今天晚上，打到直播现场的电报不计其数，特别是海外华人，他们都想在这个阖家团聚的夜晚为祖国亲人送上他们的祝福，由于时间的关系，在这里我就不一一宣读了。海外侨胞们，你们的问候，祖国人民都接受了，也请允许我代表祖国人民，向远离亲人的海外侨胞祝福，祝全世界的中华儿女万事如意！"台下响起了热烈的掌声，观众没有看出我的破绽。我走下舞台，看了一眼墙上的倒计时钟，一秒不差。台下的导演拥抱了我，她手里还举着那封忘了交给我的电报。

6. 下面这篇《地震中的父与子》，叙述了一次地震中父与子经受生死考验的感人故事。作者在描述这场经历时，一波三折、起伏跌宕、有张有弛，感人至深。阅读时请仔细品味作者这种创设波澜的叙事技巧。

## 地震中的父与子

**马克·汉林**

**尉颖颖　编译**

1989 年发生在美国洛杉矶一带的大地震，在不到 4 分钟的时间里，使 30 万人受到伤害。

在混乱和废墟中，一个年轻的父亲安顿好受伤的妻子，便冲向他 7 岁的儿子上学的学校。他眼前，那个昔日充满孩子们欢声笑语的漂亮的三层教室楼，已变成一片废墟。

他顿时感到眼前一片漆黑，大喊："阿曼达，我的儿子！"跪在地上大哭了一阵后，他猛地想起自己常对儿子说的一句话："不论发生什么，我总会跟你在一起！"他坚定地站起身，向那片废墟走去。

他知道儿子的教室在楼的一层左后角处。他疾步走到那里，开始动手。

在他清理挖掘时，不断地有孩子的父母急匆匆地赶来，看到这片废墟，他们痛哭并大喊："我的儿子！""我的女儿！"哭喊过后，他们绝望地离开了。有些人上来拉住这位父亲说："太晚了，他们已经死了。"这位父亲双眼直直地看着这些好心人，问道："谁愿意来帮助我？"没人给他肯定的回答，他便埋头接着挖。

这位父亲问："你是不是来帮助我？"

警察走过来："你很难过，难以控制自己，可这样不但不利于你自己，对他人也有危险，马上回家去吧。"

"你是不是来帮助我？"

人们都摇头叹息着走开了，都认为这位父亲失去孩子而精神失常了。

这位父亲心中只有一个念头："儿子在等着我。"

他挖了8小时、12小时、24小时、36小时，没人再来阻挡他。他满脸灰尘，双眼布满血丝，浑身上下破烂不堪，到处是血迹。到第38小时，他突然听见底下传出孩子的声音："爸爸，是你吗？"

是儿子的声音！父亲大喊："阿曼达！我的儿子！"

"爸爸，真的是你吗？"

"是我，是爸爸！我的儿子！"

"我告诉同学们不要害怕，说只要我爸爸活着就一定来救我，也就能救出大家。因为你说过'不论发生什么，你总会和我在一起！'"

"你现在怎么样？有几个孩子活着？"

"我们这里有14个同学，都活着，我们都在教室的墙角，房顶塌下来架了个大三角形，我们没被砸着。"

父亲大声向四周呼喊："这里有14个孩子，都活着！快来人。"

过路的几个人赶紧上前来帮忙。

50分钟后，一个安全的小出口开辟出来。

父亲声音颤抖地说："出来吧！阿曼达。"

"不！爸爸。先让别的同学出去吧！我知道你会跟我在一起，我不怕。不论发生了什么，我知道你总会跟我在一起。"

这对了不起的父与子在经过巨大灾难的磨难后，无比幸福地紧紧拥抱在一起。

# 第四章 重要技巧 学会更好

—— 口语表达的重要技法

## 第一节 模 糊 技 巧

### 一、模糊言语的特点

（一）模糊言语的含义

模糊言语是由模糊词语和模糊言辞构成的。模糊词语反映自然界和社会生活中表现出来的模糊性，其意义的模糊具有客观性。1965年，美国加利福尼亚大学教授查德首次提出模糊集理论。他指出，在现实物质世界中遇到的客体，经常没有精确规定的界限（如细菌是否属于动物类，划分是模糊的），可以叫作 Fuzzy sets（译为模糊集，即由模糊概念所组成的集）。查德甚至认为："在自然语言中，句子中的词大部分是模糊集的名称，而不是非模糊集的名称。"[①] 这个观点说明，语言中不仅有模糊词语存在，而且它们在表达中也被大量运用。模糊词语，即词语意义的模糊性，主要表现为以下三种情形。第一，界限不确定。如轻重、高矮和美丑，贫穷与富裕，发达与不发达，满意与不满意等现象之间并没有一条泾渭分明的界限。第二，语义较笼统。如"你去弄点吃的来"中"吃的"意义就十分笼统。什么样的"吃的"？可以是生的，也可以是熟的；可以是米饭，也可以是馒头；可以是鸡鸭鱼肉，也可是蔬菜水果，如此等等，并不具体明确。第三，义可多解，即交际中有些话语可以

---

① 潘肖珏. 公关语言艺术 [M]. 上海：同济大学出版社，1989：169.

做两种以上的理解。如"没有做不好的事情",既可理解为"没有做坏事",也可理解为"什么事情都做得好"。又如"留下了十分深刻的印象",是好是差,均可称印象"十分深刻"。模糊言辞则是人们使用语言时故意造成语义模糊所形成的话语。这种意义的模糊具有主观性,是人们在言语表达活动中为适应某种需要而刻意为之的。例如,指控某国外交官"进行不符合外交身份的活动",就是故意造成的模糊。反映客观实际的模糊词语和表现主观意图的模糊言辞构成模糊言语。为了适应交际的特别需要或出于表达策略的考虑,表达者可采用模糊言语来表达。所谓模糊表达,就是为了适应特定情景或交际意图的需要,运用那些概念上没有明确外延、语义上比较含糊笼统的言语来表达的一种方法。[1]

人际交往过程中,不可能也不需要在任何场合、任何语境中都使用绝对精确的语言。不过,人们交流的信息应该是准确的。这些准确的信息,既包含精确的信息,也包含模糊的信息。特定情景中的表达,精确反而并不准确,模糊才能恰如其分地准确。这就需要我们正确地理解和恰当地运用模糊言语来表达。

(二)模糊言语的特性

现代模糊语言学理论认为,模糊性是思维的自然属性,也是语言的自然属性,它与语言的明确性一样,都是语言本质属性的一种表现。具体地说,模糊言语有以下特性。

### 1. 语义范围的宽泛性

模糊言语的语义范围,从表层看是明确的,而从深层看则是模糊的。例如"漂亮",似乎是明确的,但"漂亮"的范围起码可分为"比较漂亮"、"漂亮"、"很漂亮"三级。因此,从深层语义上看,这个"漂亮"又是模糊的。不仅如此,评判者在评判时,还往往带着个人的审美情趣、生活经历和心理状况等主观因素,因而对同一对象的判定往往存在着差异。上举"漂亮"一例还可以证明,在"是"与"非"的定性表述上,模糊言语是明确的;但在"如何"或"多少"的定量表述上,则是模糊的。可见模糊言语的语义范围是宽泛的。

---

[1] 本章参见:李元授. 演讲与口才(二)[M]. 武汉:华中科技大学出版社,2007:279.

### 2. 描述对象的适应性

模糊言语的语义比较宽泛，与精确言语相比，它更适应所描述的对象。例如"高高的个子"就比"1米8的个子"具有更强的适应性。

### 3. 言语表达的灵活性

在口语交际中，有时因不能从容周密地思考，有时因不能精确地掌握某些数据，有时因特殊理由不愿、不能或不便精确地表述，就需要采用模糊言语。模糊言语可使口头表达随机应变，灵活主动，具有暗示性和策略性，使交际生动活泼，不僵化呆板。例如有些领导在讲问题时常常这样说："绝大多数同志是好的，少数同志还存在一些问题，个别同志相当差。"使用这些模糊判断语言，一方面可以起到警醒作用，促使有问题者改正错误；另一方面则避免了直呼其名的刺激性，维护了较差同志的自尊心。

### 4. 表达效果的严密性

模糊言语具有语义的宽泛性和描述对象的适应性，由此可以取得准确、严密的表达效果。例如在外交活动中，如果不是预先已有的安排，那么，对于别国元首提出的访问邀请，可以愉快地回答："将在方便的时候到贵国访问。"这个"方便的时候"，宾主并不确切地知道。定下日期很快进行访问，说明"方便的时候"已到；此后很久才访问甚至不能成行，也不算食言，说明"方便的时候"姗姗来迟甚至是还未到。还有什么样的回答比"方便的时候"更准确、更严密呢？

## 二、模糊言语的类型

根据模糊言语所反映的客观对象的不同，模糊言语常见的类型主要有以下八种。

### 1. 模 糊 时 限

如表刚刚过去的："前不久"，"好几天前"；表到目前为止的："最近一个时期以来"；表将来的："三五天以后"，"不久的将来"，"过两天（再说）"；等等。

## 2. 模糊处所

如"天安门附近","离东湖不远","中山公园斜对面"等。

## 3. 模糊数量

如表年龄的:"20多岁";表长度的:"10米左右";表重量的:"七八百公斤";表人数的:"上万人";表事物种类的:"数十种";等等。

## 4. 模糊目标

模糊目标存在着种种不确定因素,具有随机性和模糊性,如"力争按时完成市政建设的各项任务","去市场买点菜"。

## 5. 模糊条件

如"我们需要一个年轻的、工作能力强的人事科长"等。

## 6. 模糊方式方法

方式方法是指说话做事所采取的程序和形式。如果没有明确规定具体的可供运用的方式方法,只用抽象笼统的言辞来说明,则属于模糊的方式方法,这就具有伸缩性和模糊性。如"这孩子必须好好管教"中的"好好",就没有说明是采取哪一种形式,是"打一顿"、"罚一下",还是"耐心开导"?又如"你要认真查一查"、"狠抓考风的转变"等。

## 7. 模糊程度

表模糊程度主要用程度副词,如很、极、非常、有点儿、稍微等;其次是形容词,如好、聪明、长、短、胖、瘦等。

## 8. 模糊主观评判

主观评判是主体对客体的一种评价,一般缺少确切的标准,有时甚至因人而异,在表达上属于一种模糊评判。如"这件大衣你穿上很合身","这件大衣你穿上挺帅",就是两种模糊评判。不过,前者属于单因素模糊评判,后者属于多因素综合模糊评判,是就大衣穿上后合身适体、色调配合、气质协调等诸多因素显示的综合结果而言的。

### 三、模糊表达的技巧

我们已经知道，模糊言语根据所反映的客观对象不同，主要有模糊时限、模糊处所、模糊数量、模糊目标、模糊条件、模糊主观评判、模糊方式方法和模糊程度等类型。在言语交际之中，这些类型的模糊言语的运用，适宜于下列三种情形：一是没有必要运用精确言语，只需使用模糊言语；二是不便或不允许使用精确言语，只能使用模糊言语；三是不可能使用精确言语，只能使用模糊言语。由此可见，模糊表达是人际交往中的一门必不可少的艺术。正如波兰语义学家沙夫所言："交际需要语词的模糊性，这听起来似乎是很奇怪的，但是，假如我们通过约定的方式完全消除了语词的模糊性，那么，正如前面已经说过的，我们就会使我们的语言变得如此贫乏，就会使它的交际和表达的作用受到如此大的限制，而其结果就摧毁了语言的目的，人们交际就很难进行，因为我们用以交际的工具遭到了损害。"[①]这段话说明了模糊言语的重要性，说明了模糊表达的必要性。模糊表达主要有以下三种方式。

（一）伸缩式模糊法

即为了适应特定交际的需要，用含义宽泛、富有伸缩性的言语来表达的一种方式。例如：

> 1978年黄文欢同志于出国途中辗转来到北京，并于8月9日举行了记者招待会。一名英国记者问他是什么时候到达北京的，黄文欢说："我记得不很清楚是什么时候到北京的，只记得我到北京的时间距离今天不久。"

在上例中，黄说的"记得不很清楚"，"我到北京的时间距离今天不久"等话语，表达了模糊程度和模糊时限，具有较强的伸缩性。这样的回答不仅无懈可击，而且增添了传奇色彩。

（二）两可式模糊法

即运用模棱两可的言语来表达的一种方式。例如：

---

① [波兰] 沙夫. 语义学引论 [M]. 罗兰，周易译，上海：商务印书馆，1979：355.

楚灭秦时，项羽自尊为王，封刘邦为汉王，打算让刘邦去南郑。项羽的谋士范曾反对，说："南郑那地方，内有重山之固，外有峻岭之险，让刘邦去，岂不是放虎归山吗？"项羽问："有什么办法杀他吗？"范曾说："有办法，等刘邦上朝，大王就问他：寡人封你去南郑，愿不愿意去？如果他愿意去，你就说：我早就知道你愿意去，那里是养兵练将、聚草屯粮的好地方，养足了锐气好跟我争天下，对不对？这就证明你有反我之心，绑去杀了！如果他说不愿去南郑，你就说：我知道你不愿意去，楚怀王有约在先，谁先入关，谁为王，你先入了关，你应为关中之王，叫你上南郑去，你怎么会愿意呢？既然不愿意去，就是要在这里反我。与其如此，不如现在就把你杀了。"这时刘邦上殿，参见项羽。项羽说："寡人封你到南郑去，愿不愿意去？"项羽问得很急，刘邦听后，心中纳闷，虽然愿意去，却不敢表白，于是说："大王，臣食君禄，命悬于君手。臣如陛下坐骑，鞭之则行，收辔则止，臣唯命是听。"项羽一听，无可奈何，只好说："你要听我的就不要去南郑了。"刘邦说："是，臣遵旨。"

　　在此次交际活动中，项羽的谋士范曾的目的十分明确，让刘邦在两种可能之中做出选择，无论如何都要置刘邦于死地。刘邦的确为政治斗争和政治谈判的老手，他跳出了对方的话语控制；既没有说愿去南郑，也没有说不愿去南郑，而是请对方为他决定——不置可否不表明态度，使得项羽无法给他定罪。也许刘邦并不知道项羽们在设计杀他，但他在特定条件下——"人为刀俎、我为鱼肉"的环境中运用模糊语言成功地保全了性命。这从一个方面说明了模糊表达的必要性。

（三）闪避式模糊法

　　即根据特定场合和交际目的的需要，机智地避开确指性内容而用泛指性的话语来表达的一种方式。

　　闪避式模糊表达的特点是话语中没有提供任何新的信息，没有任何实质性内容，似说非说，但表现出巧妙的言语机智。例如：

《吕氏春秋》中记载了庄伯与其父亲的这样一则答辩：那时没有钟表，便以太阳的方位来定时间的早晚。楚国的柱国庄伯想知道现在是什么时候了，便对父亲说：

"你去外面看看太阳。"

"太阳在天上。"父亲说。

"你看看太阳怎么样了？"

"太阳正圆着呢！"

"你去看看是什么时辰？"

"就是现在这个时候。"

尽管儿子庄伯是柱国，也即全国最高武官，地位显赫，但父亲毕竟是父亲，儿子随意支使父亲，父亲当然不高兴了。因而对于儿子庄伯的要求不愿答复，便用闪避模糊法来应对。

闪避模糊法的主要作用在于防御而不在于进攻，但也往往能表现出论辩者灵巧的应变能力和巧于周旋的聪明才智。它与其他表达技法结合在一起使用，可以形成许多变式。[1]

## 1. 借代闪避

在言语交际中，当碰到一些难以回答而又不得不回答的提问时，我们不妨用借代的方法，借用其他事物来代替我们所要讨论的问题，这样便可以达到回避对对方问题做实质性回答的目的。比如：

据说，有人曾向耶稣提出这么一个问题：

"我们应当向恺撒大帝纳税吗？"

耶稣一听，马上明白了提问者的诡诈。因为如果说"没有纳税的必要"，这个人即可以叛国罪告发耶稣，后果不堪设想；如果说"应该纳税"，就会使他的弟子失望，表明他是屈从皇家权力的人，而当时的民众都在重压下挣扎呻吟，痛苦万状。

---

[1] 赵传栋著. 论辩胜术[M]. 上海：复旦大学出版社，1995：144-161.

这时，耶稣向旁边的人借了一枚罗马金币，然后问发问者：

"金币上面的画像是谁？"

"是恺撒大帝。"

"那么属于恺撒的东西就应该给恺撒，属于神的东西就还给神吧！"

耶稣面对对方暗藏杀机的发问，机智地使用借代闪避法来回答。他借用一枚罗马金币来代表对问题的答复，而对问题的实质则不直接做出肯定或否定，这就巧妙地达到了回避的目的。

### 2. 返还闪避

返还闪避术就是将对方的问题推回给对方，要对方自己作答，而自己则达到回避论敌提问的目的。例如：

一次，《亚细亚报》记者万士同采访蔡锷。

万："鄙报为国民喉舌，请教蔡将军的政见。"

蔡："我喉头有病，有你这个喉舌就行了。"

万："孙中山在海外宣传讨袁，将军是辛亥元勋，想必引为同调。"

蔡："中山之徒不是也有给袁总统筹办帝制的吗？"

万："对，对。不过梁启超先生反对帝制的大作，你总该深表同情吧？"

蔡："梁先生是我的老师，袁总统是当今国家元首，我该服从谁呢？"

万："是啊，该服从谁呢？"

蔡锷一次又一次地巧妙地把问题推回给了对方，回避了对方的问题，这就是返还闪避法。使用返还闪避就像将敌人扔过来的手榴弹抓起来反投过去一样，结果是在敌人的头顶开了花。使用这种方法必须当机立断，不可拖延，稍有迟疑，就有失败的可能。

### 3. 转意闪避

转意闪避就是故意歪曲对方问话的原意，然后进行回答，借以达到回避对方问话目的的答辩方法。

小仲马是一个极富幽默感的作家。有一次，一个爱缠人的家伙想知道小仲马最近在做什么。小仲马回答道："难道你没有看见？我在蓄络腮胡子！"

对方问话的原意显然不是在于打听小仲马是不是蓄络腮胡子，但是小仲马巧转话意，一句变答，便轻而易举地摆脱了对方的纠缠。

使用转意闪避术必须注意，语言表达必须委婉含蓄，隐蔽自然，不留斧削痕迹。又如：

约翰·洛克菲勒是世界有名的富翁，但他日常开支方面很节俭。一天，他到纽约一家旅馆去投宿，要求住一间最便宜的房间。旅馆经理巧言相劝道："先生，您为何要住便宜的小房间呢？您儿子住宿时，总是挑最豪华的房间呀！"

洛克菲勒答道："不错。我儿子有个百万富翁的父亲，可我没有呀！"

经理的问话中，略有微词，似乎洛克菲勒是小气、吝啬的人。可是洛克菲勒从容作答，将自己是否有钱的问题巧妙地改换成了父亲是否有钱的问题来回答，这样既道出了创业者的真实性格，又没留下刻意省钱的痕迹，从而顺利地摆脱了困境。

### 4. 转类闪避

有的概念是以事物的个体为反映对象的，比如，"我班有40名学生"，这里的"学生"是以学生的个体为反映对象的。有的概念反映的是事物的类别，比如，"我班的学生有两类：男学生和女学生"，这里的"学生"反映的是学生的类别。反映事物个体的概念与反映事物类别的概念是不相同的，不容混淆。但是，在某些特定的交际场合，为了回避对方提问，不妨故意混淆它们之间的区别来达到目的，这就是转类闪避法。例如：

一天，乾隆皇帝闲来无事，想难为大臣刘墉，问他：

"京师九门每天出去多少人？进来多少人？"

刘墉伸出两个指头："俩人儿！"

"怎么只俩人儿？"

刘墉说："万岁，我说的不是两个人，而是两种人：一是男人，一是女人——这不是俩人儿吗？"

乾隆又问："你说一年生、死各多少人？"

刘墉答："回奏万岁，全大清国，一年生一人，死十二人。"

"照此下去，岂不是没人了吗？"

刘墉说："我是按属相来说的。比方说，今年是马年，无论生一千、一万、十万、百万，都属'马'，故此说一年只生一个。而一年当中，什么属相的人都有死的，不管死多少，总离不开十二属相，所以我说一年死十二个。"

京师九门每天进出多少人，没有统计，无法回答；全大清国一年生、死多少人，也没有统计，也无法回答。因此，刘墉机智地将以事物个体为反映对象的概念转换为以事物类别为反映对象的概念，用人的性别和属相作答，从而有效地达到了回避对方难题的目的。

### 5. 条件闪避

条件闪避法就是通过设定某种条件来达到回避难题目的的一种答辩方法。

有些语句脱离一定的条件，单独地来看，它是假的；但是，通过设定一定的条件，把它放在一定的条件下来讨论，它又可以是真的。因而当我们要回答一些难以回答的问题时，可以通过设定条件来缩小我们语句的适应范围，从而达到回避对方提问的目的。比如南齐王僧虔就曾用这种方法巧妙地回避齐太祖的提问。

南齐王僧虔是晋代王羲之的四世族孙，他的行书、楷书继承祖法，造诣很深，是当时著名的书法家。南齐太祖萧道成也擅长书法，而且不乐意自己的书法低于臣下。一天，齐太祖提出，一定要与王僧虔比试书法的高下。君臣两人都认真地各写完一幅楷书后，齐太祖得意地问王僧虔："你说说，谁第一，谁第二？"

王僧虔眉头一皱，计上心来，便从容答道："臣的书法，人臣中第一；陛下的书法，皇帝中第一。"

齐太祖听了，只好一笑了之。

王僧虔要么回答"齐太祖第一",要么回答"自己第一"。若回答齐太祖第一,既违背事实,又压抑了自己;若回答自己第一,这样又会得罪皇帝。对于这样棘手的问题,他巧妙地设定条件,把它分别放在"人臣"与"皇帝"的条件下来讨论。自己的书法在以人臣为对象的条件下来说,是第一;陛下的书法在以皇帝为对象的条件下来说,也是第一。这样便回避了尖锐的矛盾,既没贬低自己,又使君王得到满足。

## 6. 循环闪避

有些语句,甲句需要乙句来解释,可是后来乙句又倒过来需要甲句来说明,这就是语句的循环。在论辩中,巧妙地利用这种语句的循环现象,可以有效地达到回避论"敌"提问的目的。例如:

王安石的儿子王元泽年幼时,有个客人送给他们家一头小鹿和一头小獐,同关在一个笼子里。客人问王元泽:"你知道哪只是獐哪只是鹿吗?"

王元泽从未见过鹿和獐,沉思良久,答道:"獐边上的是鹿,鹿边上的是獐。"

客人对王元泽的答复大吃一惊。

王元泽回答哪头是鹿时要用獐来说明,而指出哪头是獐时又倒回来要用鹿来解释,这就构成了循环。王元泽对于这个难以回答的问题使用循环闪避法便巧妙地应付过去了。

## 7. 重言闪避

重言命题又称为永真命题,它不管在任何情况下都是真的。尽管它在任何情况下都是真的,可是又不可能提供给对方所希望得到的知识,因而它被认为是无意义的。在交际中,当我们面对一时难以回答或不愿直接回答而又不得不回答的问题时,不妨采用重言命题的形式。这样既不至于说假话,又可以巧妙地达到回避对方提问的目的,这就是重言闪避术。例如:

(1)"你什么时候结婚?"

"我结婚的时候结婚。"

（2）"你去什么地方？"

"我去我将要去的地方。"

这种答话毫无意义，却又永远为真。

## 8. 实话闪避

实话闪避法就是用叙说人人都知道的事实、常识和规律等的方式来回避难题的一种方法，其特点是说了等于没说，信息量为零。例如：

有人向瑞士著名教育家彼斯塔洛奇提出这样一个伤脑筋的问题："您能不能看出一个小孩长大后成为什么样的人？"

"当然能，"彼斯塔洛奇很干脆地答道，"如果是个小姑娘，长大一定是个妇女；如果是个小男孩，将来准是个男人。"

小姑娘长大后是妇女，小男孩长大后是男人，这是众所周知的事实，这种话对一般人来说所提供的信息等于零，是一句废话，但它又是真的，提问者的用意显然不在于此。彼斯塔洛奇正是用这种大实话回避了对方提出的只有占卜先生才能回答的怪问。

## 9. 假话闪避

假话闪避就是用说假话的方式来回避难题的一种言语技巧。

例如：

在一次中外记者招待会上，一位西方国家的新闻记者提出这样一个问题：

"最近，中国打下了美制U-2型高空侦察机，请问，使用的是什么武器？是导弹吗？"

对于这个涉及国防机密的问题，陈毅副总理并没有以"无可奉告"顶回去，而是风趣幽默地举起双手在空中做了一个动作，然后有几分俏皮地说：

"记者先生，我们是用竹竿把它捅下来的呀！"一句话引起一阵哄堂大笑。

陈毅的答话妙就妙在用众所周知为假的话语，幽默而又风趣地达到了回避对方提问的目的。

有必要指出的是，假话产生的前提应为不得不说，而且应是积极的、合乎道德的、无可非议的，是适应特殊言语交际环境的一种特殊的表达技巧。如果为了谋求一己私利而讲假话，就是一种卑劣的应受到谴责、惩罚的行为。

值得注意的是模糊表达不等于含糊其辞、语无伦次，前者是服从特定表达的需要，是有意识地使用含义较灵活的语句，表达者的目的是明确的，思路是清晰的；而含糊其辞、语无伦次则是思路杂乱、逻辑混乱、语言表述不清的表现。此外，模糊表达有一定的局限性，在一切需要明确表达的言语环境中，它就失去了积极意义。

## 第二节 委婉技巧

### 一、委婉言语表达的含义

委婉表达是相对于直述而言的,直述的特点是不隐晦曲折、拐弯抹角,叙事直截了当,表态旗帜鲜明,抒情真切自然,而委婉的言语表达则不是直言表达本意,而是用与本意相关、相似的说法来烘托暗示本可直说的意思。

在日常交际中,总会有一些不便直说、不宜直说、不忍直说或不想直说的话语,于是,便产生了"遁词以隐意,谲譬以指事"[①]的委婉说法。委婉说法一般由表意和本意两部分构成,表意,是表面意义,是说话人明白说出的言语,它是构成委婉的基础,是寄寓本意的"外壳";本意即隐含意义,是潜蕴在表意之中通过表意联想引申而获得的话语意义,是说话者表达的主旨意图所在。表意与本意构成一个有机的整体,两者既有区别又有联系。唯其有区别性,才能显示出表达的委婉;唯其密切联系,表意才能引申或暗示出本意,使听者从联系中透过其表意察知本意,达到交际的目的。

委婉表达是为了避免不良的情感刺激,避免尴尬场面的出现,使交际过程谈吐优雅,从而形成融洽、谐和、高雅的交际氛围。对此,英国著名语言学家查弗里·N·利奇曾做过如下分析:"情感联想在词的含义中显得特别重要的词语,决不限于种族和政治这样的范围。在个人生活中,像死亡、疾病、犯罪、惩罚这类事情,不可避免地要产生不愉快的联想。正是对于这类话题以及有关性和人体排泄那些人们忌讳的话题,委婉语,这种语言中的'消毒剂'必然要产生影响。委婉语(在希腊语中是'谈吐优雅'的意思)就是通过一定的措辞把原来令人不悦或比较粗俗的事情说得听上去比较得体,比较文雅。其方法是使用一个不直接提及事情不愉快的侧面的

---

① 刘勰. 文心雕龙·隐谐 [M]. 北京:人民文学出版社,1958:271.

词来代替原来的那个令人不悦的内涵的词。"[①]因此，运用委婉表达，往往可以使本来也许是困难的交往变得顺畅起来。这说明委婉表达在交际过程中是必须掌握的一种语言艺术。

## 二、委婉言语表达的要求

### （一）委婉要本意明确

运用委婉语，虽然把本意隐含在表意之中，但决不意味着艰涩隐晦，让听者不解其意。如果一味追求奇巧而含糊其辞，令人费解甚至误解或是根本听不懂，那就不是委婉了。不直述本意，正是为了艺术地表达本意，让对方和颜悦色地接受本意，所以，委婉表达须主旨清楚，本意明确，让对方能够通过表意领悟本意。

### （二）委婉要谦和得当

委婉，按字面意义，"委"为曲折、弯转；而"婉"为柔和、温顺、美好，它们合起来，作为一种表达形式，可以解释为：说话语气温和，言辞柔美，语义曲折含蓄却不失本意，并且令人易于接受。这就是说，委婉表达不仅在于内容真实、深刻，而且更重要的是态度谦和有礼貌。然而，委婉不是无能的表现，语气柔和却不柔弱，态度谦和却不随和。这就要求委婉表达时应该谦和得当，做到情、理、趣、雅的和谐统一。

### （三）委婉应认清对象

所谓认清对象，是指认清对方的领悟能力。对委婉言语，对方不仅应有听清字面意思的听知能力，更重要的是具有推断、弄懂内蕴意义的能力。对方如果没有这种能力，就不宜使用委婉言语。

---

① [英]杰弗里·N·利奇. 语义家[M]. 李瑞华等译. 上海：上海外语教育出版社，1987：64.

### 三、委婉言语表达的技巧

（一）利用修辞方式构成的委婉表达

委婉表达主要是利用修辞手法构成的，常用的修辞手法是：讳饰、婉曲、双关、反语、析字、歇后等等。下面以讳饰、婉曲、双关、析字为例予以说明。

#### 1. 讳 饰

表达时不直接说出犯忌或不雅的语词，而用能够掩盖或美化的同义或近义语词替代之。讳饰表达的心理基础是，尽量避免或减少令人不快的情感刺激因素，增加令人愉快的信息成分，使对方容易接受。讳饰可分为掩饰和美饰两类。

（1）掩饰。即对犯忌、不雅的事物或情况运用另一种语意相关又较文雅的说法加以回避、遮掩。例如：把"聋子"、"瞎子"、"跛子"分别说成"耳朵不便"、"眼睛不好"、"腿脚不灵"等；把"其貌不扬"说成"长得困难些"；把"跳崖自杀"说成"从高处自行坠落"等等，都是一些回避、遮掩的说法。

（2）美饰。即运用美好、高雅的言辞来替代犯忌、不雅的语词。美饰说法较多，如在政治外交场合，将"经济落后国家"称为"发展中国家"，把"被驱逐出境的人"说成"不受欢迎的人"，以"遗憾"替代"不满"，用"无可奉告"表示"拒绝回答"等等，都是美饰措辞。

#### 2. 婉 曲

说话时遇有使人敏感生厌或欠雅难言之处，就不直说本意，而用一些温和柔美或隐约闪烁的言语来表达。婉曲可分为婉言和曲说两种。

（1）婉言。即在特定的交际语境中，当不能、不便或不愿说出本意时，换一种与本意相当或类似的言辞来表达的方式。例如：

1937年，老舍住在冯玉祥家中写作。一次，冯将军的二女儿在楼上跺脚取暖，打扰了老舍在楼下构思作品。吃饭时，老舍笑着对冯二小姐说："你在楼上学什么舞啊？一定是刚从德国学来的新滑稽舞吧？"众人大笑起来。

在上例中，老舍不直言冯二小姐打扰了他对作品的构思，而是用"在楼上学什么舞"的婉言来表达"跺脚声干扰了写作"的本意。这种幽默含蓄的委婉表达，冯二小姐很容易接受。

（2）曲说。即在特定的言语环境中，不直接说出本意，而用叙说、描述与本意相关、相类似的事物的方式来曲折地表达本意。例如，针对某地公路状况不佳，说："这条路啊，下雨是'水泥路'，天晴是'洋（扬）灰路'。"在谈笑之间形象地提出了批评意见。

### 3. 双　　关

即在一定的言语环境中，运用一个语音、一个语词或一个语句，同时关联两种不同的事物，表达双重含义，以取得"言在此而意在彼"的表达效果。双关，是运用明确的字面意义去表达暗蕴的深层意义。例如：

> 齐人蒯通，知天下权在韩信，欲为奇策而感动之，以相人说韩信曰：……"相君之面，不过封侯，又危不安；相君之背，贵乃不可言"。（《史记·淮阴侯列传》）

在上例中的"背"，明指"背脊、背后"，实劝背叛。在不明确知道韩信态度的情况下，蒯通不能直接劝说韩信反叛刘邦自立为王而三分天下，只好假以相面，用这种曲折的方式来表达。运用双关含蓄委婉地表达本意，可采取同词双关、表里双关、多义双关、借物双关和对象双关等方式进行。

### 4. 析　　字

汉字是一种表意体系的文字，它虽然是由点、横、竖、撇、捺等基本笔画构成的，但许多汉字是可以拆开并且可以表述一定意义的。析字可分为化形法和释形法两种，下面以释形法为例来说明。所谓释形法，就是把与表述相关的字拆开并解释汉字构成部件的含义以表述本意。例如：

> 1945年重庆谈判期间，重庆文艺界名流邀请毛泽东做了一次演讲。演讲后，有人问他："假如谈判失败，国共全面开战，毛先生有没有信心战胜蒋先生？"毛泽东同志说："蒋介石的'蒋'字是将军的'将'上加棵草，他不过是个草头将军而已。"话音刚落，众人便哄堂一笑。

在上例中，毛泽东没有直接回答说"有信心战胜蒋"，而是信手把"蒋"字拆开，说成是"草头将军",十分委婉且明确地预告了蒋介石发动反人民的内战必然会失败的结局。

（二）利用句式构成的委婉表达方式

在特定的言语环境中,通过选择运用一定的句式,可以取得委婉的表达效果。最常用的有以下3类。

### 1. 疑问句式

即用设问的方式包孕不确定的语义来表达自己的本意。例如：

> 一次,周总理在听取卫生部的汇报时,他插话问了两句："为什么把防治写在一起,而不把以防为主专写一条呢？""预防中不能加一点具体运动吗？"

在上例中,周总理的观点是要把以防为主专写一条,预防中应提倡某种具体的运动形式,但他没有直说,而是用征询性疑问句式说出,很委婉地表达自己的意思。这种委婉方式具有协商性,显得态度温和,不强加于人,故而容易为对方所接受。

### 2. 否定句式

否定句包括句子成分中有"不""没""非""没有"等否定词的句子和不带否定词的反问句。运用否定句式,是从反面表述某种否定的看法或情况的,语气一般比较灵活、缓和一些,例如：

> 当然,这些人有的不是没有错误,犯了错误,做了自我批评,就有了正反两方面的经验嘛。[1]

在上例中,"不是没有错误"是"有错误"的意思,但与直说"有错误"相比较要显得婉转一些,容易让人接受。

### 3. 利用逻辑手段构成的委婉表达方式

利用逻辑手段构成的委婉表达方式如暗换概念、隐含判断、推理省略、揭示矛

---

[1] 邓小平. 邓小平文选（第2卷）[M]. 北京：人民出版社,1983：36.

盾等,同时往往会产生幽默风趣的效果,因此放在幽默的技法中予以探讨,这里不再赘述。

委婉表达方式除上述三类外,还有多种形式,像用典(如诸葛亮用重耳外出流亡以避杀身之祸的典故来给刘琦出谋划策)、迂回(如触龙说赵太后)等,这里就不再一一讨论了。

### 四、委婉表达的功能

(一)创设和谐氛围　对方容易接受

在人际交往中,如果不顾对方的心理承受能力,不顾习俗、场合的忌讳,信口说出一些不敬、不雅或犯忌的话语,就是一种缺乏修养的失礼行为,极易引起厌恶和反感,破坏正常的交际氛围,影响人际关系和表达效果。而适应语境的委婉话语,既可以塑造文雅而有礼貌的自我形象,又可以创设和谐的气氛,对方也容易且乐于接受。例如同样是解决本班学生坐教室前六排的问题,某大学中文系一班班长的说法是:"为了确保本班学生有座位,旁听生不得坐前六排。"二班班长的说法则是:"为了尽可能让在我班听课的旁听生有座位,请本班同学坐前六排。"很显然,一班班长是直言对旁听生的要求,结果关系僵化,气氛较为紧张;二班班长虽是对本班学生提出的要求,但实际上也是不让旁听生坐前六排,然而,其委婉说法对对方表示了尊重,且搭好了台阶,对方也就能心悦诚服地接受。

(二)保持主动地位　伸缩灵活自如

委婉的话语,重在启发对方去思考领悟所蕴含的意义。对表达者而言,由于没有直陈本意,又不失本意,不离原则,因而也就没有授人以柄,避免自己陷入被动地位。这种交际功能在外交活动中发挥得最充分。像"表示关切"、"不能无动于衷"、"将不得不重新考虑本国的立场"等等,都只是笼统地表示了态度,但并没有说出具体确切的内容。以后采取何种行动,都能得到合理的解释。由此可见,这种委婉说法,任何人都无法找到任何把柄,它与直言不讳相比,可以使自己保持主动地位,进退灵活自如。

## （三）展示机巧聪慧　能够以柔克刚

委婉表达语气温和，能体现说话者的善意，常常伴以得体的微笑、谅解的神情，因而较少刺激性，是处理分歧、矛盾、异议的良好言语形式，对于否定、贬斥、批评性讲话有特殊的效果，运用得当可以表示对听者的尊重，避免矛盾激化，同时又展示说话者的机智和风度，是具有较高口语表达能力的表现。例如：

1988年10月2日，有位律师在九江市一个体餐馆吃中饭，其中有一碗猪肝汤。不料，汤端上来后，发现上面浮着一只蚊子。顿时，他胃口大倒，肝火上蹿，但抬头看见食客济济一堂，纷至沓来，便冷静了下来。想了一下，便轻轻叫住经过身旁的伙计，让他把老板请过来。然后，不被旁人觉察地用风趣的语气对老板说："你瞧，这只可爱的蚊子倒未请先尝了，请你告诉我，我如何对它的侵权行为打官司呢？"老板望着汤中那只蚊子，负疚而感激地说："真对不起，谢谢您……"不一会儿，老板亲自端上一碗飘香的猪肝汤，碗里的猪肝也格外地多。结账时，老板坚持算他请客，律师当然未接受。于是，老板亲切地送出门外，又送了一程。临别时对律师钦佩地赞道："您是我们餐馆最尊贵的客人。"

由此可见，委婉表达不仅能以柔克刚，平和地解决纠纷，而且能充分表现说话者的语言机智和文化修养，使之成为人际交往中颇受尊敬与欢迎的儒雅之士。

## 第三节 幽默技巧

### 一、幽默言语的含义

幽默,是英文 Humour 的音译。英文的 Humour 有"会心的微笑"、"谑而不虐"、"非低级趣味的,只可意会的诙谐"等意义。在口才艺术中,幽默则是运用意味深长的语言再现现实生活中喜剧性的特征和现象来传递某种特殊信息的一种表达技巧。幽默言语,往往三言两语,就妙趣横生,不仅使人忍俊不禁,而且能使人领悟到其中蕴含的智慧和哲理。请看下面的一段对话:

毛泽东转战陕北时,有一天夜间进入田次湾,十几个同志与毛泽东挤在一座窑里睡,房东大嫂不安地一再说:

"这窑洞太小了,地方太小了,对不住首长了。"

毛泽东听了这话,依着房东大嫂说话的节律喃喃道:

"我们队伍太多了,人马太多了,对不住大嫂了。"

房东大嫂和大家听罢都哈哈大笑起来。一阵会心的笑声,打消了房东大嫂的顾虑。

毛泽东面对大嫂的顾虑和自责,没有用平实的语言去劝慰,而是用模声拟态、对比、仿拟等方式予以调侃,既表达了达观的生活态度,又调节了与群众的关系。这就是口语表达中的幽默艺术。

幽默是思想、智慧、学识和灵感在语言运用中的结晶。恩格斯说过,幽默是具有智慧、教养和道德上优越感的表现。列宁则认为,幽默是一种优美的、健康的品质。幽默,按照其表现手段的不同,大致可分为幽默音乐、幽默动作、幽默画和幽默语言四种,而幽默百分之九十以上是通过语言手段实现的,所以,有必要学习和掌握幽默语言的表达技巧。幽默语言带有语言本身的特点，是利用语言的各种因素创造的，其具体特征表现为，语言材料的变异性、语言内容的机变性和语言组合的谐趣性。[①] 像上例中毛泽东依着那位大嫂说话的节律所言的"我们队伍太多了，人马太多了，对不住大嫂了"，就具有这些特征，其中最突出的是"语言组合的谐趣性"，因为平常是不会用那种方式说话的。由此可见，幽默语言一是饶有风趣，二是含义深刻，是用机智、诙谐的妙语引人发笑，用含蓄的、哲理的巧言耐人寻味，因而显得既文明又文雅。语言实践表明，幽默表达可以使生活显出盎然生机、勃勃生气，可以艺术地展现语言美。因此，在人际交往中发挥口才艺术时，应运用幽默这个法宝，去争取人生旅途中事业、工作、友谊、爱情的巨大成功。

## 二、幽默言语表达的技巧

幽默可以展现出表达者高雅的气质、良好的教养和睿智的胸怀，可以博得听众会心的笑，这是因为幽默本身就是一种创造。它是突破常理，从常规思维、定式思维中跳出来，将两种原来互不相干的事物或现象顺势用生动简练的语言贯串起来，高屋建瓴、从容客观地做"趣味思想"而产生的。所谓"趣味思想"，就是"抓住一个情况，把它由里往外翻，或从下到上颠倒过来。站在新的角度去看它，看到它趣味的一面——即使情况看来似乎没有什么指望"。（[美]赫伯·特鲁《幽默的秘诀》）例如把"屠夫"说成是"搞动物解剖的"，就是以一种与众不同的方式思维，"抓住一个情况""翻"，将"杀猪宰牛的"翻出趣味来，使人产生惊异而顿悟的感觉，得到智慧的享受。幽默的创造要适合特定的语境和对象，往往是先创设悬念，并加以夸张渲染，然后巧妙转换，突然"抖开包袱"——这时，就产生出智慧的闪现——幽默和风趣了。幽默的表达是在运用一定的修辞手法和逻辑方式的基础上，辅之以语调、表情和体态等手段，将内容以诙谐有趣的形式表现出来。常见的幽默表达可分为以下三大类型。

（一）运用修辞方式构成的幽默表达法

利用修辞方式构成的幽默表达法常见的有夸张、比喻、婉曲、拟人、反语、对比、

---

① 李军华著. 幽默语言 [M]. 北京：社会科学文献出版社，1996：14-24.

双关、降用、仿拟、倒引、讽喻、歇后、换义、移时等。下面以借代、拟人、仿拟、讽喻、移时、夸张、对比、反射为例予以说明。

## 1. 借　　代

例如：

"要充分发挥知识分子的专长，用非所学不好。有人建议：对改了行的，如果有水平，有培养前途，可以没收一批回来。这意见是好的。'四人帮'创造了一个名词叫'臭老九'，'老九'并不坏，《智取威虎山》里的'老九'杨子荣是好人嘛！错就错在那个'臭'字上。毛泽东同志说，'老九'不能走。这就对了，知识分子的名誉要恢复。"[①]

上例是邓小平同志在讲到尊重知识、尊重人才，充分发挥知识分子的作用时说的一段话。他风趣地把"老九"借代为"知识分子"，并引用毛泽东"老九不能走"这句话，幽默地表达了自己的观点。

## 2. 拟　　人

例如：

南唐时，课税繁重，民不聊生。恰逢京师大旱，烈祖问群臣说："外地都下了雨，为什么京城不下？"大臣申渐高说："因为雨怕抽税，所以不敢入京城。"烈祖听后大笑，并决定减轻赋税。

在上例中，申渐高巧借话题，把"雨"拟作有知觉且聪慧的人：惧怕进京城后要纳税，从而委婉地道出了"税收繁重，令人生畏"的意思，机智地讽谏烈祖减税，并取得了预期的效果。

## 3. 仿　　拟

即根据一定语言环境的需要或提示，临时故意模仿套用已有且固定的言语形式来叙说的一种表达方式。其主要特点是套用现成的词、句、篇等言语形式来揭示所说事物的内在矛盾，以创造出全新的意境，使话语风趣生动，对比强烈，新颖明快。

---

① 邓小平. 邓小平文选（第 2 卷）[M]. 北京：人民出版社，1983：50–51.

仿拟大致可分为仿词、仿句、仿篇三种。下面分别举一个仿词和仿句的例子。

（1）仿词。例如：

"当我说到蒋介石这个人不学无术时，毛主席摆了摆手，说：不，不，蒋介石是不学有术哩，不过这个术是权术的术！"

在上例中，毛泽东仿照"不学无术"这个成语，造出一个与此意义相对的"不学有术"来，并对"术"加以诠释，很深刻地揭露了蒋介石的为人，表达了一种幽默的嘲讽。

（2）仿句。例如：

刘攽（bān）晚年苦患风病，鬓发、眉毛尽皆脱落，鼻梁也快要断了。一天，与苏轼等数人一起饮酒，令各引古人语相戏。苏轼对刘攽说："大风起兮眉飞扬，安得壮士兮守鼻梁！"满座大笑。（宋·王群之《涴水燕谈录》）

在上例中，苏轼仿的是刘邦《大风歌》"大风起兮云飞扬，威加海内兮归故乡，安得猛士兮守四方"的首尾两句，两相对照，谐谑自然，趣味盎然，令人粲然。

口语表达中的仿拟，最常见的是上面举例说明的仿词和仿句。仿词是利用交谈中出现的词中某个语素的对义或反义临时仿造出一个变形体的新词，并且变形体的新词与被仿造的原形词形成对照，可增强话语的生动性和趣味性。如"不学无术"与"不学有术"。仿句是仿拟名言、名诗的句式造出新句，以表现新的内容。除上例类仿外，还有反仿，如我国著名数学家华罗庚曾反仿"观棋不语真君子，落子无悔大丈夫"，造出"观棋不语非君子，互相帮助；落子有悔大丈夫，纠正错误"之句，就很幽默地道出了为人处世的两条准则。

4. 讽　喻

例如：

某单位组织一些退休老干部乘大客车外出旅游，上车时你谦我让，耽误了不少时间。开车后，一位老同志朗声对大家说道："我给大家讲个故事助兴：从前有一位妇女，怀孕10年才生下一对双胞胎。问这对双胞胎为何迟迟不肯面世,他们说,根据礼节,年长位尊者应该先行,但他们两个不知谁是兄长,就这样互相推让了10年,把妈妈生孩子的事给耽搁了。"这番话引得车上的老干部们面面相觑,继而哄堂大笑。

这位老同志是运用讽喻手法来讲故事的。所谓讽喻,是用富有机智和幽默情趣的并寄寓深刻哲理的虚构的故事,来阐明某种道理。上例就是借讲述一个寓言故事,生动形象地规劝大家不要过分地谦让,以免浪费时间。友善的调侃,平添了一份诙谐情趣。

### 5. 移　时

例如:

有位教师在讲授"有为神农之言者许行"一章,讲到许行穿的、戴的、用的都是"以粟易之"时,说:"许行忙碌得很哪,今天赶集市,明天到百货公司,后天又到加工厂订货⋯⋯"讲得同学们哈哈大笑起来。

在上例中这位老师运用的就是移时手法。所谓移时,就是在表达过程中,故意将发生于不同时代的事物拢在一起,以明显的时空错位来显示特殊的语言情趣。将"集市"、"百货公司"、"工厂加工订货"等现代事物,移到古代事情的解说之中,不仅学生听得入神,加深了对课文的理解,而且充分表现了讲述者丰富的想象力和幽默的情趣。

### 6. 夸　张

例如:

里根在与布朗竞选加州州长时,对物价上涨加以猛烈抨击,他说:"夫人们,你们都知道,最近当你们站在超级市场卖芦笋的柜台前,你们就会感到吃钞票比吃芦笋还便宜些。"还有一次,他说:"你们还记得当初你们曾经认为没有什么东西可以代替美元吗?而今天美元却真的几乎代替不了什么东西了!"

在上例中,里根说"吃钞票比吃芦笋还便宜一些",说"美元却真的几乎代替不了什么东西了"，显然言过其实，但这是运用夸张手法来攻击布朗的"政绩"，话语诙谐有趣，讽刺深刻有力。

### 7. 对　比

例如：

一美国人同一法国人在谈论爱情。"我们国家，"法国人说，"年轻人向姑娘求爱都是彬彬有礼、温情脉脉的。以后，两人相爱了。最初，年轻人开始吻姑娘的指尖，而后是手、耳朵、脖子……"

"我的上帝，"美国人叹着气说，"这要在我们美国，在这段时间，他们早已度蜜月归来。"

在上例中，法国人的爱情可说是古典式的，而美国人的则是现代式的，随着这个美国人的一声叹气且和盘托出爱情巅峰状态，不仅形成鲜明对照，而且相映成趣，令人忍俊不禁。

### 8. 反　射

例如：

小帕蒂把成绩单交给爸爸，爸爸一看有两门功课不及格，就冲着帕蒂怒气冲冲地喊道："你知道吗？华盛顿像你这个年龄时是全校最优秀的学生。"

帕蒂不慌不忙地回答："你知道吗？爸爸，像你这个年龄时华盛顿已经是美国总统了！"

在上例中，小帕蒂是运用反射的方式来反戏他爸爸的。所谓反射，就是在言语交际中，利用或套用对方的话来反驳、戏谑对方，使对话富有情趣，机智而诙谐。反射的主要特点是抓住对方话语的主要意义或个别概念来反戏对方。如小帕蒂成绩不怎么行，却能套用他爸爸训斥他的"你知道吗？"、"像你这个年龄时"反唇相戏，成功地为自己进行了辩护。

反射与仿拟不同，仿拟是仿照众所周知的既成的词语、句子、篇章和韵调，改变其中语素或内容，造成一种意义相反或相似、相近的新的语言成品，而反射则是现场套用对方的话语来戏谑、反驳对方，是一种语言回归，目的是"以其人之道还治其人之身"。

（二）运用逻辑方式构成的幽默表达法

运用逻辑方式构成的幽默表达法常用的有暗换概念、暗换论题、揭示矛盾、语词定义、隐含判断、运用推理等。下面分别介绍之。

### 1. 暗换概念

例如：

> 清代有个县令，十分贪婪，但偏要假装廉洁，他赴某地上任伊始，便在大堂上高悬一副对联：
>
> 得一文，天诛地灭
>
> 听一情，男盗女娼
>
> 但是，凡有人送钱送物，他照单全收，贪赃枉法的事层出不穷。
>
> 有人愤然指责说："什么'得一文天诛地灭，听一情男盗女娼'，全是假话，全是表面文章！"
>
> 一位老人听了，笑了笑说："不！县官大老爷的对联一点不假，决不是表面文章，他是这样说的，也是这样做的。"旁人疑惑不解，老人继续说道："大家想想，大老爷说'得一文'，现在人家送的不是一文，而是几千文，几万文，他说'听一情'，现在人家不是一人说情，而是成百人，上千人说情。这就不受'得一文'，'听一情'的限制了嘛！"

在上例中，对联中"得一文"、"听一情"联系下文其意为一文钱也不能收，一次情也不能徇，要秉公办事，否则便天诛地灭，男盗女娼。老者则根据贪官的作为，从字面上来据实解释"得一文"和"听一情"的意思，从而运用暗换概念的手法，很幽默地嘲讽了县官为天地所不容的行为。

## 2. 暗换论题

例如：

　　一名年轻的美国记者，要里根谈谈对联邦政府预算赤字问题的看法。里根总统回答道："我并不担心，因为你已经长大了，能够自己照顾自己了。"说完，两人会心地笑了。

在上例中，记者所问的是一个严肃的国家宏观经济问题，里根却转移了这个论题，以微观的个体经济问题来回答，既回避了实质性的回答，又大大增添了谈话的幽默情趣。

## 3. 揭示矛盾

例如：

　　有一个地主，半夜催长工起床："天亮了，还不起来干活？"长工说："等我抓完了虱子就去。"地主说："笑话，天还没亮，你怎么能看见虱子呢？"长工回答："既然天还没亮，又怎么能干活呢？"

在上例中，长工正是抓住了地主一会儿说"天亮了"，一会儿又说"天还没亮"的自相矛盾之处来反驳的，不仅突出了其言行的可笑性，而且揭示了地主狠毒却愚笨的本质。

## 4. 语词定义

对词语进行解释是类似定义中比较常用的一种方法，这种方法叫词语解释，也叫语词定义。在言语交际中，对自己提出的某些词语根据言语交际环境和表达的需要做出符合词语字面意思的解释，使之与词语实际意思等明显地不协调，就会取得绝妙有趣的喜剧效果。例如：

　　胡适晚年定居台湾，曾讲过一个笑话，说现今的男人，也有"三从四得（德）"。"三从"即太太出门要跟从，太太命令要服从，太太说错了要盲从；"四得（德）"是太太化妆要等得，太太生日要记得，太太打骂要忍得，太太花钱要舍得。"

在上例中胡适提到的"三从四德"是封建伦理道德对女性的要求，即"未嫁从父"、"已嫁从夫"、"夫死从子"和"妇德、妇言、妇容、妇功"。胡适先生根据现代社会的情况编出了新"三从四得（德）"，且做了夸张式的解释，巧妙委婉地讽刺了一些家庭中的妇女"当权者"。

运用语词定义法要注意两点：第一必须是语词所能包容的含义，若超出范围，则为扯歪理了；第二解释的内容要有事实或事理作依据，言之有理，持之有据，方可服人。又如：

父亲教育儿子说："聪明和守信用是你成功的关键。假如你答应了别人，哪怕是你倾家荡产，也应该实践你的诺言。这就叫守信用。"

"什么是聪明呢？"儿子问。

"聪明就是你别许这样的诺言。"

### 5. 隐含判断

例如：

有一天，苏格兰诗人贝恩斯在泰晤士河畔散步，看见一个富翁被人从河中救起。那个冒着生命危险营救富翁的穷人，竟只得到这个富翁一个铜圆的报酬。围观的行人被富翁的吝啬激怒了，要把他再扔到河里去。这时，贝恩斯立即上前阻止道："放了这位先生吧，他十分了解自己的价值！"人群中立刻爆发出一阵哄笑声。

在上例中，贝恩斯是运用隐含判断的方式嘲讽这个卑鄙悭吝的富翁的。所谓隐含判断，是指潜存在某一判断（思想观点）之中的判断。"他十分了解自己的价值"这个判断中隐含着"他知道自己价值很低，就值一个铜圆"的判断，委婉含蓄地揭示了这个富翁卑下的人格。

### 6. 运用推理

推理有三段论、假言推理、选言推理、二难推理、类比推理等形式，在特定的语境中，都可以用于幽默表达。下面以假言推理、二难推理和类比推理予以说明。

（1）运用假言推理。例如：

有位阔太太牵着一条哈巴狗上街，见了三毛想开心取乐，就对三毛说："只要你对我的狗叫一声爸，我就赏你一块大洋。"

三毛想了想说："喊一声给一块，喊十声呢？"

"给十块。"

三毛躬下身去，顺着狗毛轻轻抚摸，亲亲热热地喊了一声"爸爸"，阔太太妖里妖气地笑了一阵，赏给三毛一块大洋。三毛连叫了十声，阔太太真的赏了十块大洋。这时，周围已挤满了看热闹的人，三毛笑眯眯地给阔太太点点头，提高嗓音，长长地喊了一声："谢谢你，妈——！"人们立刻爆笑起来。

在上例中，三毛出其不意地喊一声"妈"，简直妙不可言！其中包含着一个肯定式的充分条件假言推理：如果爸爸是狗，那么妈妈也是狗；爸爸是狗，所以妈妈也是狗。一句"谢谢你，妈——"，使那阔太太自取其辱，落为笑柄。

（2）运用二难推理。例如：

十年浩劫中，有一个造反派想把花园里的一盆花"拿"回家去，但不知道好不好，就去问那些被监督劳动的"黑作家"们。作家们都不想理他，推说不知道。这个造反派火了，指着赵树理说："你也不知道？"

赵树理说："我不是不知道，是不好说。我是'黑帮'，我说是香花，你们说是毒草；我说是毒草，你们说是香花……我说什么好呢？"

在上例中，赵树理用"左也不是，右也不是"的"二难"情况回答这个造反派的责问，十分巧妙，使他处于进退维谷的尴尬境地，同时，也揭露了四人帮反动谬论的荒唐可笑。

（3）运用类比推理。

A. 运用正确的类比推理。例如：

列车车厢内，一位年纪大的旅客对另一名年轻的旅客说："伙计，你不要吸烟了，车厢内不准吸烟。""难道我在吸烟吗？""你嘴上不是叼着烟斗吗?""这能说明什么呢?我的鞋穿在脚上,可我走路了没有?"

在上例中,年轻的旅客把叼在嘴上的烟斗与穿在脚上的鞋进行类比,虽然诙谐地反驳了对方的判断,具有较强的幽默感,但这种类比推理毕竟有扯歪理之嫌。

B. 运用机械类比。例如:

> 诗界泰斗郭沫若先生,为人风趣,喜开玩笑。1945年,漫画家廖冰兄在重庆展出漫画《猫国春秋》。《人物杂志》社的田海燕宴请郭沫若、宋云彬、王琦、廖冰兄。席间,郭沫若问廖冰兄:"你的名字为什么这样古怪,自称为兄?"版画家王琦代为解释道:"其妹为冰,故用此名。"郭沫若听后,笑着说:"啊!这样我明白了,郁达夫的妻子一定名郁达,邵力子的父亲一定叫邵力。"说得大家都笑了起来。

在上例中,郭沫若抓住郁达夫、邵力子与廖冰兄姓名结构相同这一点,故意做机械类比,虽然违反了类比推理的规则,但极为幽默风趣,不仅融洽了相互之间的关系,使宴席气氛轻松活泼,而且表现了其联想丰富、喜谑善言的乐观个性。

利用逻辑手段进行幽默表达,总的原则是"有理而巧"、"无理而妙"。所谓"有理而巧",是指幽默的对象——事物或现象本身是荒谬滑稽的,利用逻辑规律巧妙而得体地去揭示它,凸现它的本来面目,从而引起善意的嘲讽、风趣的笑声。所谓"无理而妙"的"无理",是指言语表达违反常情、常理和逻辑规律,因而它是缺乏客观普遍性的,不能脱离幽默语言交际环境去推而广之;而"无理而妙"的"妙","妙"在作者借助自己的想象力和智慧,切合特定的语境,贯通听、读者的逻辑思维,使这种"无理"成为合理的艺术表达,使这种"无理"的逻辑语言具有主观的普遍性,引起理智的认同、感情的共鸣,造成谐趣横生的艺术效果。"理儿不歪,笑话不来",通常就是指这种情形。反而推之,"理儿一歪,笑话就来"。让我们既能做到"有理而巧",又能做到"无理而妙",为生活多增添几回富于谐趣的笑声吧。

## （三）运用其他方式构成的幽默表达法

### 1. 佯作天真

例如：

  古时候，某君到朋友家赴宴，朋友仅给他喝几滴米酒。临走时，他恳求主人在他左右两腮上各打一巴掌，他说："这样一来，我老婆见我两腮通红，一定会以为我酒足饭饱了……"

在上例中，此君佯作天真的言行，令人叫绝，在引人发笑的同时，辛辣地嘲讽了对方慢待朋友的行为。

### 2. 模声拟态

例如：

  有位教师在讲到运用体态语要克服"五气"时，有这样一段话：
  一要防止怪里怪气——比方鼻子向上翘，脸上的肌肉乱抽动，手心向上去抓脸，等等；
  二要防止流里流气——比方边讲边把粉笔扔到半空中，头发过长不停地向后甩动，等等；
  三要防止土里土气——比方往身上乱抓搔，用教鞭蹭痒，不时地提裤子，等等；
  四要防止洋里洋气——比方不停地耸耸肩膀，两手摊开，扭动腰部，等等；
  五要防止小里小气——比方卷袖子，用脚搓东西，等等。

上面这段话，眼看、口读均无幽默可言，但这位教师每次讲到这里时，总是笑声满堂，总能使学生在笑声中明白体态语的"是非"与"正误"。这是因为这位教师能准确地进行模声拟态，再现出运用体态语的各种不正确行为、动作和不正确的表情与声音。由此可见，模声拟态就是把那个事物的原声、原形、原态形象地再现出来，去综合作用于听众的感官，从而创设出某种特定的情景、特定的气氛，让听众置身于这种情景和气氛造成的幽默氛围中理解所讲述的内容。

### 三、幽默言语表达的功能

在人际交往中，幽默言语常常为表达者增光添彩，展现出他们高雅的气质、良好的教养和文明的风范，因而受到人们普遍的欢迎，在交际中具有不可忽视的作用。

（一）活跃气氛　融洽感情

幽默表达所产生的直接效果之一往往是"笑"，这种"笑"，不仅会形成一种和谐、融洽的气氛，而且可以创造出一种互相理解、互相尊重的心灵相通境界。正如李燕杰所言："笑，是对带有幽默感的艺术的一种审美评价。人们在欣赏幽默的艺术时，常常发出以不经意形式出现的笑，当然也有经过理智思考，顿悟其中妙处而发出的笑。这些笑，都是积极的有意义的社会心理反应。'笑'这种审美心理评价，往往融注着人们的理性认识和道德评价，凝注着人们对真、善的赞誉和对丑行的贬抑。笑是知、意、情的复合，真、善、美的统一。"[①]因此，运用幽默语言进行口语表达，可以创造出轻松活跃的交际氛围，取得良好的表达效果。这一点，革命导师为我们树立了光辉的典范。例如，毛泽东作著名演讲《反对党八股》时，会场记录里多次出现"笑声"、"长时间的笑声"、"大笑"、"全场大笑"这样的词句，可见其演讲语言是何等的妙趣横生，而听众又是何等的欢快兴奋。由此也可以看出，无产阶级领袖并非板着面孔去训人，而是力图创造活泼轻松的气氛，用高尚的情趣、幽默的语言去感染人、教育人。

幽默表达还可以进一步融洽关系，加深感情。1965年11月，安娜·路易斯·斯特朗在中国庆祝她的八十诞辰。周总理在上海展览馆大厅举行盛大宴会为她祝寿。周总理祝词的开场白是："今天我们为我们的好朋友、美国女作家安娜·路易斯·斯特朗女士庆贺四十'公岁'诞辰。""在中国，'公'字是紧跟它的量词的两倍。四十公斤等于八十斤，因此，四十公岁就等于八十岁。"听了周总理对四十"公岁"这个新名词的巧妙解释，几百位中外祝寿者爆发出一阵欢笑声。斯特朗听到周总理

---

[①] 李燕杰著. 演讲美学 [M]. 上海：上海人民出版社，1985：81-82.

说她只有四十公岁,还很年轻,高兴得流了泪。总理这一番妙语,不仅风趣地表达了祝寿的美意,祝斯特朗永远年轻的心愿,而且加深了双方的友好感情。

(二)随机应变　消除窘境

在人际交往中,总难免会出现尴尬的局面;在言语表达时,偶尔也会出现紧张气氛。富于幽默的人,在这种紧急情况下,可以临场不乱,恰到好处地说上几句幽默风趣的话语,既使自己变被动为主动,从困窘、尴尬的情境中解脱出来,又可以缓和乃至融洽气氛,促使交际顺利进行。例如,北京某大学的一位物理系教授乘公共汽车时,由于急刹车没站稳而撞到了前面一位姑娘身上,这姑娘修养较差,很不高兴地望着教授说:"什么德性!"车内气氛紧张起来,有人担心会发生口角。但这位教授只淡淡地望了姑娘一眼,说:"不是德性,是惯性。"车厢里立刻爆发出笑声,老教授自然地下了台阶,还委婉地批评了姑娘的不近人情。由此可见,幽默诙谐正是人际交往的润滑剂,它可以化解生活中的矛盾,缓和紧张气氛,使人与人之间和睦相处。

(三)明辨是非　强化观点

幽默在口语交际中的作用,有笑的成分,但并非以笑为目的,而是表达思想、传递感情的艺术手段,即寓本意于笑声中,寓教于欢乐中,让听众在笑声中受到启发,得到教育,明白道理,树立信念。从另一方面讲,听众聆听到幽默的语言,往往就情绪激昂,思想活跃,容易产生丰富的联想,在思考回味的过程中,激发自己的灵感,明辨是非,更主动、更积极地接受、领悟乃至强化表达者所阐述的思想观点和立场、方法。20世纪60年代初的一次会议上,陈毅为落实知识分子政策而大声疾呼:"不能够经过了十几年改造、考验,还把资产阶级知识分子这顶帽子戴在所有知识分子头上!"说到这里,陈毅摘下帽子,向参加会议的知识分子代表鞠了一躬,然后大声说:"今天,我给你们行'脱帽礼'!"这个"脱帽礼",一语双关,不仅表明陈毅态度诚恳,为人忠厚和对知识分子的尊重,而且以"脱帽"的行动,表明党对知识分子的政策已经发生了根本性的变化。这幽默的话语和动作,给全场听众留下了不可磨灭的印象。

用幽默言语阐明的观点,既易于让人接受,更使人回味无穷。里根就任加州州长之时，在记者招待会上遭到了连珠炮般的提问。经过一阵令人难堪甚至难以招架的质询之后，里根笑着说："我听说新州长上任之后照例要同报界度一个蜜月的，朋友们，如果蜜月就是这样的，那我真是孤衾独眠了！"一句幽默话，引得全场大笑，对立的态度立即缓和下来。里根用十分风趣的话语委婉地表明自己认为记者们的态度十分不友好的观点，而记者们也"心有灵犀一点通"，不再作梗为难里根了。可见运用幽默的语言可以掌握和控制交际展开的方向和进程。

## 【思考与训练】

1. 模糊言语有哪些特性？有哪几种类型？模糊表达的方式与技巧有哪些？

2. 委婉言语表达的要求是什么？委婉言语表达的方式与技巧有哪些？委婉表达有哪些功能与作用？

3. 幽默的含义是什么？幽默言语表达的方式与技巧有哪些？幽默言语表达有哪些功能？

4. 下面是"巧嘴媒婆"利用模糊语言成全了一对有缺陷的男女青年喜结良缘的故事。你看这个媒婆的嘴有多巧，模糊语言的作用有多大！

  有个姑娘因嘴唇上缺了一块，一直嫁不出去，有个小伙子也因没鼻子一直娶不到媳妇。尽管他们自己的相貌有缺陷，但找对象却有一个共同的条件：不要残疾的。巧嘴媒婆却有心把他们撮合到一起。她对小伙子说："这个姑娘没有别的毛病，就是嘴不好。"小伙子说："嘴不好不算毛病，慢慢地就会改嘛！"媒婆又对姑娘说："这个小伙子什么都好，就是眼下没什么。"姑娘听后笑了笑说："眼下没什么怕啥，我陪嫁多点就是了。"到了新婚之夜，真相大白，双方都指责媒婆骗人。巧嘴媒婆说："我不是对你们说了'姑娘嘴不好，小伙子眼下没有什么'吗？怎么能说我骗人呢？"巧嘴媒婆说的都是事实。她的点子妙就妙在利用了模糊语言（语言的歧义）。她说姑娘"嘴不好"，这话既可以指多嘴多舌，又可以指嘴巴有缺陷；而急于娶媳妇的小伙子却理解为前一种意思了。她说小伙子"眼下没什么"，这"眼下"可以是指"目前"，也可以指眼睛下面的部位（鼻子）；而姑娘急于出嫁把"眼下没什么"理解为"目前没有多少财产"了。巧嘴媒婆的嘴确实巧得很。

5. 下面是居里夫人深情感动丈夫彼埃尔的故事。你看，委婉的表达发挥了多大的作用，请具体解读。

　　有一次，居里夫人过生日，她丈夫彼埃尔用一年的积蓄买了一件名贵的大衣作为礼物送给她。当居里夫人看到手中的大衣时，爱怒交集，她感激丈夫的爱，但觉得试验正缺钱，不该花这么多钱买这样贵重的礼物，便委婉地说："亲爱的，谢谢你，这件大衣确实人见人爱，但是我要说，幸福的含义丰富，你可以送一束鲜花祝贺生日。只要我们永远一起生活奋斗，探索研究，就比你送我任何贵重的东西都要珍贵。"彼埃尔马上意识到了居里夫人话语的本意。

6. 《陈嘉谟的自嘲》说的是一则生动感人的故事。陈嘉谟本来遇上尴尬，但他豁达自信，自我解嘲，终于"化险为夷"，引起大家善意的笑声。你看，幽默的作用有多大，请具体分析。

### 陈嘉谟的自嘲

　　陈嘉谟是清朝乾隆年间的举人，他的门生众多，可以称得上是桃李满天下。陈老先生80多岁时，身体还十分硬朗，并且与结发妻子恩爱如初，每晚同床而眠。一年新春，许多门生一道前来为恩师拜年。谁知老先生贪睡，门生们来了之后还没有起床。听说客人来了，便匆匆忙忙穿衣上堂，同众门生寒暄叙礼。他见众门生笑个不停，才发现由于着急，误穿了妻子的衣服。陈老先生自己也觉得好笑，便自我解嘲地说："我已经80岁了，你们师母也80岁了，今天我的做法正中了乡间的俗语'二八乱穿衣'呀。"众门生听后，都觉得老头子风趣幽默，大家一笑了之。

7. 请认真阅读下面两段幽默诙谐的文字。请说说这两段文字各在人们的交流中起了什么作用？

## （一）

在我来之前，曾委托院方向同学们征集问题。我注意到大家都希望我来谈谈"如何成功"。说实在的，这个题目，让我感到很惶恐。首先是现代社会的多元化，对于什么是成功，没有一个统一的说法。我不敢肯定自己是不是成功。因为一个人的成功与否更多的是你周围的人对你的评价和判断。正如古人所说：是非审之于己，毁誉听之于人。再者我认为所谓成功，在很大程度上取决于机遇、外界环境等影响，很难在人与人之间进行一种简单的复制。甚至可以说，成功是难以把握的。成功是一种结果，而今天，我想谈一谈这个过程，也就是成长。对于我来说，我有一个很深的体会就是：人生在世，你唯一能够有把握的也就是成长。

## （二）

小时候，我靠卖报养活自己，那年月，报童有菜园的蚂蚁那么多，瘦小的便不容易争到地盘。我常常挨揍，吃尽苦头。从炎热的夏日到冰封的隆冬，我都在人行道上叫卖。

一个暮春的下午，一辆电车拐过街角停下。我迎上去，准备通过车窗卖几份报。车正在启动的时候，一个胖男人站在车尾踏板上说："卖报的，来两份！"

我迎上前去送上两份报。车开动了，那胖男人举起一枚硬币却不给我，只是笑着看着我。我追着说："先生，给钱。"

"你跳上踏板我就给你。"他哈哈笑着，把那个硬币在两个掌心搓着。车子越开越快。

我把一袋报纸从腋下转到肩上，纵身一跃想跨上踏板，脚板一滑，仰天摔倒……

谢谢上帝，艰难困苦是好东西，我感激它。如果不是它，我不会有今天的成就；不过，我更要感激这个世界，因为它不仅有坏人，而且它有更多的好人，靠了这些我才没沉沦，才没有一味地把世界连同自己恨死。

# 沟通艺术篇

长大要成才　从小练口才

# 第五章　有效沟通　从心开始

## —— 了解引导我们的孩子

上帝给我一个任务，叫我牵一只蜗牛去散步。

我不能走太快，蜗牛已经尽力爬。

为何每次总是那么一点点？

我催它，我唬它，我责备它。

蜗牛用抱歉的眼神看着我，

仿佛在说，人家已经尽了全力！

蜗牛往前爬，我在后面生闷气。

咦？我闻到花香，原来这边有个花园，

我感到微风，原来夜里的微风这么温柔。

慢着！我听到鸟叫，我听到虫鸣。

我看到满天的星斗多么美丽！

—— 张文亮

教育孩子如牵一只蜗牛散步，成长的路上，孩子难免会产生困惑，遭遇烦恼，需要父母、老师，甚至学校、社会的耐心引导、细腻呵护。了解孩子的特点，走进孩子的内心，寻找沟通的良方，真诚地与孩子沟通，便能感受到如星空般美丽的孩童世界。

# 第一节　当代孩子的特点

## 一、关注自我　追求个性

### 独一无二的玫瑰花

小王子有一个小小的星球，星球上忽然绽放了一朵娇艳的玫瑰花。以前，这个星球上只有一些无名的小花，小王子从来没有见过这么美丽的花，他爱上了这朵玫瑰花，细心地呵护着她。那一段日子，他以为，这是一朵人世间唯一的花，只有他的星球上才有，其他的地方都不存在。然而，等他来到地球上，发现仅仅一个花园里就有5 000朵完全一样的这种花。这时，他才知道，他有的只是一朵普通的花。

一开始，这个发现让小王子非常伤心。然而最后，小王子明白了，尽管世界上有无数朵玫瑰花，但他的星球上那朵，仍然是独一无二的，因为那朵玫瑰花，他浇灌过，给她罩过花罩，用屏风保护过，除过她身上的毛虫，还倾听过她的怨艾和自慰，聆听过她的沉默……一句话，他驯服了她，她也驯服了他，她是他独一无二的玫瑰花。"正因为你为你的玫瑰花花费了时间，这才使你的玫瑰花变得如此重要。"一只被小王子驯服的狐狸对他说。

儿童在向青少年转化时期，身体与情感的快速变化导致他们产生高度的自我关注和个体意识，青少年开始根据个人信仰与标准来看待自身，既从总体上对自身进行评价，思考"我是谁""我是一个怎样的人"，也从一些具体方面进行评价，包括学业、运动、外表、社会关系和道德行为等。

在这一时期，青少年的个性化特征也更为明显，主要表现为两个方面：一是自我张扬，即具有并表达一种观点的能力；二是独特性，表现自己与别人如何不同的存在方式。

个性化往往容易滋生叛逆，许多家长都对青春期孩子的叛逆表示担心，但如果这个时期的孩子不叛逆，才更应该担心。孩子进入青春期后，必须开始与自己的家庭分离，通过叛逆，试探家庭、学校乃至社会的价值观，增强个体独立意识。一开始，他们会选择挑战对家庭来说重要的事情或是做出与父母的期待相反的事情，来证明自身的"存在感"。如果孩子在青春期不能通过叛逆来检验自我价值，他们就可能在青年、中年甚至中老年叛逆。也就是说，个性化是一个过程，叛逆是获得自我认同、完成自己个性化的方式。如果青春期的孩子能在一种积极、和谐的氛围中完成个性化过程，他们就更可能会在二十几岁的时候回归家庭的价值观。如果孩子遭遇不尊重、批判和惩罚，个性化过程就会受到阻碍，也就越难回归家庭的价值观。

## 二、思维活跃　视野开阔

思维活跃主要表现在：一是善于寻找事物关联性，从事物"相反的""相近的""相关的"方面入手，例如看到火，就会对应地想到"水""光""热"；二是对感觉器官的综合调动，即从"视、听、嗅、味、触"入手获取创造灵感的能力；三是对事物具体分析的能力，例如从5W3H——why（为何）、what（何事）、who（谁）、where（在哪）、when（时间）、how（怎么做）、how many（有多少）、how feel（感受）等方面描述事物特性。随着互联网技术的发展，我们已经进入一个信息大爆炸的时代，当代孩子正面临前所未有的信息冲击，"秀才不出门，便知天下事"早已不是奇闻；面对铺天盖地的信息，需要进行快速地提取、筛选与存储，思维也由此得到锻炼。

经济水平的提升，教育观念的转变，越来越多的孩子有了旅游、留学的机会，从而增加了见闻，开拓了视野。中外文化的交流与融合、风云变幻的世界格局也使当代青少年在传统与现代的碰撞中思考个体的存在价值，甚至社会的发展走向。

### 陪你走遍世界

《新旅行》杂志在六一儿童节前，采访了全球3位"大胆妈妈"，她们或者坚持自己的梦想而带着孩子上路，或者出于为孩子教育考虑而设计了环游世界的行程，每一个妈妈都带着自己的孩子们游历世界一年以上。"孩子的教育学业中断了怎么办？""职场妈妈哪有那么多时间？""旅行预算会不会很高？""中国人的签证不好申请可行吗？""语言不通也能环游世界吗？"面对这些中国妈妈们可能在第一时间就会提出的问题，《新旅行》杂志从对几位妈妈的采访中得到了朴实的回答，大胆妈妈们除了勇气和激情，并没有什么魔法棒。

阿根廷妈妈Zapp只要拥有足够到达下一站的钱，他们就会起程，而她的孩子拥有不同国家的护照，甚至在进入同一个国家的时候，他们要申请不同的签证。美国妈妈Sue用了一年的时间来计划旅行线路，制作各种签证申请，面对适度的旅行预算，她甚至让孩子决定有多少钱花在学校慈善活动上，有多少钱花在自己的食宿消费上。在34个不同语言的国家，她说最好的语言就是微笑。英国妈妈Theodora原本计划与9岁儿子旅行一年，但在路上他们欲罢不能，旅行时间已经超过500天，她的儿子不但参与制定线路行程，更以写作方式记录他沿途学到的东西，甚至改掉了以前在家不喜欢写作业的习惯。

大胆妈妈们环游世界的旅行从来就没有脱离教育的主题，从小有丰富旅行经验的孩子，长大后会更适应环境的变化，会更可能跟他们的父母一样视野开阔，也会同样地热爱生活。

## 三、追逐流行　　反感束缚

### "数码"流行风

某大学大二学生李立，最近总惦记着平板电脑，每路过一家数码产品店，总要走进去把各种平板电脑的功能和价格问一遍。可因为没钱买，每次只能悻悻而归。大一入学时，父亲给李立买了一台笔记本电脑，价值7 000多元。年初他又得到一款3 000多元的智能手机。但是，李立看着身边的同学拿着平板电脑看电影、玩游戏时，他总觉得自己很落伍，"别人都在玩平板，自己还在用笔记本，都不好意思和别人打招呼，今年说什么也要买一台！"

如今，手机、笔记本电脑、平板电脑被称为必不可少的"数码三大件"，一些高端产品更是受到众多青少年的追捧。近日，各高校陆续迎来新生报到。不少大学新生将高端数码产品列为入学必备用品，认为没有就会丢脸，这令家长不堪重负，也引发了社会的关注与热议。近日，中国青年报社会调查中心通过题客调查网和民意中国网，对 13 417 人进行的调查显示，86.7% 的人认为青少年追逐高端数码产品的情况普遍，其中 40.1% 的人表示"非常普遍"。52.3% 的人建议青少年理性消费，不能被广告冲昏头脑。

流行文化包含时装、消费文化、休闲文化、物质文化、都市文化、大众文化等，以其粗犷的包容性、轻盈的流动性，贴近自我"确认"和人性解放的时代社会心理，与当代孩子崇尚趣味和张力、追逐时尚与前卫的特点不谋而合。青少年、儿童是流行文化的拥趸，但他们未必懂得流行文化背后的商业运作、价值创收与思想变革，他们的追逐往往流于形式，缺乏深度。

而流行文化的泛美学化，即美无定法、美无常规，影响了这一代孩子看待事物敢于突破既定规则与传统观念，加之时代变革与外来文化的冲击，致使与父辈的价值冲突激增，反感束缚、渴望自由成为了当代孩子的一大特点。如果能在家长、老师和社会的正确引导下，避免现代文化的消极因素，在流行中创新，在突破中自立，他们就会成长为更有能力、更有希望的一代。

## 四、渴望成才　目的不明

"少年强则国强。"一方面，青少年、儿童作为祖国的未来，民族的希望，备受社会期待与关注；另一方面，当代孩子多为独生子女，承担着独自赡养父母的责任，生存压力巨大。他们渴望成长为能够独当一面的有用之才，但是处于这个时期的孩子，心理发展尚未成熟，心灵较为脆弱；缺乏坚定的信念支撑，没有明确的目的，一旦受挫，可能会一蹶不振，甚至误入歧途。这就需要父母和老师的及时沟通，帮助孩子找到正确的发展方向，坚定成才道路，鼓励他们刻苦努力，用实际行动换来美好明天。

## 目标明确　快乐前行

美国科学家做过一个实验。这位科学家找到一批志愿者，并将他们分为三组，让他们在三种不同的情况下沿着公路向前行走。

对第一组人，科学家没有告诉他们去哪儿，也没有告诉他们有多远，只叫他们跟着向导走。对第二组人，科学家告诉他们去哪儿，要走多远。对第三组人，科学家既告诉他们去哪儿和多远，又在沿路每隔一千米的地方树一块路碑，向他们指示里程。

结果是：第一组的人刚走了两三千米就有人叫苦了，走到一半时，有些人几乎愤怒了，他们抱怨为什么要大家走这么远，不知何时才能走到，有的人甚至坐在路边，不愿再走了，越往后人的情绪越低，七零八落，溃不成军。第二组的人走到一半时才有人叫苦，大多数人想知道自己走了多远了，比较有经验的人说："大概刚刚走了一半。"于是大家又往前走，当走到3/4时，大家情绪低落，觉得疲乏不堪，而当有人说快到了时，大家又振作起来，加快了步伐，不久就到达了目的地。第三组的人一边走一边看路碑，每看到一个路碑，便有一阵小小的快乐。当他们走了五千米以后，每当看到一个里程碑，便都会发出一阵欢呼声。走到离目的地只差两三千米的时候，反而开始大声唱歌、说笑，以消除疲劳，结果速度越来越快。

当然是第三组花的时间最短，途中也最快乐。

俄国文豪托尔斯泰说："要有生活目标，一辈子的目标，一段时期的目标，一个阶段的目标，一年的目标，一个月的目标，一个星期的目标，一天的目标，一个小时的目标，一分钟的目标。"目标是前行的信念，是走向成功的一个个标志，有目标的人，是快乐的。

## 五、兴趣广泛　良莠不分

兴趣是指一个人对事物、活动及人所产生的具有稳定性、倾向性的心理态度。

兴趣的种类是多种多样的，概括来说主要分为三大类：一是直接兴趣与间接兴趣；二是物质兴趣与精神兴趣；三是社会兴趣与个人兴趣。

好奇心是孩子的天性，而较之五六十年前的年轻一代，科技进步、传媒发达使得当代孩子有更多机会接触大量的新事物，从而使他们产生了多方面的兴趣。然而，纷繁复杂的社会诱惑也在考验着孩子分辨事物良莠的能力。面对大自然的美好风景，他们懂得欣赏；面对生活中的正能量，他们乐于学习；面对学习上的困难，他们敢于挑战。同样，面对游戏，他们也很容易沉溺其中，耽误课业，身心健康受损，更有甚者，从烟酒到毒品，一步步走进自我毁灭的深渊。

### "还不如当个文盲"

小华今年8岁了，读长沙市某小学三年级。他聪明好学，兴趣相当广泛。父母望子成龙，认为"不管什么，多学一点，总有好处"；从小学一年级开始，就逼着他在课余时间参加各种各样的培训班，每到周六、周日，小华更成了一个学习的"大忙人"：学语文，练数学；学英语，练会话；学演说，练讲解；学唱歌，练跳舞；学滑轮，练羽毛球；学电脑，玩游戏……后来，小华逐渐迷上了电脑游戏，在电脑上玩，在手机上玩；白天玩，深夜玩，一玩一整天。三年下来，眼睛高度近视，视力只有0.2。一个8岁的少儿，要戴上厚厚的镜片；运动很不方便，看黑板模模糊糊。爷爷痛心地说："一个健康的孩子，成了一个小瞎子，还不如当个文盲。"

### 六、成长压力　烦恼多多

压力是个体在生活适应过程中，由于环境要求与自身应对能力不平衡而产生的一种身心紧张状态。

孩子在成长的过程中，面临着来自学校、家庭、同学竞争等多方面的压力，从而产生各种各样的烦恼，歌曲《小小少年》就表现了随着年龄的增加与自我意识的增长，孩子的烦恼也会与日俱增。

小小少年很少烦恼，
　眼望四周阳光照；
小小少年很少烦恼，
　但愿永远这样好。
一年一年时间飞跑，
　小小少年在长高，
随着年岁由小变大，
　他的烦恼增加了。
小小少年很少烦恼，
　无忧无虑乐陶陶；
但有一天风波突起，
　忧虑烦恼都到了。
一年一年时间飞跑，
　小小少年在长高，
随着年岁由小变大，
　他的烦恼增加了。

孩子成长的烦恼的主要表现为行为上失眠、焦虑；情绪上紧张、压抑、暴躁；学习上厌学、拒绝上学、逃学；人际关系上与同龄人疏离，与父母、老师隔阂。这些并不是耸人听闻，据调查，73%的青少年儿童都面临着以上一种或多种心理问题，如果不能及时得到疏通，会成为孩子成长道路上的"拦路虎"。家长、学校和社会要了解孩子的困惑，给予适当的引导和关心，帮助他们走出成长误区。

## 第二节　孩子的成长需要沟通

### 一、学生厌学　难以说服

厌学是指学生对待学习的消极负面情绪，主要表现为学生对学习认识存在偏差，情感上消极地对待学习，行为上主动远离学习。深圳的一家心理咨询机构对3所小学和3所初中的近万名学生进行了一次心理测试，结果发现，有50%的初中生和70%的小学生都对学习没有兴趣，甚至"厌恶学习"。厌学有多方面的危害，一是直接导致学生学业质量下降；二是损害学生心理健康，学习压力过重，产生抑郁、暴躁等情绪；三是厌学情绪的弥散性，学生的厌学情绪会传染给周围的人，破坏班级学习氛围。

"拿起课本就烦！"

小兵是初级中学初二年级学生，在班上的学习成绩属中等偏下。小兵从小父母离异，与外婆一起生活。父亲由于自身经济情况较差，很少给予照顾。母亲再婚后，曾接小兵和继父一起生活，但继父要求较为严格，曾因为小兵犯错而责罚教育，以后小兵对继父一直耿耿于怀，再也不愿与母亲生活在一起，之后一直与外婆生活。小兵从小学开始，各科成绩都很优秀。进入初中学习以后，学习开始有点吃力，在一次期中考试没考好之后，小兵心里就觉得特别烦躁，经常说头痛、难受，不想上学。初二上学期开学后，班级一个同学告诉他打游戏很好玩，他从此迷恋上了打游戏，以至于上课总是无精打采，提不起精神，上课老师讲到什么地方都不知道。老师针对他的表现，多次批评教育他，时间长了，他反而顶撞老师，影响教学进度，在课堂上不遵守纪律，破坏班级学习氛围。但是由于没有父母关心和管教，他不愿听课，不愿记笔记，拿起课本就烦，学习成绩下降得很快，而成绩越下降就越不愿学习了。

当代儿童、青少年处于社会转型时期，时刻感受和体验着竞争，虽然素质教育正在有效地展开，但应试教育的弊端还影响着学校的教学方式，片面追求升学率使得学生缺少课外活动，学习生活单调，从而使得学生缺少学习动力，产生厌学情绪。在与学生沟通的过程中，不要一味地使用"催逼式"的教育方法，应了解孩子厌学的原因，强调孩子学习的自主性；家长要关心孩子的心理成长，经常与孩子沟通，多抽出时间与孩子相处，缓解孩子的学习压力与心理压力。

## 二、学生"早恋" 难以交流

### "早恋"需要巧妙疏导

朋友的儿子才上高三，可个子已蹿到了1.85米，长得也帅。

有时打趣朋友：你儿子肯定是万人迷。朋友赶紧摇头：我最反对早恋。

上个月，朋友"气急败坏"地打电话说："怕什么来什么！我给他整理书架，发现书里夹着很多小纸条，字迹还都不一样，我数数，一百多张呢。怪不得他学习差，根子在这儿呢。"

据我所知，那小子学习一直不好，据了解他从6岁就谈恋爱，怎么不影响学习！这怎么办呢？

但朋友在气头上，我没敢这么说，只答应替她劝劝孩子。

一提这事，孩子生气了："我妈太过分了！不但偷翻我的书，还偷查我的通话记录！一个个按号码回过去，只要对方是女的，就问是不是我女朋友。我没脸去学校上学了！"

我赶紧安慰他："你妈怕你早恋影响学习。"

他小眼一翻，愤愤地说："别说我没谈，就算我谈了，她管得住吗？我们班早恋的人多着呢！"

"这么说你妈冤枉你了？"

"我以前确实没谈,可我妈这一闹,我真谈了。我学习不好,一直觉得没资本谈恋爱。但有女生欣赏你,给你写纸条,确实感觉很美。所以,我把所有纸条都收集起来,偶尔翻出来看看,仅此而已。可我妈不但诬陷我,还打电话对我一个女同学说:别勾引我儿子!我知道后,赶快跑去跟那个女孩道歉;接触多了,发现她很不错。反正我妈总说我恋爱了,我不谈一次恋爱还真有些划不来!"孩子赌气地说。

早恋是指未成年之间建立的恋爱关系,以中小学生居多。"早恋"一词只在中国内地被广泛使用。进入青春期后,由于性生理的冲动,青少年会对异性产生好感,这是自然而正常的事情。如果相互倾心,可能进一步发展为恋爱关系。但青春期的男女关系是朦胧的,矛盾的,缺乏稳定性的,好感并不等于是爱情;如果不能理性处理,就会导致青春期的困扰与焦虑。处在这种困扰和焦虑中的青少年,往往注重个人感受,很难听进老师和父母的劝告,从而引发冲突,影响学业和亲子关系。在与孩子沟通这类问题时,家长要全神贯注地倾听,接纳和回应孩子的感受,而不是鲁莽地阻止与说教。当孩子感受到朋友般的安慰,孩子就会回归家庭的温暖。

### 三、孩子叛逆　家长无奈

12—14岁是孩子进入青春期的分水岭,青春期叛逆心理,几乎是每个青少年都会遇到的问题,主要表现为:否定性,对家长、老师和学校都表现出一种无理由的不认同、不信任的态度;评判性,对家长观念、教师教学行为、学校教育和管理、社会现实以及社会制度发表自己的见解;对抗性,不认可父母的管教,对父母的期望反其道而行之,甚至公然反对,与父母产生隔阂;阶段性,随着青春期孩子独立意识的增长,其反权威意识也明显增强,通过叛逆来维护自我,叛逆常常在青少年世界观的初步形成阶段出现。

#### 步步紧逼,将叛逆推向极端

儿子今年14岁了,最近林鹏发现孩子身上的问题越来越多,学和玩都开始让他头疼。这一年,儿子被老师找家长的次数爆炸式地增长,开始老师还是很平静地跟家长交流，想共同寻找解决孩子问题的方法。到后来，老师的语气中都充满了绝望。

　　学习上，儿子开始时偷懒总骗妈妈作业做完了，可到学校却被老师发现没做。父母在家里一提学习的事，儿子就急眼，跟父母吵。儿子贪玩，最近做的事更让父母担心，有几次借着吵架从家里出去，就一宿不回家，第二天一问，还实话实说："我跟同学去舞厅了。"父母担心儿子说的那种地方人很复杂，怕他被骗或受到伤害，可儿子满不在乎地说："我比你们懂，我才不会被骗呢。"

　　儿子种种令人担心的问题让林鹏不得不采取更紧迫的措施，与班主任保持密切的沟通，每天都向儿子的同学和朋友打听儿子的动向，可后来发现同学经常在为儿子圆谎。为了不让儿子再接触那些"不好的朋友"，去"不该去的地方"，现在休息日，林鹏都严格限制儿子出门。

　　但父母的爱无法抵挡外界对儿子的诱惑，只要想做的事一被父母批评，他就搬出这么一句话："不管我做什么都是不对的。""啥都不让我干，你们杀了我得了，反正我是你们生的。"

　　通常来说，青春期孩子的叛逆是暂时的，家长如果使用和善而坚定的方法，与孩子交心，帮助孩子解决青春期烦恼，就能引导孩子走出叛逆期，成长为一个真正独立、有健全人格的人。如果试图通过责骂、说教、羞辱来说服孩子，非但不能成功，反而会加剧孩子的叛逆之火，延长他们的叛逆期，甚至使叛逆走向极端。

## 四、不会自理　包办过多

　　生活自理能力是指个体在生活中自己照料自己的行为能力。当代孩子的物质生活有了极大改善，且绝大多数为独生子女，是家里的小公主、小皇帝，"衣来伸手饭来张口"。孩子不用再为衣食住行发愁，但是自理能力也相应地欠缺。

　　父母包办过多，是当代孩子自理能力不强的一大因素，包办是为孩子做他们自己力所能及的事情，这是一种阻碍孩子能力发展的行为。根据一项关于"当代孩子自理能力"的调查，相当部分孩子存在自理能力比较差、意志不够坚定、学习不够自觉、对他人的依赖性强的问题。

5-1 当代孩子自理能力调查

| 调查内容 | 调查结果 | |
|---|---|---|
| | 是 | 不是 |
| 早上不要父母叫醒是否按时起床？ | 18% | 82% |
| 是否能整理自己的床铺、打扫室内清洁？ | 36% | 64% |
| 是否会自己做饭并主动洗碗？ | 9% | 91% |
| 自己的衣服、鞋子是否会自己洗？ | 19% | 81% |
| 做作业、复习功课是否要父母监督？ | 53% | 47% |
| 遇到困难是否能自己想办法解决？ | 25% | 75% |

### Kimi 的成长

2013年10月《爸爸去哪儿》开播以来，备受大众关注，节目中的爸爸们和孩子们也成为了观众讨论的话题。在第一期中Kimi和石头去找锅，Kimi不愿意离开爸爸跟着石头去找，石头和小志用了各种办法，还是没能说服Kimi，最终石头只能自己去找了。11月8日这期，在找食材时，Kimi又一次地不敢单独和其他朋友一起，一定要爸爸陪同。在11月15日这期，Kimi仍是不敢离开爸爸跟其他小朋友外出找食材。而小志要完成任务，只好在Kimi不注意时离开。在Kimi发现爸爸不在之后，很慌张，但还是跟着石头去找食材，不哭不闹。石头也很懂事，照顾弟弟，使Kimi感受到离开爸爸的怀抱，但有哥哥的照顾，克服心中的恐惧与不安全感。

儿童缺乏独立性，但经过锻炼，依赖性逐渐地减弱和消失。父母无法陪伴孩子一生，对他们的生活顾得了一时，顾不了一世。为了孩子在以后进入社会更好地生存，父母就要懂得适当地放手，培养孩子的独立性。

## 五、缺乏理想　学无动力

"理想是石，敲出星星之火；理想是火，点燃熄灭的灯；理想是灯，照亮夜行的路；

理想是路，引你走到黎明。"流沙河的诗，向人们描绘了理想的力量。理想是人们在实践过程中形成的、有实现可能性的、对未来社会和自身发展的向往与追求，是人们的世界观、人生观和价值观在奋斗目标上的集中体现。

## 古人的鸿鹄之志

秦始皇南巡，仪仗万千，威风凛凛。路人纷纷低头避让，唯项羽抬头，直视圣驾，叔父怕他闹事，拉他低头，同时对他说："大丈夫生当如此。"与此同时，年轻的刘邦也发出了"彼可取而代之"的慨叹，刘项二人后来果然成就了楚汉霸业。

陈涉年轻的时候，曾经跟别人一道被雇佣耕地，因不满于寄人篱下而叹恨："苟富贵，勿相忘。"同伴们笑着回答说："你做雇工为人家耕地，哪里谈得上富贵呢？"陈胜长叹一声说："燕雀安知鸿鹄之志！"他不满秦二世酷律，毅然决定揭竿为旗，奋起反抗。他诏令徒属："壮士不死即已，死即举大名耳，王侯将相宁有种乎！"从而成为了名留历史的秦末农民起义领导者。

年轻的诸葛亮躬耕于南阳时，每自比于管仲、乐毅，后来出山辅助刘氏，最终果然实现了三分天下匡扶汉室的理想。

古代的王侯将相用亲身言行，证明了理想的力量，为我们树立了一个个榜样。然而，当代的孩子缺乏理想的现象却非常普遍。

曾有杂志设计了这样一个调查问卷："你今后想做什么？"来自北京、深圳、浙江、湖北等9个省市的3 000名儿童、青少年参加了调查。主办方以为，对未来充满幻想与好奇的孩子们会给出千奇百怪的答案，然而，让他们愕然的是，除了少数人憧憬着"成为宇航员"，"遨游大海"，"环游世界"，竟有高达91.2%的孩子都选择了"考上好大学，有一个好工作"这样平淡无奇的答案。

为什么原本童真的孩子会囿于学习与工作的圈子，而缺乏远大的理想？这必然与当下竞争激烈的社会状态有关。而理想是个体实现自我价值的精神需求，是个体奋斗、进步的强大支撑，孩子的理想更是一个国家、民族创新的灵魂，如果对未来的规划太过功利，就会导致孩子缺乏学习的动力。

### 六、害怕吃苦　承受力差

吃苦精神是当代孩子严重缺乏的，在这个物质充裕的社会，孩子身上的许多毛病都是"惯出来"的。面对艰苦和磨炼，承受力差，轻言放弃，甚至在心理上遭受打击。因此，对孩子实行挫折教育是十分有必要的。挫折教育是指让受教育者在受教育的过程中遭受挫折，从而激发受教育者的潜能，以达到使受教育者切实掌握知识的目的。挫折教育的作用是多方面的，能够激发学生的潜能与探究精神，切实掌握知识；能够打击学生的自负情绪，戒骄戒躁，取得更大的进步；能够使学生通过自己的努力，真正享受成功的喜悦；能够使学生掌握应对挫折的方法，更好地适应社会。

### 苦作甜　泪作笑

生于20世纪60年代的蒋天明，上中学的时候，每个星期一的早晨都要挑着一根扁担，一头挂着书包和生活用品，一头挂着这一个星期的米面干粮，光着脚板，走上几十里山路去上学。无论风吹雨打、冰天雪地，从不间断。有时，心里也会打起退堂鼓，那时他就这样对自己说：看来我将来一定是干大事的！否则老天也就不会如此考验我的意志了！

……上大学的时候，每逢春节寒假，同宿舍的室友们都赶回家过年了，只剩下他一个人孤零零地留在北京。因为，他实在掏不出钱来买一张回家的火车票，哪怕是一张半价的学生票！大年三十晚上，一个人坐在冷清的宿舍里，听着窗外噼里啪啦的爆竹声，想着远在家乡的老爸老妈，心里非常难过！可是，他最终还是强忍住泪水，冲着房间的墙壁大声喊道："太好了！你们终于都走了！这么大的房间我可以一个人住了！而且，30天哪，上图书馆、上自习室、上饭堂打饭，再也不用排队，再也没人和我争抢座位了！"

……在美国留学的时候，环境变得更加艰苦了。人生地不熟，语言又有障碍，很难与人沟通交流；衣食无着，生活必须自理，全靠利用课余四处替人打工挣钱；课业紧张，同样因为语言关系，不得不比其他同学多花近一倍的时间和精力……但是，积极乐观的心态始终支持着他，让他勇敢地面对一切挑战。他还在房间里贴了这样一副对联鼓励自己：

房一间，床一张，光棍一条，远渡重洋生活无依无靠；

愁作喜，苦作甜，泪眼作笑，胸有骄阳日子有滋有味！

经过无数个孤独而艰苦的异乡夜晚，他终于学成归国，成为IT精英。

诗人苏东坡说："古之立大事者，不惟有超世之才，亦必有坚忍不拔之志。"人这一辈子，要想实现自己的理想，就必须有面对艰苦环境和生活磨炼的勇气与毅力。

## 第三节　寻找与孩子的沟通良方

### 一、反思应试教育　强调动手能力

我国的教育，是以应试教育为主导，是以考试成绩来衡量学生。只要学生的考试分数高，就能上好高中，好大学，读好专业。社会上流传一句顺口溜："分分，学生的命根。"此言不虚。从读小学开始，学生一天到晚，只知道学习，做作业，考试，小学生也要到晚上10点以后才能睡觉；好不容易熬到周六、周日，也不能玩，要赶场子参加语文、数学、英语、音乐、舞蹈、表演等各种各样的培训班与竞赛；体质也不强，眼睛也越来越近视。学生普遍厌学，甚至成绩好的学生也厌学。有的学生很苦恼，觉得生活毫无意义，选择了轻生的道路。

**沉迷网络的应试考霸**

23岁的周剑无疑是一个传奇，2001年他第一次高考上了武汉大学，但随后由于痴迷网络多次旷课而被退学。他复读1个多月后，又考回了武大，但随后"屡教不改"再次被退学。回家几个月后，他又参加高考，考上了华中科技大学。

在华中科技大学读到大三时他由于学分不够又被退学。接着他第四次参加高考，今年9月份考回了华中科技大学。这种独特的经历在中国的大学生里恐怕找不出第二人。

周剑无疑是一个高考奇才，在以高考为目的的应试教育中他无疑是最合格者之一。但一进入大学，进入到一个以追求素质提升和以自我学习为主的大学里，他却找不到北，最终迷失在网络游戏中，成为了一个转型失败最典型的例子。

一个应试教育的天之骄子为何会屡屡栽在注重素质教育的高校里，周剑这个最典型的转型的不成功者不禁引起了我们的反思。

教育主管部门已认识到问题的严重性，开始减轻学生的课业负担，劝告学生不要参加过多的培训班。2017年6月，北京大学校长明确表示，我们并不欣赏单纯分数高的考生，而欢迎动手能力强、实践能力强的学生。这就为广大中小学生指明了今后的努力方向。

## 二、强化理想教育　激励孩子奋进

当代孩子的理想具有抽象模糊，与兴趣相联系、不稳定的特点。对于孩子的兴趣爱好，只要是正当的，家长均可予以支持，并帮助孩子结合实际情况与个人特长，坚定志向，树立为之奋斗一生的理想。

### 化茧成蝶

有一天，一条小毛虫朝着太阳升起的方向缓慢地爬行着。它在路上遇到了一只蝗虫，蝗虫问它："你要到哪里去？"

小毛虫一边爬一边回答："我昨晚做了一个梦，梦见我在大山顶上看到了整个山谷。我喜欢梦中看到的情景。我决定将它变成现实。"

蝗虫很惊讶地说："你烧糊涂了，还是脑子进水了？你怎么可能到达那个地方。你只是一条小毛虫耶！对你来说，一块石头就是高山，一个水坑就是大海，一根树干就是无法逾越的障碍。"但小毛虫已经爬得远了，根本没有理会蝗虫的话。

小毛虫不停地挪动着小小的躯体。突然，它听到了螳螂的声音："你要到哪儿去？"小毛虫已经开始出汗，它气喘吁吁地说："我做了一个梦，我想把它变成现实。我梦见自己爬上了山顶，在那里看到了整个世界。"

螳螂不禁笑着说："连拥有健壮腿脚的我，都没有这种狂妄的想法。"小毛虫不理螳螂的嘲笑，继续前进。

后来，蜘蛛、鼹鼠、青蛙和花朵都以同样的口吻劝小毛虫放弃这个打算。

但小毛虫始终坚持着向前爬行……

终于，小毛虫筋疲力尽，累得快要支持不住了。于是，它决定停下来休息，并用自己仅有的一点力气建成一个休息的小窝——蛹。

后来，小毛虫"死"了。

山谷里，所有的动物都跑来瞻仰小毛虫的遗体。那个蛹仿佛也变成了梦想者的纪念碑。

一天，动物们再次聚集在这里。突然，大家惊奇地看到，小毛虫贝壳状的蛹开始绽裂，一只美丽的蝴蝶出现在它们面前。

随着轻风吹拂，美丽的蝴蝶翩翩飞到了大山顶上。重生的小毛虫终于实现了自己的梦想……

这个动人的童话告诉我们一个道理：人活在世上，一定要有理想；要实现自己的理想，必须经过一番奋斗。

实现理想的过程不是一帆风顺的，一定会遭遇困难与挫折。因此，家长要在这方面给予引导。第一，家长要告诉孩子，理想是美好的、高于现实的东西，理想要转化为现实，必须经过一番奋斗与历练。第二，"不积跬步，无以至千里"，实现理想要脚踏实地，要从小事做起，从实现一个个的小目标做起。第三，帮助孩子调整心态，直面理想实现过程中的挫折，并从中吸取教训。家长和老师要时刻给孩子支持与力量，强化理想教育，激励孩子奋进。

### 三、缓解学习压力　减轻学生负担

学习压力是指人在学习活动中所承受的精神负担。适当的压力可以提高学习效率，增强学习动力；压力过大反而会造成学习效率下降，甚至出现暴躁易怒、精神紧张等心理问题。

现代孩子在升学考试、同学竞争、家庭期待等各方面的压力下，学习负担过重，精神犹如紧绷的弹簧，失去了原有的活力，从而造成注意力不集中、考前失眠、精神萎靡等各种问题，学习兴趣越来越淡，学习质量也随之下降。

## 压力大，孩子想自杀

"我想自杀，请问有什么自杀方法不会痛苦？"昨天上午，南京市心理危机干预支援中心的热线响了，听声音又是一个小学生，随后她抛出的一个个问题让工作人员深感震惊。

"我真不想活了，你能告诉怎么死比较好吗？"

"你今年多大了？有什么不开心的事吗？"

"我叫文文，今年9岁了，这个暑假里，爸爸妈妈安排我周一到周五上午要上奥数，下午要上英语，晚上要学钢琴，周末还要去学书法和围棋。暑假就要结束了，可是我连家门口的太阳宫游泳馆都没有去过，更别提像其他同学一样出去旅游了。马上又要开学了，一开学就要上课考试了，连电视都没有机会看。这样的日子还有什么意思啊？死了算了！"

"那你有没有跟妈妈说你想玩一玩呢？"

"玩？我连电视都不许看了，还提玩？那他们肯定又要教育我了，'看隔壁家婷婷，才三年级，都已经考到十级了（钢琴），你同学小涛都已经在奥数上拿过奖了。'每次她一说这个我还能说什么呢？我知道他们是为我好，上补习班都已经花了他们将近四千多块了，可我已经连续三个暑假都没有好好地玩过了。"

"你连死都不怕，还有什么可怕的啊……"经过心理危机干预支援中心的工作人员耐心的说服，文文才放弃了自杀的念头。

孩子快乐、高效的学习，需要适当的缓解学习压力，对此，学校要继续推行素质教育，促进学生德、智、体、美、劳全面发展，强调活学、乐学；家长要耐心倾听孩子的感受，帮助孩子培养兴趣爱好，与孩子一起参加文体活动，共度亲子时光，让孩子在一个轻松快乐的氛围中学习成长。

### 四、反思望子成龙　注重因材施教

中国父母受几千年的"万般皆下品，唯有读书高"思想的影响，无不望子成龙、望女成凤。在这种社会风气之下，教育功利化严重，学校和家长只顾孩子的学习与成绩，而忽视了人格与品质发展。要知道，成为了龙，就不是人了，我们的社会不需要那么多具有神性的龙。易中天教授在一次讲座中说："我的口号不是'望子成龙'，而是'望子成人'。什么人呢？真正的人，就是八个字，第一真实，第二善良，第三健康，第四快乐。"

## 为"复国而活"的慕容复

金庸的作品《天龙八部》里有位能力很了不起的父亲，他是鲜卑慕容氏后裔，有着纯正皇室血统，自幼天赋出众，一身绝世武功，叱咤武林。他的儿子叫慕容复，同样出类拔萃，人称"南慕容"。

这位父亲，叫慕容博。他有一个梦想——望子成龙，即希望自己的儿子慕容复复兴燕国，成为天子。慕容复的姓名里这个"复"字，便是典型的"以父之名"。慕容博教训儿子，完全是一副"你怎么这么没出息"的口吻。而他眼里的出息，只有一条，就是要当上皇帝。这种望子成龙，"龙"不是随便说说的，可是万人之上的真龙。这让慕容复压力特别大，几乎天天都处于焦虑中。

慕容复论文才武功，都是同辈中的翘楚，却唯独不是什么开国建基的材料。他老爸慕容博为了复兴燕国，处心积虑三十年，纵横捭阖，挑拨了吐蕃、大理、大宋、大辽几个对立的政权，堪称十一世纪最强阴谋家，从小就给他洗脑：你这辈子要是当不了皇帝，你就是个废物！

摊上这么个父亲，慕容复也认命了。从此他的人生，只为一件事活着，就是复国。

每个人生来就是与众不同的，正如世界上没有相同的两片树叶。由于环境、教育、遗传以及个体主观能动性的不同，孩子的发展特征不仅有阶段性，还有个体差异。这就要求家长和教师在教育中做到因材施教，具体情况具体分析，让每个孩子都能发挥自己的特长、兴趣和能力，成长为真正的人。

## 五、赏识点滴进步　维护身心健康

心理学家威廉·杰姆斯说："人性最深层的需要就是渴望别人的赞赏，这是人类区别于动物的地方。"延展到教育学中，也就是赏识教育。具体来说，赏识教育指的是赏识孩子的行为结果，以强化孩子的行为；赏识孩子的行为过程，以激发孩子的兴趣与动机；创造环境，以指明孩子发展方向；适当提醒，增强孩子的心理体验，纠正孩子的不良行为。

### "每个孩子都是天才"

说起赏识教育，不能不提到其主要的倡导者——周弘。

周弘本是工厂的一名普通技术人员。20年前，他的女儿周婷婷因注射庆大霉素致使双耳失聪。为还女儿一个更完整的世界，周弘把一腔父爱都投注到教育与培养女儿身上。1987年，在上海买到的一本极其普通、由日本心理学家写的《幼儿才能开发》一书，深深地震撼了周弘。书中有这样一段话："在每个孩子身上都蕴藏着巨大的、不可估量的潜能，每个孩子都是天才，宇宙的潜能蕴藏在每个孩子心中。尽管在他们双亲无限爱心的摧残之下，仍然有不少孩子成了才。"正是因为这本书，周弘也由此打开了"赏识教育"的大门。此后，周弘便不断地向女儿灌输"你是天才"的概念，让女儿在欢乐和投入中学习。

周婷婷成为赏识教育的第一个受益者，这套方法与理论在她身上取得了令人惊叹的效果：婷婷6岁能认2 000多个汉字；8岁能背诵圆周率小数点后1 000位数字，打破吉尼斯世界纪录；10岁时与父亲共同出版科幻童话；11岁荣获"全国十佳少先队员"称号；9年学完中小学12年的课程，16岁成为中国第一位残疾大学生；17岁被评为"全国自强模范"；18岁主演根据自己的故事改编的电影《不能没有你》；21岁成为美国加劳德特大学的研究生。

周婷婷是赏识教育创造的奇迹。赏识教育的基础是尊重孩子，适当突出孩子的自主性；注重孩子的优点与长处，让孩子在一种肯定的氛围中发挥个人能力，增强自信心，从而获得身心健康发展。

## 六、与孩子交朋友　进行心灵沟通

沟通是人与人之间、人与群体之间思想与感情的传递与反馈的过程，以求思想达成一致和感情的通畅。沟通是心灵沟通的基础。与孩子进行心灵沟通可以遵从以下五步——倾听并尊重孩子的感受；站在孩子的角度考虑问题；鼓励孩子与我们合作；感谢孩子；赏识与赞美孩子。

### 感受，而不是批评

林智放学回家后抱怨今天老师当着全班同学的面向她大声斥责。林妈妈听后把腰一叉，用质问的口气说："你是干什么坏事了？"林智瞪起眼睛，很生气地说："我什么也没干。""不会吧，老师不会无缘无故地斥责学生的。"

林智重重地坐在椅子上，一副不开心的样子盯着妈妈。林妈妈继续责问："那么你打算怎样解决这个问题呢？"林智很倔强地说："什么也不做。"如果这样再问下去，母女之间一定会对立起来，什么问题也解决不了。

此时，林妈妈改变了她的态度，用一种友好的语调说："我肯定你当时觉得很尴尬，因为老师在全班同学面前斥责了你。"林智有些怀疑地抬头看了妈妈一眼，妈妈接着讲："我记得我上小学四年级时，同样的事发生在我身上，其实我只是在算术考试时站起来借了一支铅笔，老师就让我下不了台，我感到十分尴尬，也很气愤。"

林智露出轻松的样子，很感兴趣了："真的？我也只是在上课时要求借一支铅笔，因为我没有足够的铅笔，我真的觉得为这么简单的事，老师教训我，不公平。""是这样。但你能不能想出办法，今后可以避免这种尴尬的局面呢？""我可以多准备一支铅笔，那就不用打断老师讲课而向别人去借了。""这个主意不错！"妈妈肯定地说。

孩子就像一本书，要想读懂他们，就要学会与孩子沟通，与孩子交朋友，打开并触动他们的心灵。

【思考与练习】

1. 当代孩子的特点表现在哪些方面？如何对待孩子在个性化过程中产生的叛逆？

2. 孩子的成长中有哪些问题需要沟通？

3. 与孩子沟通的方法有哪些？结合个人经验谈谈如何展开赏识教育。

4. 理想是黑暗中的一盏明灯，指引着我们前进的方向；理想是荒原上的一颗种子，燃起生命的希望。阅读莱特兄弟的故事，结合本章内容，谈谈如何帮助孩子树立理想。

## 放飞梦想

多年前，一位穷苦的牧羊人带着两个年幼的儿子以替别人放羊来维持生计。一天，他们赶着羊来到一个山坡。这时，一群大雁鸣叫着从他们的头顶上飞过，并很快地消失在远方。牧羊人的小儿子问他的父亲："大雁要往哪里飞？"父亲回答说："它们要去一个温暖的地方，在那里安家，度过寒冷的冬天。"他的大儿子眨着眼睛，羡慕地说："要是我们也能像大雁一样飞起来就好了。"小儿子也对父亲说："做个会飞的大雁多好啊！"

牧羊人沉默了一下，然后对两个儿子说："只要你们想，你们也能飞起来。"

两个儿子试了试，并没有飞起来，他们用怀疑的眼光看着父亲。牧羊人说："让我飞给你们看。"于是他飞了两下，也没有飞起来。牧羊人肯定地说："我是因为年纪大了才飞不起来，你们还小，只要不断努力，就一定能飞起来，到任何想去的地方。"父亲的话使两个儿子产生了飞起来的梦想，并坚持不懈地努力。一天，牧羊人带回一个小玩具，用橡皮筋作动力，使它飞向空中。两个儿子觉得很好玩儿，照着仿制了几个，都能成功地飞起来。他们因此兴致倍增，并引发了造飞机的想法。经过反复试验，世界第一架飞机诞生了。

他们就是美国的莱特兄弟。

5. 生下来就一贫如洗的林肯，终其一生都在面对挫败，八次竞选八次落败，两次经商失败，甚至还精神崩溃过一次。好多次，他本可以放弃，但他并没有如此，也正因为他没有放弃，才成为美国历史上最伟大的总统之一。阅读林肯进驻白宫前的简历，谈谈挫折教育的意义。

## 林肯的简历

1816年，家人被赶出了居住的地方，他必须工作以抚养他们。
1818年，母亲去世。
1831年，经商失败。
1832年，竞选州议员但落选了！
1832年，工作也丢了，想就读法学院，但进不去。
1833年，向朋友借钱经商，但年底就破产了，接下来他花了十六年，才把债还清。
1834年，再次竞选州议员赢了！
1835年，订婚后即将结婚时，未婚妻却死了，因此他的心也碎了！
1836年，精神完全崩溃，卧病在床六个月。
1838年，争取成为州议员的发言人没有成功。
1840年，争取成为选举人失败了！
1843年，参加国会大选落选了！
1846年，再次参加国会大选这次当选了！前往华盛顿特区，表现可圈可点。
1848年，寻求国会议员连任失败了！
1849年，想在自己的州内担任土地局长的工作被拒绝了！

1854年，竞选美国参议员落选了！

1856年，在共和党的全国代表大会上争取副总统的提名得票不到一百张。

1858年，再度竞选美国参议员——再度落败。

1860年，当选美国总统。

6. 阅读下面的材料，回答问题。

  2016年9月16日下午3时，居住在大连沙河口区马栏街道兰青社区74岁的周奶奶听到敲门声，开门一看是送快递的。周奶奶打开快递件一看，满脸无奈：原来是刚上大学的孙女寄回来的，开学一星期多，孙女寄回来一大包衣服和7双袜子，让奶奶帮着洗。

近来，类似有关大学新生的负面新闻比较多，有因为校门破旧要求退学，因为吃不习惯学校食堂伙食而退学，因为不能天天洗澡而退学，还有一大批大一新生在军训中晕倒、病倒。现在又出现了大一新生居然把一个星期的衣服全部邮寄回家里清洗的个例，无疑是90后大学生缺乏独立生活能力的一个极端性案例。结合本章知识，说说我们应该怎样与孩子沟通生活独立问题。

# 第六章　开导学生　形式多样

## —— 老师如何与孩子沟通

## 第一节　老师与孩子沟通的误区

### 一、惩罚的隐患

教育中的惩罚，是指在教育过程中，对学生的不良思想、问题行为给予否定评价，采取一定措施使之改正的强制性教育手段。

惩罚教育一直是教育界普遍争论的话题之一，传统教育认为，惩罚能够对学生起到教育与警示的作用。但是也有教育专家认为，惩罚具有一定的隐患，或许会让学生产生不再做坏事的念头，并不能从根本上解决问题，不能教给孩子正确的行为。"惩罚不能阻止不良行为，它只能使罪犯在犯罪时变得更加小心，更加巧妙地掩饰罪行，更有技巧而不被察觉。孩子遭受惩罚时，他会暗下决心以后要小心，而不是要诚实和负责。"[①]"体罚教给孩子的是：暴力是解决问题的一种途径……惩罚并不能帮助孩子们形成民主社会所需要的自我约束力。"[②]

### 忍不住的惩罚

小轩今天早上起床晚了，妈妈催促了他半天，他还是慢慢吞吞，不急

---

[①] [美]海姆·吉诺特. 接受我的爱：教师如何与学生对话[M]. 北京：中国广播电视出版社，2009：122.

[②] 埃文·海曼. Reading, Writing, and the Hickory Stick[M]. Lexington, Ky.: Lexington Books, 1990: 200.

不躁的，气急之下妈妈动手打了他，最后的结果就是小轩哭哭啼啼地去幼儿园，结果还是迟到了。事后小轩妈妈自己也在懊悔："我已经记不清打过孩子多少次了，我也知道打孩子不好，但是每次看到他犯的错误后，又找不到一个合理的教育方式。"

爸妈都盼望自己的孩子成龙成凤，但是惩罚教育绝对不是最好的办法，即使一时起到了作用，也不会长久。

### 二、贬损的伤害

教师对学生的贬损，是指教师使用谩骂、诋毁、蔑视、嘲笑等侮辱、歧视性的语言，致使学生在精神上和心理上遭到侵犯和损害的语言暴力行为。"蠢货""别给脸不要脸""要是我就从楼上跳下去算了"。北京青少年法律援助与研究中心公布的"教师语言暴力调研报告"显示，48%的小学生、36%的初中生、18%的高中生表示，老师在批评自己时使用过这样的语言。

贬损的危害有以下几方面：导致师生关系的恶化，降低学生对教师的信任度，甚至对教师产生厌恶情绪，间接影响学生的学习与生活；致使学生产生自卑心理，自尊心受到打击，大大降低自我认同感，从而引发学生的其他心理冲突与情绪压力，甚至产生自杀、犯罪等极端行为；对学生观念与人格产生消极影响，学校教育具有示范性，教师的语言暴力大都发生在班级里，很容易成为不良示范行为，从而使其他学生在观察学习中产生不良行为。

#### 学生跳楼，只因老师的一句批评吗？

有一位初二学生，因为犯错误受到班主任老师的批评，于是这个学生跳楼自杀了，老师自己都想不清楚为什么会这样，自己仅仅批评这个学生一句话："你怎么没有父母教养！"然而学生听了这句话之后，就从教学楼的三楼跳了下去，自杀了。

这位老师刚大学毕业不久，来到学校当教师仅一年，也当了一年班主任，就遇到如此令人难以置信的事情，让他不知所措，他也想不明白为什么会这样。他表示自己除了批评了那句自认为"很普通"的话之外，没有多说这个学生一句话，在场的其他学生也能证实老师的说法。那么，这个学生为什么选择如此过激的行为呢？

原因其实并不复杂，就是这个学生的确不同于其他学生，他从小就没有父母亲，又有着较为坎坷的童年成长经历。班主任老师的这句看似并不严厉的话语却对这个学生的心理产生了巨大的冲击，引发了任何人都不愿意看到的悲剧。

我们固然不能将案例中的悲剧全部归咎于老师，但不可置疑，老师的批评却有不可推卸的责任；教师的一句贬损，戳中了这个学生的痛处，从而给学生造成了严重的心理伤害。

### 三、无用的说教

说教式的教育，是一种停留在口头和理论上的具有单向性、空洞性和机械性的教育方式，比较常见的形式有唠叨、数落、讲道理等等。说教式教育与体验式教育相对，忽略了教育的实践性、互动性、综合性和学生的主观能动性；通常来说，都会流于形式，收效甚微。老师在与学生沟通的过程中，应避免程式化的说教，注重通过"反省""体验""感悟"来达到教育目的。

#### "你的发型很时尚"

每天，在学校门口都会有学校教育处的干事查看学生的校服穿着情况，包括学生的发型。但有些学生就是不穿校服或是留着学校不允许的发型。李升就是其中一个。有一天，王校长在学校门口碰到了李升，看到了他那一头"非主流"黄毛。

王校长笑了笑说："你的发型很时尚。"李升也笑了笑。王校长问道："那你一定有坚持留这个发型的理由吧？能说来听听吗？"他答道："这样很有个性。""那你怎么理解个性呢？"校长问。他沉默了，没作答。王校长接着说："是让同学感到你这个人与众不同吗？还是通过发型的改变来让大家记住你呢？那么，发型的改变能让大家记住你多久呢？怎样的个性展现才能让大家永远记住你呢？是专业的高水平文化知识的彰显还是其他呢？如果你认为是独特的发型的话，你可以继续保持这种发型。如果不是的话，那就没有必要继续保持这种发型了。"等王校长说完，李升没说什么。接着他们又谈了一些其他的话题。几天后的一个下午，在校园里王校长又碰到了李升。他很远就和王校长打招呼，抬头看到他时，王校长差点没认出他来——头发理短了，很精神很阳光的感觉。他跑到王校长跟前，冲王校长笑着指指自己的发型。王校长也微笑地说："这个发型很阳光。"

面对李升违背学校纪律的行为，王校长并没有一味地说教，而是抛出一连串的问题，让学生自己去思考，去感悟，从而认识到自己的错误。

### 四、消极的评价

人际交往中的消极评价往往会造成沟通的障碍。教师指出学生的不良行为的目的是为了让学生吸取教训，端正态度，改正错误，更好地成长，但过多的消极评价会打击学生的积极性，伤害学生的自尊心，造成老师与学生的沟通障碍。老师在与学生沟通的过程中，一方面应以积极评价为主，消极评价为辅，努力寻找学生身上的闪光点，增强学生的自信心；另一方面，在进行消极评价时，不要只把注意力放在错误上，应指出需要改进的地方，与孩子一起找到解决问题的方法。

#### 一句评价，改变了学生的命运

"我一看你修长的小拇指就知道，将来你一定会是纽约州的州长"，一句普通的话，改变了一个学生的人生。

此话出自美国纽约大沙头诺必塔小学校长皮尔·保罗之口，话语中的"你"是指当时一名调皮捣蛋的学生罗杰·罗尔斯。小罗尔斯出生于美国纽约声名狼藉的大沙头贫民窟，这里环境肮脏、充满暴力，是偷渡者和流浪汉的聚集地。因此，他从小就受到了不良影响，读小学时经常逃学、打架、偷窃。一天，当他又从窗台上跳下，伸着小手走向讲台时，校长皮尔·保罗将他逮个正着。出乎意料的是，校长不但没有批评他，反而诚恳地说了上面的那句话并给予语重心长的引导与鼓励。

　　当时的罗尔斯大吃一惊,因为在他不长的人生经历中只有奶奶让他振奋过一次,说他可以成为五吨重的小船的船长。他记下了校长的话并坚信这是真实的。从那天起,"纽约州州长"就像一面旗帜在他心里高高飘扬。罗尔斯的衣服不再沾满泥土、罗尔斯的语言不再肮脏难听、罗尔斯的行动不再拖沓和漫无目的。在此后的40多年间,他没有一天不按州长的身份要求自己。51岁那年,他终于成了纽约州的州长。

面对调皮捣蛋的罗尔斯,保罗校长没有一味地批评他,而是给予积极的评价,并加以引导与鼓励,让小罗尔斯的心里树立了远大的理想,并终生为之奋斗,取得了成功。

## 第二节　言语沟通艺术

言语是语言的运用。言语沟通的方式与方法很多，这里着重讨论其中的四种技法，即交谈技巧、问答技巧、赞美技巧和拒绝技巧。

### 一、交谈技巧

交谈是指人们借助一套共同的言语沟通规则来交流思想情感的双方或多方的言语活动。人们交谈的目的主要有三：一是获取信息，即所谓"与君一席谈，胜读十年书"；二是改善情绪，即所谓"一个幸福两个人分享则是两个幸福，一个痛苦两个人分担则是半个痛苦"；三是调节行为，即所谓"当事者迷，旁观者清"。我们要学会交谈，善于说话，准确自如、恰到好处地表达自己的思想、感情、意图，做到言之有物，言之有序，言之有礼，言之有趣，使接收者产生愉悦反应，增强说话的说服力与感染力。

请看一位班主任是怎样用妙言来鼓励学生的：

**班主任妙言激励学生**

有个班主任老师想鼓励一位不爱学习的学生按时写作业，为了提升学生的学习兴趣，他在找学生谈话之前做了认真细致的调查：他了解到这位学生对语文比较感兴趣，课后经常自己写一些小文章，发表在博客，遂询问并浏览了该学生的博客，想与该生讨论。起初，这位学生态度冷淡，老师接着精挑细选了几篇"佳作"打印出来，边欣赏边说："你这篇文章写得文采斐然，你可真是小才子啊！"对学生的文章予以赞赏。接着，老师又说："你这文章是受汪曾祺的影响吧？写得清雅朴素。你的写作底子很好，如果语文课上认真听讲，按时完成作业，并且多与语文老师交流，最好在其他学科上也下一点功夫，多积累一些相关知识，相信你的文章会写得更丰富、更有内涵。"这样，就进一步激发了学生的谈话兴趣。果然，学生的态度转化了，话也多了起来。接着，老师对所谈话题深意挖掘、环环相扣，使得学生精神大振，学习兴趣大增。终于，学生决定接受班主任老师的建议，认真学习每一门学科的知识。

本来，这个学生对学习缺乏兴趣。但老师从学生发表在博客上的小文章入手，点出"清雅朴素"的风格，并提出中肯的建议，激发学生的谈话兴趣，促使学生的态度大改变，乐意学习。转变的关键之一是选择共同话题接近对方，取得成功。

再看山羊老师是怎样让小熊停止玩手机，专心上课的：

### "小熊乖乖地交出手机"

小熊迷上了一款新游戏，忍不住在上课的时候，偷偷掏出手机玩。

山羊老师发现后，走过来，一边问小熊为什么上课时间玩手机，一边要小熊马上将手机交出来。小熊狡辩说："我只是想看看，现在离下课还有多长时间。"

山羊老师听了，问小熊："我发现你看手机有一会儿了，那请你告诉我，现在离下课还有多长时间？"

听完山羊老师的问话后，小熊哑口无言，于是，只得乖乖地将手机交了出来。

山羊老师询问小熊时间，找出小熊说话的漏洞，致使小熊的谎言不言自明，从而让小熊交出了手机，认真听讲。

## 二、问答技巧

提问与回答，均是获得信息的一种手段，是言语沟通的重要内容；恰到好处地提问与回答，有利于推动谈话的进展，可以促进沟通的成功。

要学会提问。提问可以帮助了解更多、更准确的信息，可以把一个没有兴趣的听众变成一个积极的参与者。提问的类型很多，有直接型提问、委婉型提问、协商型提问、限定型提问、假设型提问和激将型提问等。想要提得巧,就必须善于捕捉信息,把握好时机,掌握恰当的提问方式。

要巧妙回答。回答是为了很好互通信息,将自己的想法与不满,借助别人提问的机会巧妙地表达出来,或者对对方提出的问题给予回答,以达到加深情感、解决问题、提升沟通质量的目的。回答的类型很多,有直接回答、间接回答、以问代答、答非所问和诡辩而答等。要善于回答,力争巧妙回答。[①]

电视剧《女王的教室》讲述一群小学六年级学生与女老师阿久津真矢之间的故事,关于为什么要读书,阿久津老师有一段耐人寻味的回答。

## 为什么读书

学生：我们有个问题要问老师。

阿久津老师：说吧。

学生：我们为什么要读书呢?之前老师说过吧,不管怎么学习,就算进了好的大学,好的公司,也不算真正的成功。那么我们为什么非要读书不可呢?

阿久津老师：你们还不明白吗?读书,是人们为了满足自己的求知欲望而想要去做的事。今后你们会碰到很多很多你们不知道的、不能理解的事情,也会碰到很多你们觉得美好的、开心的、不可思议的事物,这时候,作为一个人自然地想了解更多,学习更多。失去好奇心和求知欲的人,不能称为人,连动物都不如。连自己生存的这个世界都不想了解,还能做什么呢?不论如何学习,只要人活着,就有很多不懂的东西。这个世界上有很多大人,好像什么都懂的样子,那都是骗人的,进了好大学也好,进了好公司也好,如果有活到老学到老的想法,那就有无限的可能性。失去好奇心的那一瞬间,人就死了。读书,不是为了考试,而是为了成为出色的大人。

学生运用直接型提问、假设型提问,单刀直入地向老师请教读书的意义。面对

---

① 参见：李明,林宁. 人际关系与沟通艺术 [M]. 北京：清华大学出版社,2012：73-75.

学生的提问，阿久津老师坦诚相待，直接给出一针见血的回答，层层递进，扣人心弦。"为什么读书"，这是老生常谈的话题。阿久津老师没有泛泛而谈，而是认真探讨了教育背后的深刻意义，告诉学生读书是为了更好地理解世界，提升自己，传达了正面、励志的"终身学习"的观念。这是典型的引人深思的回答。

请看下面这位老师是如何回答学生的奇思妙想的：

**支持学生的异想天开**

一位美国老师在生物课上讲"蚯蚓"。讲着讲着，一位小学生站了起来——

学生：请问老师，蚯蚓什么味道？

老师：抱歉，我没有尝过。

学生：我可以尝尝吗？

老师：当然可以！

学生：我尝过了，您加分吗？

老师：当然加分！

这位学生果真去品尝了蚯蚓，然后向老师和同学讲蚯蚓的味道！而且，据说这位学生后来成了一名生物学家，这位老师培养了多位生物学家。

这位老师用直接、肯定的回答，支持学生的异想天开，鼓励学生在实践中学习，这是最有效的回答。

## 三、赞美技巧

威廉·詹姆斯说："人性中最深切的禀赋，是被人赏识的渴望。"每个人都希望他人能肯定自己的优点与长处，从而肯定自己的价值。在人际沟通过程中，主动地适当地赞美别人，是一种促进彼此关系的催化剂。有求于人时先赞美人，事情就能容易办成。我们要学会赞美别人，要真诚热情、具体明确、适切得体。一分赞美，就可给人一分陶醉，一分温暖。

请看下面这位老师的真诚赞美成就了一位著名作家：

## 点　赞

　　台湾著名作家林清玄读高二年级时，学业操行都是劣等，还被记了两大过两小过，并被留校察看。几乎所有的老师都不看好他，唯有国文老师王雨苍看好他，时常鼓励他说："我教了50年书，一眼就能看出你是个会成器的学生。"痛苦迷茫中的林清玄，没想到王老师竟是如此看重自己，于是在心中暗暗发誓：一定要改过自新，不然就真对不起王老师了。他把王老师的话当作奋斗目标，朝自己擅长的方向使劲。林清玄最喜欢的是写作，有了动力，林清玄一反常态，课余，不再把时间耗费在无端的玩乐上，而是都用来读中外名著和练笔写作。"梅花香自苦寒来"，林清玄果真成器了，30岁不到就拿遍了台湾所有的文学大奖，而且成了一名多产作家，还被誉为"当代散文八大家"之一。

　　与学生沟通，要说点赞的话、鼓励的话、暖心的话。林清玄如果不是得到国文老师王雨苍的看好，肯定他"是个会成器的学生"，也许不一定会有今天这么大的成就。一句真诚的赞美，会让学生奋进一生，温暖一生。

　　青少年成长，离不开赞扬。

　　再看林红老师赞扬学生的故事：

## "差生"变优生

　　一句赞扬的话语，真的能激发一个"差生"的潜能。昨日，省实验中学高三年级组的英语老师林红，以小王（化名）为例向记者说起此事。

　　据林老师说，小王是她所带班上的一个非常调皮的学生，被有些同学归入了"差生"的行列。上学期，林老师有一次点名让小王阅读一段英语文章，小王读完后，全班哄堂大笑，都认为小王故意南腔北调。正当小王准备坐下时，林老师非常认真地告诉全班同学："大家不要笑，我觉得小王的英语口语非常好，很有外国播音员的味道。"

　　从那以后，同学们和老师们惊奇地发现：小王像变了一个人似的，整天抱着英语书读，甚至下课也不放松。几个月后的期末考试，小王的各科成绩都有了大幅度提高，英语成绩更是达到了优秀。

一句赞扬的话，激发了"差生"的潜能，让他变成优秀学生。由此可见赞扬的威力。

### 四、拒绝技巧

在人际交往中，有求必应是每个人都在追求的理想目标；而由于主客观条件的限制，我们不可能任何时候都做到有求必应。拒绝是日常生活常有的事。当别人的请求违反你的意愿时，当别人的要求超出你的能力范围时，当别人的好意邀请你因故不能前往时，你会选择拒绝。但拒绝可能令人不快，甚至可能影响友谊，这就需要讲究拒绝的技巧，或直截了当拒绝，或婉言拒绝，或转换话题，或诱导否定，或暗示拒绝等。

在教学工作中，有时会遇到学生提出一些无理要求。如何才能温和有效地拒绝呢？请看看王老师如何巧妙拒绝学生：

**用条件预设法拒绝学生无理要求**

李昂不爱学习历史，在课上睡觉。王老师把他叫醒。李昂振振有辞："老师，我不爱上历史课，睡觉总比逃课或者在课堂上捣乱好吧？您就允许我睡觉吧，我保证不影响您上课。"王老师被气笑，竟然有学生提出这样的要求。王老师说道："我可以答应你的要求，但是听不听课是咱俩的事吗？如果校长同意我和学生签这样的协议，同意我做个不负责任的老师；如果你爸爸妈妈同意我们签这样的协议，同意我对你放任自流，我就答应你这个要求。你还是先想想怎么做好校长和爸爸妈妈的工作吧。当然，你还得做做我良心的工作，它答不答应很关键。"李昂听后，禁不住笑了。

面对学生提出在课堂上睡觉的无理要求，王老师没有斥责，而是以退为进，先假设答应学生的要求，然后再提出自己答应这个要求所需要的条件。避免了直接拒绝学生可能带来的伤害，也表明了老师的用心，这样的拒绝更能让学生接受。

再看看班主任李老师巧妙拒绝学生请假看足球赛的案例：

## 用逻辑推论法拒绝学生请假

蒋立找班主任李老师请假，理由是要看世界杯足球赛。他说："我最喜欢荷兰队，世界杯四年才一次，老师你就准个假，明天我看完球赛就回来，上午的课最多只会耽误一节。"李老师说："我记得咱们班球迷多，有喜欢西班牙队的，有喜欢阿根廷队的，我准了你的假，他们的假是不是也要准呢？老师中间也有很多喜欢足球的，明天上午第一节是数学课，你们王老师喜欢巴西队，你想，如果学生都去看球赛老师就给学生准假，那么老师去看球赛不给你们上课，耽误你们的学习，你们是不是也愿意给老师准假呢？"李老师这么一说，蒋立乖乖地回去了。

蒋立为了看自己喜欢的球队比赛而来请假，面对这个要求，李老师按照蒋立的逻辑继续推理下去，反问是不是也要给其他同学准假？接下来再推论，老师能不能因为看球赛就不给学生授课？这两个层次的反问让蒋立意识到了这个要求是荒唐的，从而无话可说。面对学生的不合理要求，老师不要恼怒或是责骂，而是要用学生自己的逻辑来推导出荒唐的结论，让学生意识到自身的无理。这种做法既顾全了学生的面子，又能让学生心服口服。

## 第三节 非言语沟通艺术

### 一、非言语沟通与体态语

语言学有一个规范,将所有非言语行为称之为体态语。体态语的表达就是非言语沟通。在阐释非言语沟通时,我们得遵循这一规范。①

**1. 体态语的含义**

体态语是通过表达者的表情、目光、手势、体姿和服饰等配合有声语言传递信息、交流思想的辅助工具,是一种诉诸听众视觉的伴随语言。

言辞接于耳,体态示于目,两者密切配合,才能促进口语交际的完全成功。现代神经生理学的研究表明,在人际交际时,人的大脑的左半球接受对方的口头语言,即逻辑信号,而大脑的右半球则接受体态语言,即形象信号。由此可见,表达者在运用口语讲说的同时也运用体态语来予以配合,就会推动听者大脑的左半球和右半球都展开工作,从而更有效地感知、接受和领悟信息。

下面是一位老师的教学日志,请看她是如何用微笑化解学生心里的负担的:

微笑的力量

上学期,在一次考试后,我发现了一位学习很认真的学生在课上的异样,经过连续两天的观察,我发现那位学生没有了以前的积极性,上课也很少回答问题。出于对学生的关心,我找了她谈心。刚开始,在我平淡而严肃的问话中,我发现她总是不太说话,讲了半天我也没有问出原由,我也开始急躁起来,但是教师的职业告诉我要冷静,于是我决定换一种交谈的方式,我叫她坐下,我微笑着问她:"你有什么事可以告诉老师,老师

---

① 本章参见:李元授,李军华. 演讲与口才 [M]. 武汉:华中科技大学出版社,2006:107-136.

帮你解决。"讲话的语气很温柔，这时她看了一眼微笑着的我，突然间也没有了刚才的拘谨，我感到了她的变化，于是在我耐心而带有微笑的问话中，她终于讲出了原因，原来这次英语考试没考好，心里有负担。对此，我微微一笑，接着说道："就因为这点事啊！考不好，下次努力啊，英语只要多读多练，就一定能考好的，以后有什么问题可以找老师啊。"没想到她刚才还阴沉的脸上露出了一个甜甜的微笑。原来微笑有这么大的力量啊！我相信就是我的微笑给了她鼓励和自信，给了她上进的勇气，现在那位可爱的学生还经常找我谈心。

微笑是一种力量，教师的微笑对学生更为重要。在学生看来，老师的笑容就是对他们的理解、信任和宽容。作为教师，一定要把美丽的微笑留给可爱的学生们。

**2. 非言语沟通的作用**

非言语沟通至少有以下三个作用。

（1）补充、强化语言信息。在语言交际的过程中，表达者的神情容貌、举手投足、身姿体态，始终伴随着有声语言来传递出相应的信息。在一般情况下，动态的、直观形象的体态语，与有声语言的协调统一，会同时作用于听者的视觉器官与听觉器官，从而拓宽信息传输渠道，补充和强化有声语言的信息，使人产生更深刻的印象。

（2）辅助、替代语言。为了充分地表达思想感情，有时仅用语言是不够的，需要用体态语加以辅助，使之得以完全展示。古人所说言之不足则"手之舞之，足之蹈之"就是这个意思。有时，在不便说、不必说、不愿说的情况下，巧妙运用体态语，能起到"此时无声胜有声"的作用。

（3）调控交际活动。在语言交际过程中，体态语所表达的情感信息往往具有暗示作用，因而表达者可以有意通过表情、目光、手势、体姿等手段调动或影响交际对象的情绪，启发或引导对方的思路，调节语言交际的气氛，从而掌握语言交际的主动权。有时，通过体态语辅助有声语言来调控语言交际活动，可以化不利的、被动的局面为有利的、主动的局面，以实现交际目的。

## 二、非言语沟通的类型与功能

据有的研究者估计,全人类至少有70万种可用来表达不同思想意义的体态动作,这数字远远超过了当今世界上最完整的一部词典所收集的词汇数量,由此可见体态语在人类信息交流中所占的分量。因此,口语表达者要自如地进行信息、思想交流,要准确地洞察交际对象的深层心理,达到真正的了解与沟通,就必须在提高自然语言运用技巧的同时,掌握体态语的基本类型及其意义与功能。

### 1. 目 光 语

目光语是运用眼神、目光来传递信息、表达情感、参与交际沟通的语言。眼睛是心灵的"窗户",是面部传递信息最有效的器官。在所有的体态语中,目光语是一种更复杂、更深刻、更微妙、更富于表现力的语言。

运用不同的目光语,传递的信息就不同,产生的效果也就不一样。一般地说,明澈、坦荡、执着的目光,是为人正直、心胸宽阔、奋发向上的表现,用这种眼神和目光与人交谈,易获得对方的信任;麻木晦暗、目光无神、神情呆滞的眼光是不求上进、无能为力或自怨自艾的表现,用这种目光和眼神与人交谈,易使对方感觉到你软弱可欺、有隙可乘;坚定自若的目光本身就能产生一种威慑力量,使人不敢藐视、侵犯,造成对自己有利的气氛;正直敏锐的目光会赢得别人的好感和信赖,促使沟通的顺利进行;目光游移漂浮,眼神狡黠奸诈,是为人轻浮浅薄或不诚实的表现,交际中持有这种目光,会使人心存芥蒂,拉大双方的心理距离,造成交际的失败。

著名的人际关系与公共关系专家卡耐基曾经用主持会议来说明如何使用目光语:

当领导走上讲台,未开口之前,通常都会先用目光扫视一下整个会场,这种扫视就起到组织和控制的作用。这时,到会者会立即停止一切活动,进入听讲状态。如果会场出现冷场时,领导就会用鼓励的眼神注视下属,这样就给准备发言者增强了信心,以便他们可以踊跃发言。当会场纪律松懈、讲话者过多时,领导往往会投去严厉的目光,并停留片刻,制止这种现象。所以，有经验的领导都善于用目光驾驭整个会场，使会场井然有序而又生动活泼。

卡耐基说得好极了，他的说明概括了视线运用的基本方法。

——前视、环视、点视、虚视，包含了运用目光语言注意的主要问题。

——目光注视的方式与注视时间的长短等，说明了人们想说而未能说明白的道理。

请看一个目光语的案例：

## 老师的目光

今天是李老师的英语课。在上课进行到三十分钟左右的时候，有些同学的注意力就有些不集中了，坐在中间第二排的同学滕小颉的目光盯着黑板长时间的一眨不眨。看她的神情一定是跑神了，所以李老师就以询问的眼神看着她，她一接触到李老师询问的眼神，立刻把注意力集中到正在讨论的问题之上。

在大部分同学都在积极地思考回答问题的时候，李老师注意到坐在后排的同学王晓元目光左顾右盼，一副坐立不安的样子。李老师一直觉得这位同学一定是属于多血质类型的，因为他素来好动，无法安静地长时间坐在某地不动，更加不能长时间把注意力集中到某一件事情之上。这样的同学不可能靠几次的说教就能把习性改正过来的，只能是不时的善意提醒才能帮助他集中注意力认真听讲。当然，适时的提问也可起到同样的作用，但有时在讲解过程中一个提醒的眼神就做够了。所以李老师就微笑着看着他，待到他也看向李老师时，李老师向他凝神地看了一眼，以示他"你怎么又跑神了？"他会意地一笑，然后做了一个鬼脸开始认真地听讲。

在离下课还有十分钟时，李老师照例给同学们总结一下刚刚讲过的内容，然后提问让同学们抢答，或是学生们有什么疑问及时提出来。在提问和同学们回答的过程中，李老师发现坐在第一排的叫作李晓惠的一位女同学几次欲言又止，神情尴尬。李晓惠平时的英语成绩不是很理想，有许多知识理解的不够好，所以每次在英语课堂上她总是默默地坐着静静地听，很少有主动发言或提问的时候。李老师猜想她此时一定是有问题要问，所以就以鼓励的目光微笑地看着她。她读懂了李老师目光中的鼓励与信任，所以终于红着脸站起来说："老师，你刚才讲到的 It's high time that... 句式中的虚拟语气是什么样的？"坐在李晓惠后面的单斌脸上流露出不屑一顾的表情，刚要嗤笑出来，李老师立刻向他微微瞪了一下眼睛，及时制止了他的行为。下课的铃声响了，李老师以微笑的目光掠过全场宣布下课。

老师通过观察学生的眼神，可以了解他们的听课状态，并运用不同的目光语，或询问，或提醒，或微笑，或瞋视，达到与学生交流互动、提醒学生注意听讲的作用。这位老师有一双"会说话的眼睛"。

### 2. 表情语

表情，即面部表情，是指头部（主要是面部）各器官对于情感体验的反应动作。它与表达内容配合最为便当，因而使用频率比手势要高得多。据生理学家研究，人的面部肌肉组织是由 24 双肌筋交错构成，其中 18 双肌筋，可以通过收展表示不快乐时的感情；有 6 双肌筋，可以通过收展表示快乐的感情。因此，可以说面部表情"是由脸的颜色、光泽、肌肉的收展，以及脸面的纹路所组成的，它的这种最灵敏的特点，能把具有各种复杂变化的内心世界，如高兴、悲哀、痛苦、畏惧、愤怒、失望、忧虑、烦恼、报复、疑虑等最迅速、最敏捷、最充分地反映出来"。

面部表情在人类交际活动中作用独特。达尔文在《人类与动物的表情》一书中指出，现代人类的表情动作是人类祖先遗传下来的，因而人类的原始表情具有全人类性。这种全人类性使得表情成为社交活动中少数能够超越文化和地域的交际手段之一。

下面是一位班主任老师的教学日志，请看她在面对班级问题，是如何控制情绪，用微笑消除学生的恐惧的：

> 那一天是我的课，上课铃声响了，我走进教室，发现教室里的地板上有很多废纸，我当时气愤极了。我一向都强调学生要保持教室的清洁，不许随地乱丢垃圾，而今天教室里竟然成了这个样子！我怒容满面，双眼严

厉的扫视全班的学生，希望当天做值日的同学站出来，这时，学生们一个个睁大了惊恐的眼睛望着我，面面相觑，他们感觉到暴风雨马上就要来临了。看到这个情景，我想了想，此时必须冷静，否则不仅会影响学生的情绪，也会影响自己的心情，同时还会影响课堂效果，于是我只好强压怒火面带笑容地说："怎么，今天值日生没有来吗？"同学们看见我脸上阴转了晴，紧张的空气一下子柔和了许多，只见学生们长长地舒了一口气，这时管卫生的叶婷婷怯怯地站起来，低着头说："是我值日，由于上节课老师布置的作业有点多，下课了大家做了一会儿作业，所以课间还没来得及整理，希望您原谅我们这一次。"这时，班长叶家秀也举起了手，她抬起头大声地说："今天没有按时整理卫生，我们知道错了，以后保证每天还是和以前一样，把教室整理得干净整洁。当我们做得不够好的时候，希望您像今天一样，不发脾气，这样我们心里就不会那么紧张了，您有时候样子很凶，我们好害怕，所以有时不敢回答您的问题，怕您批评，我们都希望您以后表情柔和一点。"

此刻，教室里异常安静，而我的心灵被深深的震撼了，顿时愣在那里。我没有想到学生对老师的情绪变化观察得这么仔细，更没有想到老师的表情在学生的心中是这么重要！

这位老师在心中有气时，能管理自己的表情，不露怒容，反以微笑代替，让学生主动承认错误，达到了意想不到的效果。

### 3. 手势语

手势语，是指表达者运用手指、手掌、拳头和手臂的动作变化来辅助有声语言表情达意的一种体态语。在整个体态语中，手的表达能力仅次于脸，而手势的使用频率最高。因为手势活动最方便、最灵活，变化形态最多，表达内容最丰富，可以产生极强的表现力和吸引力，在口语表达中有着不可低估的作用。如西方的政治家在盛大的群众集会上演讲之前，面对喧腾的广大群众，往往用双手举过头顶，手心向外的姿势，向群众摇摆。这种手势有两种含义：表示对听众的欢迎，致以礼貌性的谢意；请听众静下来，以便开始演讲。在言语交际中恰当地运用手势，对于加强口语的语势，补充口语的不足，构成表达者的人格形象，增强话语的说服力和感染力都有着十分重要的作用。

请看一位老师如何用手势语来讲解辨析词语：

### "扭"与"转"的区别

在教授《少年闰土》一课时，第一自然段中，有"那猹却将身一扭，反从他的胯下逃走了"这句话。下面是一位教师引导学生比较、鉴赏"扭"字的情景：

老师：……"扭"与"转"的意思相近，我们常说"扭转"。这里能不能用"转"字？

学生：（思考）好像不能，但我说不出理由。

老师：（用手势表示"扭"与"转"的区别，将五指微张，快速且灵活地左右摇动，角度不大，表示"扭"；再将五指并拢，以小指为轴，逆时针缓慢地旋转90度，表示"转"。）

学生：（恍然大悟地）"扭"能表现转的灵活和小巧，而"转"不能。

这位教师在指导学生进行语言文字训练中巧妙地运用描摹性手势进行点拨疏导，形象地表现课文特定的内容，"省时高效"地突破了学生理解上的难点。

### 4. 体姿语

体姿语包括坐姿语、立姿语和步姿语三大类，在人际交往中，它们又都可以表现出不同的形态，显示出不同的意义，因而运用它们又都有不同的要求。

（1）坐姿语。坐姿语是通过多种坐姿传递信息的体姿语。不同的坐姿传递出不同的信息。如男性微微张开双腿而坐，是"稳重、豁达"的表现；将一条腿架在另一条腿上，即跷起二郎腿的坐姿，则表示"轻松、自信"；女性并拢双膝而坐，是"庄重、矜持"的表现；双腿交叉又配合交臂的坐姿，则表示"自卫""防范"。

坐姿的一般要求是：入座时应轻而稳，不要使人觉得毛手毛脚不稳重；坐的姿势要端正、大方、自然，不要将坐具坐得太满；上身要挺直，不左右摇晃；腿的姿势配合要得当，一般不能跷起二郎腿；交谈时，上身要稍许前倾，以表示自己的专心和对对方的尊重。只有这样，才能形成优美得体的坐姿，表现出文雅有礼的气质和素养来。

（2）立姿语。立姿语是通过站立的姿态传递信息的语言。不同的立姿传递出不同的信息。站立时，脊背直立，胸部挺起，双目平视，表示"愉悦、自信"；弯腰曲背的立姿是精神不振或意志消沉的表现。

立姿语同样表现出气质与风度，不管对方的态度如何，也不管交际顺利与否，都应采取正确得体的立姿语来展示和表现自己的形象。

（3）步姿语。步姿语是通过行走的步态传递信息的语言。心理学家史诺嘉丝的试验表明，人们的步姿不仅与其性格有关，而且与其心情和职业有密切的关系。

步姿语的运用要求：步姿语与坐姿语、立姿语有所不同，是一种动态信息，因而在同一语境的不同动作过程中，应运用不同的步姿来行走，以体现自己良好的风范。如在隆重场合领奖，从座位上走出来到领到奖品，这个过程需要变化运用三种步姿，即由最初的高昂自得型到轻松自如型，再到庄重礼仪型；运用这种变化的步姿，才能适应交际的需要，也体现出步姿语运用的要求。

请看看班主任老师是怎样从站姿来观察挑选同学的：

## 小赵的疑惑

小赵就读某校高二，和他的同学小张一样是成绩优秀的学生，他们的能力和外形几乎在伯仲之间，但是奇怪的是，学校每次有文艺晚会等活动，班主任都让小张代表班级参加。小赵百思不得其解，向班主任问道："为什么您只让小张参加，而对我的多才多艺视而不见呢？"班主任说："你们俩能力和外形差不多，但是他往那一站很高大、很标致，就没有见他对谁说话的时候弯着腰的，他的站姿让人看了很振奋，那么笔直，让人认为他是个很自信的人，充满活力。老师放心把工作交给他。而你总爱低着头，和人交谈的时候靠在墙或者柱子上，我们会以为你对一切都不感兴趣，缺乏活力。这不属于一个成功的、富有活力的青少年所应有的样子。"

俗语说"坐有坐相，站有站相"，单就站相而言，小赵远不如小张，"总爱低着头"，"和人交谈的时候靠在墙或者柱子上"，一副没精打采的样子，缺少青少年应有的活力，不能体现班级学生的形象。小赵当在气质、风度上下点功夫。

### 5. 界域语

界域语是交际者之间以空间距离所传递的信息。界域语也称个人空间、人际距离、势力圈范围，是人际交往中一种很重要的体态语言。美国心理学家罗伯特·索然，经过观察和实验研究，认为人人都有一个把自己圈住的、心理上的个体空间，它就像一个无形而可变的"气泡"。这"气泡"，不仅包括了个人占有物（如写字时的桌椅、驾驶时的汽车等），还包括了身体周围的空间。一旦有人靠得太近，突破了"气泡"，就会感到不舒服或不安全，马上会做出相应的恰当反应。了解了界域语的含义和类型，就会在人际交往中正确地处置和利用它们，以维护和完善个人的交际形象。

在现代交际中，界域语并不完全像上面归类介绍的那样机械、刻板，影响空间距离的因素还有很多。如乘坐公共汽车，深夜 11 点上车的话，即使离原来在车上的人稍近些，也不会使其生厌，因为彼此可以做伴，减少孤独与害怕感。这是受时间因素的影响。而不同的民族文化和风俗习惯对空间语言距离则有一定的影响。如两个关系一般的人交谈，西班牙人或阿拉伯人习惯于 15 厘米左右的个人距离，日本人为 30 厘米左右，中国人则习惯于 45 厘米左右的距离，而北美某些国家如美国则会拉长到 70 厘米左右。这就要求我们应该根据不同的交际对象，使用不同的界域语言。

请看一个关于距离的小故事：

### 小班上课，老师学生距离近了

经过两年时间，某校解决大班额问题总体进度已经完成六成左右，在几个已经解决大班额问题的教学班，教室里共 5 排桌椅，坐在最后一排的学生离讲台也不过七八米远。站在讲台上，老师目力所及，全班 40 多名同学的面孔都能看到。在面积稍大点的教室，最后一排课桌后面还能留出两三米的活动空间，课桌之间的距离也在半米以上。

"这要搁以前，可难以想象。"有 20 多年教龄的崔晓明老师，曾经教过七八十人的班。她说，"冬天学生穿着棉衣，连转身都困难，出教室时也要横着穿过课桌间的空隙，生怕碰倒桌子上的课本。"崔晓明现在教45人的班，"学生上课回答问题更积极了，班风班貌比以前有了很大改观。"

四年级语文老师刘新凤说："最大的变化还是在于班级管理上，老师与学生的距离近了，现在开展班级活动能够照顾到每一名学生了。"

教师与学生、学生与学生之间保持适当的空间距离，可以适当增加老师和学生的活动自由，增进师生、生生之间的感情，让学生学习得更积极。

### 6. 服饰语

服饰语是在交际场合通过服装和饰品传递的信息。仪表、服饰是身姿的外形，同样可以反映一个人的精神气质、文化素养和审美观念。在人际交往和讲演中，衣着整齐，服饰得体优美大方，表情自然，不仅会给人留下美好的"第一印象"，而且会使自己产生良好的"自我感觉"，从而提高自信心，增强自信力，促使口语表达取得成功。

服饰，可以展现人的内在精神面貌、生活情趣和审美追求，可以赢得听众的信任和尊重，可以使人的形象更加富有魅力，因此，在社会生活和人际交往中，利用服饰技巧可以产生出奇制胜的作用。

请看对教师职业的着装要求：

## 教师的着装

从教师的着装的职业特点角度分析，教师的着装需具备以下几个特点：

第一，教师着装要与职业角色相一致，作为教师，其服饰要庄重、整洁、朴素、大方。

第二，教师着装要体现时代特点，教师服饰可在清淡素雅的基调上，适当增加一点与其相匹配的活泼一点的花色或图案，给学生一种审美的享受。

第三，教师着装色彩的选择应以中型色系偏冷为佳。教师的着装色彩不宜过于鲜亮艳丽，否则会分散学生的注意力，影响教学效果。

第四，教师着装应与教学环境相符合。不同科目教师的着装特点也是存在差异的，如果体育教师西装革履，就显得格格不入。

第五，教师着装应考虑教学对象。面对不同年龄层级的教学对象，教师着装的要求也会不同。如小学低年级和幼儿教师，在衣着上，款式线条要明快、色彩要鲜艳，这样有利于启迪青少年、儿童爱美的天性。

老师的着装是一门教学艺术。教师着装样式和色彩的选择与搭配的是否得体，能够影响学生对该教师的整体印象，能够影响学生的学习积极性，能够影响学生的注意力，从而影响课堂教学效果。

## 第四节　要重视老师与孩子的心灵沟通

### 一、尊重呵护孩子

#### "小狗也需要一个能尊重它的人"

有一家店铺门口钉了一则广告，写着"出售小狗"。这则广告吸引了很多孩子，有个小男孩问店主："小狗卖多少钱呢？"

"30 至 50 美元不等。"

小男孩在口袋里掏了半天。"我有 2.37 美元，请允许我看看它们，好吗？"

店主笑了笑，吹了声口哨，一位女士跑了出来，身后跟着 5 只毛茸茸的小狗。其中有一只远远地落在后面。

小男孩立刻发现了那只落在后面一跛一跛的小狗。"那小狗有什么毛病呢？"

店主解释说，那只小狗没有臀骨，所以它只能一跛一跛地走路。

小男孩说自己想买下那只小狗。

店主说："如果你真的想要那只小狗，你不用花钱买，送给你好了。"

小男孩一下生气了，瞪着店主。"我不需要你送给我，那只狗和其他狗的价值一样，我会付你全价。我现在付 2.37 美元，以后每月付 50 美分，直到付完为止。"

店主劝他说："你真的用不着买这只狗，它根本不可能像别的狗那样又蹦又跳地陪你玩。"

听到这话，小男孩弯下腰，卷起裤腿，露出一只严重畸形的腿。他的左腿是跛的，靠一个大大的金属支架撑着。

他看着店主，轻声说道："你看，我自己也跑不了，那只小狗也需要一个能尊重它的人。"

尊重是指平等相待的心态及其言行，即无条件承认与接受对方所拥有的一切，不能因为自己的好恶而挑剔、指责对方。尊重孩子是师生沟通的前提。老师和学生只有处在平等的位置上，即互相尊重，才能实现真正的、有效的沟通。尊重的本质是对他人的接纳。尊重学生就是对学生的接纳，它包括接纳学生的身心发展状况及其人格与价值观，并对学生予以关注。

老师尊重孩子的具体表现，是要尊重全体学生：既要尊重学习成绩好的学生，也要尊重学习成绩不好的学生；既要尊重遵守纪律的学生，也要尊重"调皮捣蛋"的学生；既要尊重学生与老师的相同意见，也要尊重学生的不同想法；既要尊重学生的优势，也要尊重学生的缺陷。

尊重孩子、接纳孩子，不等于赞同孩子的一切行为。当孩子犯错误时，老师只有尊重学生，展现自己的真诚，师生才能有效沟通，学生才能真正认识自己的错误，接受老师的意见与建议。

## 二、多多包容孩子

简单地讲，包容心就是倾听不同的观点，包容相异的想法。包容的核心在于换位思考，即设身处地地站在他人的角度考虑问题，想人之所想，将心比心。包容对有效沟通具有重要作用。在学校教育过程中，老师要特别关注学生的心理状态，尤其是当学生出现问题或错误，与学生的沟通发生误会、冲突时，教师要多一分理解，少一分责备，给予学生充分的包容。

老师向学生传达包容心，包含以下三个层次：

第一，老师要充分认识学生的问题，从学生的角度来体验学生的情感与思维方式。

第二，老师要充分理解学生的问题，充分了解学生的体验，并把学生的心理特点、生活经历与这些特点联系起来，了解学生出现问题的原因，从而寻找解决的办法。

第三，老师要充分包容学生的问题，给予学生发表意见与建议的机会，让学生真正成为对话者，师生之间真诚沟通，并达成共识。

值得注意的是，包容不等于纵容，包容学生是为了帮助学生改正错误，更好地发展。

包容的力量

陶行知先生当校长的时候，有一天看到一位男生用砖头砸同学，便将其制止并叫他到校长办公室去。当陶校长回到办公室时，男孩已经等在那里了。

陶行知掏出一颗糖给这位同学："这是奖励你的，因为你比我先到办公室。"接着他又掏出一颗糖，说："这也是给你的，我不让你打同学，你立即住手了，说明你尊重我。"

男孩将信将疑地接过第二颗糖，陶先生又说道："据我了解，你打同学是因为他欺负女生，说明你很有正义感，我再奖励你一颗糖。"

这时，男孩感动得哭了，说："校长，我错了，同学再不对，我也不能采取这种方式。"陶先生于是又掏出一颗糖："你已认错了，我再奖励你一块。我的糖发完了，我们的谈话也结束了。"

面对学生的错误，陶行知没有立即批评他，而是寻找这位学生身上的闪光点，予以赞扬，让学生在感动中明白自己的错误。当我们给予学生以欣赏与包容时，我们就启动了学生心灵的力量，赋予了学生自我修正的空间。

### 三、交流充满爱心

苏霍姆林斯基曾说："教育的全部奥秘，就在于热爱孩子。"老师对孩子的爱，是教师职业道德的核心内容。老师的爱心有助于实现师生之间有效的心理沟通。那么，怎样才是真正地爱孩子呢？

#### 1. 理解学生

充满爱心的交流建立在理解学生个体身心发展状况的基础上，老师不仅要了解学生的思维特点、个性特征，还要了解学生认识事物、体验事物和表达情感的方式。

个体发展具有差异性，不同的孩子，其发展速度、性格气质、情绪的稳定性等也不相同。老师只有充分了解学生的身心发展状况，才能因材施教。比如，了解了某一学生心理承受能力较差，与他进行沟通时，就应以鼓励与包容为主，不能批评过重，否则可能适得其反。

### 2. 良好的情绪调控

老师良好的情绪调控是其爱心的心理保障。老师在职业生涯中，面对学生的问题或错误，难免会有情绪不好的时候，一旦失控，就可能造成严重的后果。尽管发生这些情况的原因表面来看多是出于对学生的爱，但极易对学生的身心造成伤害。因此，老师的爱心需要得到理性的调控。

## 爱 的 眼 睛

　　有个学习不太好的学生，上课听讲的时候却特别爱举手。有时老师的问题还没提完，他的手就举起来了。可老师叫他起来回答问题时，他又回答不上来。课后，老师找他谈话，问他："你不会，为什么还要举手呢？"

　　这个男孩坦白地说："同学们都笑我，说我成绩不好，说我笨。我不服气，所以老师提问我就举手，想表现表现。可是，我真的不会。"学生的坦诚让老师很感动。于是，他和这位学生订了个"君子协议"："以后老师再提问的时候，遇到你真的会回答的问题，就举左手；如果不会，就举右手。记住了吗？别举错了。"学生点点头回答："记住了。"

　　老师心里有了底，再上课提问的时候，任凭男孩的右手举得再高，老师也视而不见；但他一举左手，就马上叫他回答。果然学生回答得不错。老师便表扬这位学生很"棒"，同学们也对他刮目相看。从此，这位学生的学习大有起色。

这位老师真有爱心！他透过"爱举手"这一现象，看到孩子要求上进的积极性。如果老师没有爱的眼睛，想必会认为这个孩子是"捣乱"，甚至还没好气地训斥几句："捣什么乱？想好了再举手，坐下！"这样，孩子可能再也没有勇气站起来了。

### 四、倾听孩子心声

沟通的过程就是表达与倾听的过程。心理学研究表明，在实际沟通中，人们通常总是急于表达自己的观点，而很少沉下心来倾听别人的想法。殊不知，倾听的重要性毫不逊色于自我的表达。师生沟通也是这样的，倾听有助于学生更好地表达，有助于调动学生的积极性，有助于老师充分了解学生。

老师倾听孩子心声的途径有很多，面对面交流是最简单、最直接的方式，适合于教育对象人数不多的情况，有针对性地解决某个人的问题；其次就是书面交流，教师可以通过组织学生写"小纸条"、发电子邮件、发博客等形式，倾听学生的学习困惑，对班级管理、老师教育方式的意见与建议。总之，倾听孩子的心声，需要老师积极主动地寻找多种渠道，从内心真诚地感受学生、理解学生。

### 听玫瑰花开的声音

在前苏联的一所学校，校园的花房里开出了美丽的玫瑰花，每天都有很多同学前来观看，但都没有人去采摘。

一天清晨，一个四岁的小朋友（就读于该校幼儿园）进入花房，摘下了一朵最大最漂亮的玫瑰花。当她拿着花走出花房时，迎面走来了该校的校长。校长十分想知道小女孩为什么要摘花，便弯下腰亲切地问："孩子，你可以告诉我你摘下的花是送给谁的吗？"

"送给奶奶的。奶奶生了重病，我告诉她学校里有一朵很大的玫瑰，奶奶不信，我这就摘下来送给她看，希望她早点好起来，等奶奶看完了之后我会把花送回来。"

听完孩子的回答，校长的心颤动了。他牵着小女孩的手，从花房里又摘下了两朵大玫瑰花，说道："这一朵是奖给你的，你是一个懂事的孩子；这一朵是送给你奶奶的，感谢她养育了你这样的好孩子。"

这位校长是谁呢？他就是伟大的教育家、万世景仰的育人楷模苏霍姆林斯基。

当学生犯错时，我们首先要做的是倾听，然后才是妥善处理。

## 第五节　网络环境下的沟通策略

### 一、对学生网络沟通的引导与干预

互联网的发展开拓了孩子的视野，锻炼了他们筛选、提取、处理与利用信息的能力。这种能力在未来的信息社会中是不可或缺的。但是，网络信息纷繁复杂，良莠不齐，如果缺乏正确的引导与适当的干预，任由孩子在网络世界驰骋，很容易使他们误入歧途。因此，教师、家长、社会要联合起来，引导学生正确使用网络资源，分辨真实、有用的信息和虚假、无益甚至有害的信息，树立正确的价值观。例如，一些谣言在网络上经过某些别有用心的人的炒作，传播迅速，以假当真，欺瞒大众，处在发展阶段的儿童、青少年又缺乏一定的辨识能力，很容易信以为真，这就需要教师引导学生辨别真伪，分清是非，从而更好地利用网络。

#### 网络诈骗迷惑青少年

2016 年 12 月以来，杭州警方共接到与微信有关的诈骗、盗窃案件数十起。微信软件安装简单，操作便利，可匿名注册，只要是一部智能手机便可使用。微信中"基于位置服务"的功能插件"查看附近的人"，可以精确定位一定范围内的微信用户，并显示用户名、签名、相册等个人信息。

"摇一摇"（与同时在摇手机的陌生人即时通讯）和"漂流瓶"（扔漂流瓶匿名交友）等功能，增加了交友的随机性。另外，微信的交友网络呈发散状，一个人可以同时与多人互动。如此方便的聊天功能，也被不法分子盯上了。

从作案时间看，相关犯罪行为多选择在夜间或凌晨；从作案方式看，嫌疑人均通过微信搭讪、结识被害人，由于对被害人的位置定位精确，搭讪后更容易有针对性地实施犯罪。

另外，由于微信的使用者多为年轻人，利用微信犯罪的年龄也呈现低龄化趋势，值得关注。

青少年是网络的主力军，也是网络的主要受害者，学校要加强引导，避免悲剧发生。

## 二、培养学生健康的网络沟通行为

（一）提高教师的网络素养

教师要对学生的网络沟通进行引导与干预，培养学生健康的网络沟通行为，必须提高自身的网络素养。教师只有掌握网络知识，学习网络工具，才能利用网络平台与学生进行沟通，才能了解学生的网络体验与感受，才能有针对性地对学生进行指导。提高教师的网络素养，可以通过以下途径：①学习课件制作技术，运用新颖的教学方式增强学生的学习兴趣；②学习上网技术，能熟练地搜索、下载网络教学资源，能运用 E-mail、QQ、博客等形式与学生进行网络交流；③了解学生常玩的网络游戏，分析学生沉迷其中的原因及其带来的危害，有的放矢地对学生进行引导教育。

### "知心网友"是老师

一个女孩整天迷恋上网，总把自己关在屋里，在家不爱跟父母说话，在学校也不愿与老师、同学交流。老师很想了解这个女孩的世界，很想知道为什么网络对年轻人有如此大的吸引力？于是，老师便化名上网主动找女孩聊天。女孩一直不知道这个"知心网友"就是自己的老师。在高中的三年里，跟这个"网友"交流，说心里话。老师通过网络帮助她解决学习、生活上的困惑，一直鼓励她、安慰她。她拿到大学录取通知书时，做的第一件事就是上网告诉"知心网友"这个好消息。这时，老师告诉她："这个网友就是我！"

教师如果上网与孩子真诚地沟通，就会发现，其实网络也是可以交心的地方。因此，教师要提高自身的网络素养，走进学生的网络世界，在网络中给学生以引导和帮助。

（二）培养学生的信息技术能力

在网络时代，必须提高学生的信息意识，培养学生运用信息技术解决问题的能力和正确使用计算机的习惯，让学生认识到网络的正面作用，在网络上有事可做。这就需要教师对教学内容与教学环节加以优化，将培养学生的信息技术能力纳入教学目标。

（1）信息技术作业。布置需要通过网络方式完成的作业，提高学生的学习兴趣与信息处理能力。例如，学习《桂林山水甲天下》一课时，教师可以先让学生在网络上搜集桂林山水的图片，并用电脑记事本完成一篇描写桂林山水的散文或诗歌。

（2）综合性任务。通过信息技术，整合学科知识，锻炼学生的综合能力。如美术老师布置的作业是将一学期画的画做成一本画册，有条件的同学可以将自己的画册做成电子刊物的形式，并发布在博客、QQ空间上，或者分享在班级微信群、QQ群。这样不仅可以锻炼学生的综合能力，也加强了师生之间和同学之间的交流。

### 三、利用网络进行道德教育

网络道德教育是指围绕学生的思想道德问题，运用包括互联网在内的手段、方法，对学生进行的旨在提高其道德意识、陶冶其道德情操、形成文明健康的网络行为而展开的道德教育活动。

网络信息纷繁复杂，如果学生不注意甄别，很容易误入歧途，轻则违背道德规范，重则走进犯罪深渊。因此，学校要组织学生学习"网络文明公约"、开展网上道德讲座，以及运用正面引导的方式，帮助学生会上网、上好网。还可以通过以下途径：开放学校资源，为学生创造在学校上网的机会，让学生摆脱社会上不适宜的网络环境；推荐优秀的学生网站，让学生健康上网，减少接触不良网站的机会；开展丰富多彩、积极向上的网络活动，如开展信息技术大赛、制作电子报刊等，激发学生的学习兴趣。

请看一位老师的工作日志，看看他是如何开展网络德育的。

## 特殊的班团活动

今天，我在班里搞了一个特殊的班团活动——通过虚拟情景进行德育体验。我从网上下载了一个名为"洗衣机里的猫"的游戏和电影《洗澡》中的一些片段。我在计算机教室的帮助下，设计了一个动画故事《先救谁》和一组连环漫画，在活动中播放并分别要求学生谈感想、做评论、进行选择、开展联想。以连环漫画的使用为例：我给学生提供了四幅漫画，第一幅是在一间房子里，一张桌子上摆着一个黑包，两个人正在握手；第二幅是一个人拿着黑包在前面跑，另一个人在后面追；第三幅是两个人相对而立，其中一个人正在开包；第四幅是一个人拿着黑包在跑。再让学生对这四幅漫画进行重新排序，并配上说明词。有的学生以 4-2-3-1 排序，分别配以"小偷""追""终于捉住了""多谢你挽回了我的损失"，最后总结为见义勇为——社会良好的道德风尚。有的学生以 1-4-2-3 排序，分别配以"朋友见面分外亲热""有人偷包""死死盯住""看你往哪儿跑"，最后总结为：天网恢恢，疏而不漏。还有学生以 2-3-4-1 排序，分别配以"抓小偷""让我瞧瞧都有些什么""这个包归我了""见者有份"，最后总结为：坐地分赃，可耻！这次班团活动搞得特别成功，学生们过后的评价是直观形象、生动有趣、感想丰富、记忆深刻。

为了帮助读者提升沟通能力，在本章的结尾我们推荐一段精彩的文字《沟通的真谛》，与大家共享。

## 沟通的真谛

当与小孩沟通时，不要忽略了他的"纯真"；

当与少年沟通时，不要忽略了他的"冲动"；

当与青年沟通时，不要忽略了他的"自尊"；

当与男人沟通时，不要忽略了他的"面子"；

当与女人沟通时，不要忽略了她的"情绪"；

当与主管沟通时，不要忽略了他的"权威"；

当与老人沟通时，不要忽略了他的"尊严"。

## 【思考与训练】

1. 老师在与孩子沟通的过程中，存在哪些误区？贬损对学生的身心有哪些危害？

2. 课堂教学沟通艺术主要可分为哪些方面？在课堂教学中，教师如何提出好问题？

3. 1967年在美国进行的一次研究中，两位学者发现93%的信息是靠声调及面部表情传达的，靠语言本身传达的信息只有7%。在师生沟通过程中，非言语沟通也是一种非常有效且必要的手段。结合本章所学，谈谈在课堂教学中，教师可以通过哪些途径与学生进行非言语沟通？

4. 根据材料中老师在与孩子沟通的过程中所发出的信息，谈谈这样的老师有怎样的沟通误区？这样会带来怎样的后果？

   **评判、批评、责备**

   "你应该更懂事。"

   "你做事都不用大脑的。"

   "你很不乖。"

   "你是我所知道的最不体谅别人的孩子。"

   "你会把我气死。"

   **归类、嘲笑、羞辱**

   "你是个被宠坏的小鬼。"

   "好吧，'无所不知'先生。"

"你想做一个自私的吝啬鬼吗?"

"你好丢脸哦。"

**教导、说教**

"打断别人的谈话是不礼貌的行为。"

"好孩子不会那样做。"

"如果我对你做这样的事,你会怎么想?"

"你为什么不能听话一点?"

"己所不欲,勿施于人。"

5. 林伯襄是我国著名的教育学家。20世纪初,林伯襄考入上海公学修业,受西方进步思想影响颇深。1908年,林伯襄修业期满回乡,在明强学堂任教。林伯襄主张以教育兴国为主旨,提倡新学,注重实用。阅读下面的材料,请从师生言语沟通艺术的角度,分析林伯襄与学生沟通的妙处。

## 林伯襄妙解"计划"说服学生

在任教之初,林伯襄便要求学生们定下学期目标,有规章有计划地去实现目标。第一学期,学生们都积极地写下了计划。但到了第二学期,却几乎没有人写计划了。林伯襄得知后问:"为什么不写计划了呢?"学生们回答说,写计划的时候大家都信心满满,但在实施过程中会有懈怠,到了盘点计划的时候,会发现很多计划都没有实现,这让大家很沮丧,而且,既然写了计划也不一定都能完成,何必再费功夫去写呢?

林伯襄听后,笑着说:"完不成计划其实也是计划存在的意义之一。大家也承认,在写计划的时候,我们很有信心和动力,至少在那一刻,我们的内心是虔诚的。但我们得承认,现实生活中确实会有很多意外,干扰和阻碍我们计划的实施。不过,这又有什么关系呢?正是有了这些未完成的计划,我们才能对过去做一个梳理,更清楚地知道自己得到了什么,还需要去做什么。那么接下来,我们是不是会更有目标和方向呢?"

看到学生们似有所悟地点了点头，林伯襄接着说："计划即使实现不了，也比没有计划如无头苍蝇般乱撞要好得多。"后来，在林伯襄的倡导下，明强学堂学风井然，学生们的学习也更规范更高效了。

6. 阅读下面的材料，贬损会给他人带来怎样的伤害？如果你是守林人，面对熊身上难闻的气味时，会说些什么？这对老师与孩子有效沟通有哪些启发？

## 救助与贬损

　　一头熊在与同伴的搏斗中受了重伤，它来到一位守林人的小木屋外乞求得到援助。

　　守林人看见它可怜，便决定收留它。晚上，守林人耐心地、小心翼翼地为熊擦去血迹、包扎好伤口并准备了丰盛的晚餐供熊享用，这一切令熊无比感动。

　　临睡时，由于只有一张床，守林人便邀请熊与他共眠。就在熊进入被窝时，它身上那难闻的气味钻进了守林人的鼻孔。

　　"天哪！我从来没闻过这么难闻的味道，你简直是天底下第一大臭虫！"

　　熊没有任何语言，当然也无法入眠，勉强地挨到天亮后向守林人致谢上路。

　　多年后一次偶然相遇时，守林人问熊：

　　"你那次伤得好重，现在伤口愈合了吗？"

　　熊回答道："皮肉上的伤痛我已经忘记，心灵上的伤口却永远难以痊愈！"

7. 著名学者帕金森研究出与他人沟通最有效的10种方法，人们称之为"帕金森定律"。你从中受到哪些启示？

①与人沟通永远不嫌弃。不要因为害怕对方可能的反应，以致迟迟不敢沟通，要知道，因为未能沟通而造成的真空，将很快充满谣言、误解、废话，甚至仇恨。

②在沟通的过程中，知识并不一定永远是智慧；仁慈不一定永远是正确；同情不一定永远是了解。

③负起沟通成功的全部责任。作为聆听者，你要负起全部责任，听听其他人说些什么；作为说话者，你更要负起全部责任，以确定他们能够了解你在说些什么。绝对不能用一半的心意来对待与你有关的人，一定要有百分之百的诚心。

④用别人的观点来分析你自己。把你想象成你的父母、你的配偶、你的孩子和你的下属。想象你走进一间办公室时，陌生人会对你产生什么印象？为什么？

⑤听取真理，说出真理。不要让那些闲言闲语使你成为受害者。记住，你向外沟通的都是你的意见，也都是你根据有限的资料来源听到的印象。

⑥对你听到的每件事，要以开放的心态加以验证。不要存有偏见，要有充分的分析能力，对真相进行研究与检验。

⑦对每个问题，都要考虑到它的积极面与消极面，追求积极的一面。

⑧检讨一下自己，看看是否能够轻易和正确地改变你扮演的"角色"：从严肃的生意人，变成彬彬有礼的朋友、父母，变成知己或老师。

⑨暂时退出你的生活圈子，考虑一下，究竟是哪种人吸引你？你又要吸引什么样的人？他们是不是属于同一类型？你能否吸引胜利者？你所吸引的人是否比你更为成功？为什么？

⑩发展你神奇的"轻抚"。今天、今晚就对你心爱的人伸手轻抚；在明天、在今后的每一天，都要这样做。

# 第七章　走出误区　天地广阔

## —— 克服沟通障碍

## 第一节　文化障碍

沟通障碍是指信息在传递和交换的过程中，由于信息意图受到干扰或误解，而导致失败的现象。沟通障碍表现在诸多方面，如文化障碍、心理障碍、社会结构障碍等，下面分别阐释，先介绍文化障碍。文化障碍也有不同的表现。

### 一、语言障碍

由于语言方面的原因而引起的沟通麻烦随处可见。首先，由于语言差异而造成隔阂。我国有 56 个民族，每个民族都有自己独特的语言，不同民族的交流便面临着语言的障碍；现代汉语又分多个方言区，每个方言区又有自己的方言特色，不同方言区的人交流起来也会产生障碍。其次，表述者语义不明确往往造成歧义。语义不明确就不能正确表达思想，使用含混不清的词自会产生沟通障碍。再次，使用很强的专业术语会引起理解障碍。"隔行如隔山"，一般的人哪里懂得你的那些专业术语；有时，表述者使用敏感字眼，也往往引发负面情绪。在特定的场合，我们听到某些词语，会引起联想，产生某种不愉快的感觉，这些字眼往往造成负面影响。语言障碍比比皆是。

请看一个家居装修的故事：

### 艰难的沟通

"我觉得有必要提醒您的是……这块墙面的粉刷应从成本最低化的角度考虑……步骤可以再进行细分……"在陈小姐家从事家居装修一个多月来,这名姓黄的工人几乎每天都要面对她用这种"生涩"的方式和自己交流。"按你的要求做事没错,但如果我连要求都听不太明白,你要我怎么办?"在一次"艰难"沟通后,黄先生还误会了陈小姐的意思,"没有按她说的什么原理进行安装不得不重新翻修",于是黄先生干脆向陈小姐提出了请辞。

陈小姐说话专业术语太强,装修工人听不懂,即使勉强去听还是误会了,最后不得不向陈小姐请辞。

## 二、习俗障碍

风俗习惯世代相传,是经过长期重复出现而约定俗成的习惯,虽然不具有法律一般的强制力,但通过家族、邻里、亲朋的舆论监督,往往会迫使人们入乡随俗;忽视习俗因素而导致交流失败的事例屡见不鲜。首先,不同的礼节习俗在沟通时可能带来误解:自以为是好意,而别人却觉得勉强;自以为是直言相劝,而别人却觉得你的话太刺耳。其次,不同的审美习俗在沟通时可能带来冲突。审美习俗的深层是文化底蕴,不提高自己的文化素养和审美能力,也往往会造成沟通障碍。请看英国男青年送白色菊花的误会:

一位英国男青年邀一位中国女青年出游。为了取悦女友,他特地买了一束洁白的菊花带到她家,不料女青年的父亲一见便勃然大怒,结果他被轰了出去,却不知道祸因所在。在英国男青年看来,白色象征纯洁无瑕,是美的象征,他选择白色的花完全是一片好意。他压根也不会想到,在中国,白色的花是吊唁死者用的,他现在将白花送给活人,在女青年的父亲看来那是诅咒他短寿,当然是不能容忍的。

由此可见,我们在交往沟通时必须注意了解和尊重对方的风俗习惯。

### 三、文化观念障碍

当沟通双方拥有不同的受教育程度、人生阅历和文化素养时，各自能接受的、信奉的并用以指导自己行动的理念也各有差别。当沟通发生时，信息接收者对信息的内涵不理解或理解出现偏差时，也会造成沟通障碍。请看秀才买柴火的故事：

> 有一个秀才去买柴，他对卖柴的人说："荷薪者过来！"卖柴的人听不懂"荷薪者"，愣住了不敢移步，秀才只好自己走上前去问："其价如何？"卖柴的人听不太懂这句话，只听见有个"价"字，就告诉秀才这担柴的价格。秀才接着说："外实而内虚，烟多而焰少，请损之。"卖柴人因听不懂秀才的话，担着柴转身要走。秀才想就只有这一个卖柴的，天气又这般冷，没柴如何取暖？性急之下说："你这柴表面看起来是干的，里头却是湿的，烧起来肯定会烟多焰少，便宜点吧！"

开始，秀才卖弄文采，当然与卖柴人无法沟通；最后，他急于解决取暖问题，不得不说出通俗易懂的大白话。

## 第二节　心理障碍

心理障碍，这里指的是个性心理障碍。一个人的个性心理主要是指个性倾向性与个性特征，包括性格、气质、态度、情绪、兴趣爱好等，另外也包括自卑、害羞、孤僻、嫉妒等消极心理特征，这些心理特征对人际沟通有着严重的制约作用。[①]

### 一、态度与情绪

沟通中的态度问题是障碍产生的主要因素之一。交流沟通中的双方都是平等的主体，所处地位或许有主次之分，即使处于次要地位的一方，也不是被动接受信息，而是根据自身的要求和兴趣去理解、分析对方的信息，做出反馈，调整自己的言行，达到信息交流的目的。否则一味地消极被动地接收信息，只能是阻碍沟通的有效进行。

沟通中的情绪问题是障碍产生的另一主要因素。研究表明两个人的沟通，其中情绪占70%，内容只占30%。如沟通时情绪不好，内容就会扭曲；情绪激动时，人们很难条理清晰地思考问题，思想也会模糊，人们往往口不择言，恶语伤人。因此在人际沟通时，人们要学会管控好自己的情绪。在这方面，唐太宗就做出很好的榜样：

　　唐太宗李世民每次听完魏征讲话后都要出去走一走，有人不解地问唐太宗："这是为何？"他回答说："我怕我杀了他。"其实，魏征是谏议大夫，原先是唐太宗哥哥的人，魏征不因原主子被唐太宗杀了而巴结李世民，相反，他能坚持原则照样批评李世民。但李世民知道他讲的是对的，怕情绪影响对信息的正确接收，只有选择出去散步，让情绪正常。

唐太宗管控自己情绪的能力极强，不愧为唐代最杰出的明君。

---

[①] 本节参见：李明，林宁. 人际关系与沟通艺术 [M]. 北京：清华大学出版社，2012：50-57.

## 二、自卑与自傲

自卑，即对自己的知识、能力、才华等做出过低的估价。其浅层感受是别人看不起自己，而深层的体验是自己看不起自己。自卑的人在交往沟通中虽有良好的愿望，但总害怕别人的轻视和拒绝，因而对自己没有信心；很想得到别人的肯定，又常常很敏感地把别人的不快归为自己的不当。有自卑感的人又往往过分地自尊，为了保护自己，常常表现得非常强硬，难以让人接近，在人际交往中变得格格不入。

与自卑相比，自傲也源于错误的自我估价。自傲者喜欢过高地估计自己，在人际交往中表现为妄自尊大、自吹自擂、盛气凌人，而且不愿意与自认为不如自己的人交往。这样的人当然不会受到别人的欢迎，自傲者要学会尊重他人，善于发现别人的优点，这样才会有利于客观地评价自己，同时要学会严于律己，宽以待人。[1]

在人际交往中，我们常常碰到自傲者，也常常碰到自卑者。但愿自卑者应努力克服自卑感，在不断的磨炼中培养自己的自信。请看女孩小文是怎样在父亲的开导下逐渐变得自信的：

### 聪明的父亲

一个人在遭受挫折以后，如果不能正确对待自己就会产生自卑心理。有一个叫小文的女孩，参加工作第一次单独外出接洽生意就遭到了失败，被同事取笑后，她哭着跑回家，在父母的劝解下仍然不能释怀，觉得自己一无是处。这时她父亲拿出一支笔和一张白纸，要她在白纸上画黑点，把自己认为所有的不足和缺点只要想到一点就在纸上点一点，画定之后，父亲问她："你看到什么？"她说："我看到无数的黑点，无数的缺点。"父亲又说："还看到什么。"她说："除了缺点还是缺点。"父亲一再地启发，女儿终于发现"白纸部分大于黑点部分"。父亲又启发她："将你的优点和长处盖在黑点上，还剩下多少黑点？是不是白纸更大了？这就是你的发展空间，是不是空间很大？"女儿认真地思考之后，点了点头，心情开朗了，鼓足勇气重新开始自己的事业，后来成为公司的销售经理。

---

[1] 本节以下参见：张文光. 人际关系与沟通 [M]. 北京：机械工业出版社，2009：91-95.

父亲一次次开导，一步步启发，终于让女儿变得自信，最后当上公司的销售经理。

### 三、害羞与孤僻

害羞在人际沟通中的表现常常是腼腆、动作忸怩、不自然、脸色绯红、说话音量低而小，严重者怯于交往，对交往采取回避的态度。因为过多地约束自己的言行，无法充分表达自己的愿望和情感，所以也无法与人沟通，造成交往双方的不理解或误解，妨碍了良好人际关系的形成。

孤僻也会导致人际沟通的障碍，具体表现为孤芳自赏，自命清高，结果是"水至清则无鱼，人至爱则无朋"，与人不合群，待人不随和，或者行为习惯上的某种怪僻使他人难以接受，从心理上和行为上与他人有着屏障，自己将自己封闭起来。

在人际交往中，孤僻者很难与人沟通，害羞者也影响与人沟通。请看一位大龄女子的交友悲剧：

> 一位已超过适婚年龄的女子其实很喜欢某一位男士，而男士对她也有好感，但是他们两人一直保持若即若离的平淡关系。她的一位朋友就告诉她："你可以主动一点，约他吃饭、看电影、逛街啊，你总要为自己制造点机会啊！"可是这女子回答说："这不是我的风格！""是，是，这不是你的风格，但你知道吗，你的风格会让你一直等，等到你变成老太婆！"

现在是21世纪了。在婚恋中，男方可以主动，女方亦可以主动。这位女子该改一改自己的风格了，否则真要变成老太婆啦！

### 四、嫉妒与偏见

嫉妒，是与他人比较，发现自己在才能、名誉、地位或境遇等方面不如别人而产生的一种由羞愧、愤怒、怨恨等组成的复杂的情绪状态。嫉妒是人类的一种普遍的情绪，它源于人类的竞争，其本身具有一定的生物学意义，或起积极作用，或起消极作用。一些人在产生嫉妒心理之后，总是不能控制自己情绪的发展，不能将其转化到积极的方面，而是将嫉妒心理变成嫉妒行为，成为影响人际交往的心理障碍。

这是需要努力克服的。

偏见，指的是不给别人以公正的考察便贸然做出判断，属于先入为主的一种交往成见。错误的判断，盲目的推理，无知的肯定或否定，都是造成偏见的因素。持有偏见的人往往拼命维护自己的偏见，即使事实证明自己错了，仍会坚持下去。被偏见影响较深的人往往失去自尊心，以致有时在没有偏见存在的地方也看出偏见。这也是需要努力克服的。

请看一个有趣的故事：

> 20 世纪 30 年代，一家日本公司从美国进口一台工业机床。一个月后，美国厂商收到日本公司发来的电报："机床无法使用，请速派一位调试员协助调试。"美国厂商马上派一位专家去日本帮助调试，但日本公司很快又发来一封电报："贵方派来的调试人员太年轻，请重新派遣一位有丰富经验的调试人员。"
>
> 美国厂商的回复出人意料："请贵公司放心接受该调试人员的服务，该调试人员是贵公司所购机床的发明人。"

这是日本公司的偏见，在事实面前日本公司哑口无言。

## 第三节　沟通障碍的克服

沟通障碍并不可怕。只要了解其产生的原因，掌握行之有效的方法，沟通障碍是可以克服的。按照交际学的观点，克服沟通障碍一般有两种方法：一是调适法，即沟通主体在交际过程中各自调整自己的沟通行为，以便适应对方行为的方法；二是训练法，即通过运用一定的手段，对沟通主体进行训练，从而提高沟通能力，克服沟通障碍的方法。我们从实际出发，介绍三种办法：适应对方；正确倾听；准确表达。[①]

### 一、适应对方

在人际沟通的过程中，只有适应对方，与对方保持风格上的一致，才能接近对方进而与对方顺利沟通。因而，在沟通之前我们需要做好准备工作：一是正确看待自己的地位，调整好自己的心态与情绪，尊重我们所面对的沟通对象，营造良好的沟通氛围；二是尽量摸清对方的性格与特点，选择与其相接近的方式进行沟通。针对不同的人进行相适应的沟通。

#### 1. 对待和蔼型的人

首先，要看清与对方的关系，表示谦和亲切，营造友好氛围；其次，不时地鼓励对方，不断地赞赏对方，多征求对方的意见，说话不给压力；再次，放慢语速，注意说话的抑扬顿挫。

#### 2. 对待表达型的人

首先，要热情，微笑，精力充沛，建立良好的关系；其次，声音洪亮，眼睛看着对方的动作，表现出积极的合作态度；再次，给他说话时间，并适时地称赞，着

---

① 本节参见：张文光. 人际关系与沟通 [M]. 北京：机械工业出版社，2009：102-108.

眼于全局，避免过小的细节；最后，说话直率，目的明确，重要事情要用书面形式予以确认。

### 3. 对待分析型的人

首先，要注重细节，遵守时间，严格照章办事；其次，放慢语速，条理清楚，多用准确的专业术语；再次，谈具体的行动计划而不谈结果与感受；最后，要尊重他们对个人空间的需求。

### 4. 对待支配型的人

首先，交谈直接切入主题，不要有过多的寒暄，不要兜圈子；其次，充分准备，充满信心，声音洪亮，语速宜快；再次，处理问题要及时，阐述观点要明确，而不要挑战他的权威与地位；最后，要有强烈的目光接触，但不要流露过多感情。

总之，我们与不同的人交往，首先要努力适应对方。下面，我们来看看田中角荣对其错误用词的辩解：

> 1972年9月，田中角荣作为战后第一任日本政府首脑来到中国，周恩来总理为他主持了接待宴会。会上，田中角荣致辞答谢，其中一句话差一点给两国政府的关系投下阴影，以致引出如下一段"文章"。
>
> 田中角荣：……过去几十年之间，日中关系经历了不幸的过程，其间我国给中国国民添了很大的麻烦，我对此再次表示深切的反省之意。
>
> 周恩来：你对日本给中国造成的损失怎么理解？
>
> 田中角荣：给添麻烦这句话，包含的内容并不是那么简单，我是诚心诚意地如实地表达自己赔罪的心情，这是不加修饰的，很自然地发自日本人内心的声音……我认为，前来赔罪是理所当然的。

周恩来总理对田中角荣的"添麻烦"提出了质疑，田中角荣自知用词错误，顺着周总理的意思，反复表达"赔罪"的心情，他也在努力"适应对方"。

## 二、善于倾听

要克服沟通障碍，不仅要适应对方，而且要学会倾听、善于倾听、正确倾听。

沟通的有效性在很大程度上不是取决于你在说什么，而是取决于你是否积极倾听。一般来说，人们都希望自己说话的时候身旁能有位倾听者，而且这位倾听者还能不时地给你传递反馈信息：他一直在倾听，他能够理解自己的意思。试想，如果你在说话时，对方目光东看西看，拿个手机打来打去，拿个本子翻来翻去，你还愿意与他交谈吗？很多人在与别人交流沟通只是在听，而不是积极主动地倾听；听不只是用耳朵，还要用眼睛听，用心听。

为了使倾听推动沟通，应做到：首先，要全神贯注，把注意力集中到说话人身上，稍有分心，都可能引起说话人的误解；其次，要积极回应，表示你在认真倾听，不时地提问一两句，不理解的可适当示意；再次，要站在对方的立场考虑问题，设身处地为对方着想，较容易消除沟通障碍，同时，让对方充分表达不同意见，把话说完，切不可随意打断对方的谈话；最后，要学会察言观色，通过观察对方的言语和脸色，来判断他的真实意图。

上面提到，要全神贯注听对方讲话，请看乔·吉拉德的教训：

美国汽车推销之王乔·吉拉德曾有过一次深刻的体验。

一次，某位名人来向他买车，他推荐了一种最好的车型给他。那人对车很满意，眼看就要成交了，对方却突然变卦而去。乔为此事懊恼了一下午，百思不得其解。到了晚上11点他忍不住打电话给那人："您好！我是乔·吉拉德，今天下午我曾经向您介绍一款新车，眼看您就要买下，却突然走了。这是为什么呢？"

"你真的想知道吗？"

"是的！"

"实话实说吧，小伙子，今天下午你根本没有用心听我说话。就在签字之前，我提到我的儿子吉米即将进入密执安大学读医科，我还提到他的学科成绩、运动能力以及他将来的抱负，我以他为荣，但是你毫无反应。"

乔·吉拉德的教训多么深刻，由于没有用心听这位名人讲话，一笔大买卖就这样飞了。

察言观色是深层倾听。曾国藩的确是识人高手：

清朝的曾国藩具有超乎寻常的识人术，尤擅长于通过观察人的言语脸色来判断对方的品质、性格、情绪、经历，并对其前途做出准确的预言。

一天，新来的三位幕僚来拜见曾国藩，见面寒暄之后退出大帐。有人问曾国藩对此三人的看法。曾国藩说："第一人，态度温顺，目光低垂，拘谨有余，小心翼翼，乃一小心谨慎之人，是适于做文书工作的。第二人，能言善辩，目光灵动，但说话时左顾右盼，神色不端，乃属机巧狡诈之辈，不可重用。唯有这第三人，气宇轩昂，声若洪钟，目光凛然，有不可侵犯之气，乃一忠直勇毅的君子，有大将的风度，其将来的成就不可限量，只是性格过于刚直，有偏激暴躁的倾向，如不注意，可能会在战场上遭到不测的命运。"

这第三者便是日后立下赫赫战功的大将罗泽南，后来他果然在一次战争中中弹而亡。

"眉来眼去传情意，举手投足皆语言"，让我们学会察言观色，顺利克服沟通障碍。

### 三、准确表达

我们在适应对方、正确倾听的基础上，要力求准确表达自己的意图，才能克服障碍，做到有效沟通。怎样才能做到有效表达呢？

首先，要明确沟通目的，沟通之前需要认真准备，对问题的背景、解决问题的方案及其依据和资料等做到心中有数，切实了解问题的要点，对沟通的内容有正确、清晰的理解，从而确立自己的沟通目的。其次，要明确沟通对象，他制约着我们表达的方式与分寸。再次，要掌握沟通时机，把握沟通的火候，时间不合适不急于说，对方情绪不好等一等再说。最后，要掌握沟通方法，要用对方听得懂的语言与人沟通，灵活采用合适的方式，讲话要有重点，善用比喻让人一目了然。

要准确表达，有效沟通，要注意自我身份、说话对象和表述场合，否则就适得其反。请看下面一个十分生动的案例：

有个人为了庆贺自己的40岁生日，特别邀请了4个朋友来家中吃饭。

3个人准时到达了，只剩一人不知何故迟迟没有来。主人有些着急，不禁脱口而出："急死人了，该来的怎么还不来呢？"在座的有一个客人听了之后很不高兴，对主人说："你说该来的怎么还不来，意思就是我们是不该来的，那我告辞了，再见！"说完就气冲冲地走了。一人没来，另一人又气走了，主人急得又冒出一句："真是的，不该走的却走了。"剩下的两个人中一人听了生气地说："照你这么讲，该走的是我们啦！好，我走。"又把一个客人气走了，主人急得如热锅内的蚂蚁，不知所措。最后留下的这一个朋友交情较深，就劝主人说："朋友都被你气走了，你说话应该留意一下。"这人很无奈地说："他们全都误会我了，我根本不是说他们。"最后这朋友听了，再也按捺不住，脸色大变道："什么？你不是说他们，那就是说我啦？莫名其妙，有什么了不起。"说完铁青着脸也走了。

这个人太不会说话了，不看对象，不看场合，不看情境的变化，将已到的3个客人全部得罪光了。

表述要准确，不但在日常生活中要这样，在工作中，在社会竞争与斗争中更要这样。二战后期的日本当局就为此付出了沉重的代价：

第二次世界大战后期，日本的败局已定。1945年7月26日《波茨坦公告》发表，日本当局一看盟方提出的投降条件比他们原先想象的要宽大得多，便高兴地决定把公告分发各报刊登载。1945年7月28日铃木首相接见新闻界人士，在会上公开表示他将"mokusatsu"同盟国的最后通牒。可是这个词选得太不好了。首相原意是说他的内阁准备对最后通牒"予以考虑"。可是这个词还有一个意思，就是"置之不理"。事也凑巧，日本的对外广播机构恰恰选中这个词的第二个意思并译成对应的英语词语"take no notice of"。此条消息一经播出，全世界都听到了日本已拒绝考虑最后通牒，而不是正在考虑接受。消息播出后，美方认为日本拒绝公告要求，便决定予以惩罚。

1945年8月6日，美军在广岛投下了威力巨大的原子弹。这真是一场灾难性差错。

日本首相的原意是"予以考虑",日本的对外广播机构却译成了"置之不理",即拒绝考虑最后通牒,结果日本的广岛吃了美军的原子弹,导致灾难性的后果。

为了帮助大家克服沟通障碍,在本章的结尾介绍两段精彩的文字,与大家分享。

(1)面对挫折可采用以下方法,进行自我调节:

  沉着冷静,不慌不怒;增强自信,提高勇气;审时度势,迂回取胜;再接再厉,锲而不舍;移花接木,灵活机动;寻找原因,理性思维;情绪转移,寻求升华;学会幽默,自我解嘲。

(2)常用礼貌用语七字诀:

  仰慕已久说"久仰",长期未见说"久违",求人帮忙说"劳驾"。
  向人询问说"请问",请人协助说"费心",请人解答说"请教"。
  求人办事说"拜托",麻烦别人说"打扰",求人方便说"借光"。
  请改文章说"斧正",接受好意说"领情",求人指点说"赐教"。
  得人帮助说"谢谢",祝人健康说"保重",向人祝贺说"恭喜"。
  老人年龄说"高寿",身体不适说"欠安",看望别人说"拜访"。
  请人接受说"笑纳",送人照片说"惠存",欢迎购买说"惠顾"。
  希望照顾说"关照",赞人见解说"高见",归还物品说"奉还"。
  请人赴约说"赏光",对方来信说"惠书",自己住家说"寒舍"。
  需要考虑说"斟酌",无法满足说"抱歉",请人谅解说"包涵"。
  言行不妥说"对不起",慰问他人说"辛苦",迎接客人说"欢迎"。
  宾客来到说"光临",等候别人说"恭候",没能迎接说"失迎"。
  客人入座说"请坐",陪伴朋友说"奉陪",临分别时说"再见"。
  中途先走说"失陪",请人勿送说"留步",送人远行说"平安"。

## 【思考与训练】

1. 在人际沟通中文化障碍和心理障碍是随处可见的，试各举例，谈谈自己的人生感悟。

2. 克服沟通障碍，常见的办法有哪些？倾听对方十分重要，怎样做到"善于倾听"？

3. 拉拉与娜娜是形影不离的好朋友，后来娜娜将拉拉的参赛作撕成碎片，这是一种什么心理在作怪？这种扭曲心理对个人的成长有什么危害？

   拉拉与娜娜是某艺术院校大三的学生，同在一个宿舍生活。入学后不久，两个人成了形影不离的好朋友。拉拉活泼开朗，娜娜性格内向，沉默寡言。娜娜逐渐觉得自己像一只丑小鸭，而拉拉却像一位美丽的公主，心里很不是滋味。她认为拉拉处处都比自己强，把风头占尽，时常以冷眼对拉拉。大学三年级，拉拉参加了学院组织的服装设计大赛，并得了一等奖，娜娜得知这一消息先是痛不欲生，而后妒火中烧，趁拉拉不在宿舍之机将其参赛作品撕成碎片，并扔在拉拉的床上。拉拉发现后，不知道怎样对待娜娜，更想不通为什么自己会遭受这样的对待。

4. 在人际沟通中，要学会控制自己的情绪，要克服自己的坏脾气，可是去掉坏脾气是很不容易的，需要反复的磨炼。你从下面这个故事受到什么启发？

   从前有一个坏脾气的男孩，告诉他，每当他发脾气的时候就钉一个钉子在自家后院的围栏上。第一天，这个男孩钉下了37根钉子。慢慢地，每天钉的钉子少了，他发现控制自己的脾气要比钉钉子容易。于是，有一天，这个男孩再也不会失去耐性乱发脾气。他告诉父亲这件事情。父亲又说，现在开始每当他能控制自己脾气的时候，就拔出一根钉子。一天天过去了，最后男孩告诉他的父亲，他终于把所有钉子给拔出来了。父亲握着他的手，来到后院说："你做得很好，我的好孩子，但是看看那些围栏上的洞，这将永远不能恢复到从前的样子。你生气的时候说的话就像这些钉子一样留下了伤疤，如果你拿刀子捅别人一刀，不管你说了多少次对不起，那个伤口将永远存在。话语的伤痛就像真实的伤痛一样令人无法承受。"

5. 在人际沟通中察言观色是很不容易的。下面这个案例的房地产经纪人就很高明。你在沟通中是一个善于察言观色的人吗？

　　某城市一个生意兴隆的房地产经纪人把他的成功经验归结于如下的因素：他不只满足于听顾主所讲的表面情况，而且还注意观察他们讲话时的表情，对他们的话仔细琢磨，从而透视出顾主当时的真正想法。一次，当他告诉一位顾主某幢房子的售价时，那人淡淡一笑说："对我们家来说，价格高低无所谓。"然而，房产经纪人注意到了他的语气中流露出的沉吟，笑得也很勉强，便知道顾主感到为难——他分明是想买但钱又不够，于是，灵机一动说："在拿定主意前，你一定想多看几处房子吧？"结果，双方都达到了自己的目的：顾主买到了他有能力支付房款的房屋，满意而归，房地产经纪人则又做成了一笔交易。

6. 我们可以从人的体态语去考察他的心理活动与基本态度，以寻求沟通障碍的克服办法。请你从《约翰为何不高兴》和自己的经历两方面来谈谈自己的感受与体验。

### 约翰为何不高兴

　　沃特纳普：约翰看上去吃了一惊……或许他感到受到了侮辱。
　　萨托：为什么？

沃特纳普：我违反了他们美国人的商业行为规范。

萨托：你做了什么？

沃特纳普：我敲了敲约翰的门，敲得很轻很快……接着就走了进去。

萨托：那又怎么了？

沃特纳普：他看上去大吃一惊，因为我进他的办公室之前，既没有得到他秘书的同意，也没有通知他。

萨托：他的秘书当时在哪儿？

沃特纳普：她不在他的办公室。

萨托：你为什么要得到他秘书的允许才能进入他的办公室？

沃特纳普：我感觉在美国公司里，关着的门同几堵墙一样是非常重要的，它们的意思是"站在外面"，除非主人正式请你进来。

萨托：你又是怎样知道的？是约翰这样告诉你的吗？

沃特纳普：没有。但他的行为告诉我他非常恼火，我能从他讲话的语调中，从他迅速把文件翻得哗啦哗啦响的动作上，看出他在生气。

# 演讲艺术篇

长大要成才　从小练口才

# 第八章　王行天下　扬帆启航

## —— 演讲内容为王

近几年来，在我国的演讲大赛与演讲培训活动中人们有一种趋势，十分重视演讲技巧而忽视演讲内容。现在，我们有感而发，演讲技巧固然重要，而演讲内容则更重要，它是演讲的灵魂。

我们特别安排了这一章："王行天下，扬帆启航 —— 演讲内容为王。"但愿学习演讲的朋友能够引起重视，不但要重视演讲技巧的运用，更要重视演讲内容的表达，写出优秀的演讲稿，成为演讲高手。

## 第一节　演讲内容与演讲技巧

### 一、演讲技巧 —— 演讲的重要形式

我们在《演讲学》一书中设专门章节谈到了演讲的主要技巧。如演讲的表达技巧：口语表达技巧与体态表达技巧；演讲者的控场艺术：主动控制演讲现场与临场应变技能；演讲者的精神准备：急切的发表欲，去掉侥幸心理，树立自信心，熟记讲稿，反复试讲等等。这些都是重要的演讲形式，为确保演讲取得成功起到重要作用。

演讲技巧的确很重要。颜永平老师对演讲技巧有过深入的研究，而且自己有着

丰富的实践经验。颜老师在《公众演讲与口才技巧》的讲授中就展示了一系列有趣、管用的演讲技巧，试摘编几则：

**演讲技巧一**：突破紧张训练。

分析初学演讲者心理紧张的原因，共计八点：

（1）自卑；

（2）准备不够充分；

（3）怕出错，求完美；

（4）恐高；

（5）太在意别人的看法；

（6）在陌生场合及不同的环境；

（7）在人多的时候；

（8）缺乏训练，没有经验。

找出初学演讲的人心里紧张的原因，若对症下药，可以破除紧张情绪。

**演讲技巧二**：好的讲话，必须实现六项要求：

（1）演讲前要求时刻准备，精心准备，具有艺术性；

（2）开场白要求耳目一新，别具一格，具有吸引力；

（3）内容要求丰富多彩，重点突出，具有感染力；

（4）结尾要求令人深思，耐人寻味，具有号召力；

（5）语言要求通俗易懂，形象生动，具有生命力；

（6）效果要求形式多样，气氛活跃，具有战斗力。

这六项要求对一些经常讲话的朋友提供了有益的启示。

**演讲技巧三**：命题式即兴演讲训练。

黄金演讲结构：

（1）谈认识（是什么）——使人知；

（2）树论点（为什么）——令人信；

（3）摆论据（怎么做）——动人情；

（4）扣题目（发号召）——促人行。

命题即兴演讲：请以"诚信"为题发表一段三分钟的演讲。

黄金演讲结构：

第一，谈认识（是什么）。阐述对论点（诚信）的认识与理解。

第二，树论点（为什么）。总述某一观点的正确性及阐述诚信的重要意义

第三，摆论据（怎么做）。证明论点可以自己身边的正反两方面的案例来说明。

第四，扣题目，小升华（发号召）。任何一次演讲都不能就事论事，而应该在最后呼应题目的结尾部分对论点进行升华。（诚信对于企业家以及社会的各个阶层都具有重要意义，从而升华到社会责任与职业道德的高度。）

这种即兴演讲的模式对初学即兴演讲的朋友将提供有力的借鉴。

## 二、演讲内容 —— 演讲的灵魂

内容为主，演讲内容为王，演讲技巧固然很重要，而演讲内容更加重要。演讲内容是关键。一定要有鲜明的观点，深刻的内涵，要有思想。唯其如此，演讲稿才有灵魂，才有震撼，才有感召力。

让我们领略一下著名企业家马云的演讲风采，他的演讲均有思想有非凡的见解。

2008年3月16日，"我能创未来——中国青年创业行为"的第一场创业英雄会在北京开锣，马云应邀出场，就充分展示了他的演讲风格。作为创业精英，马云侃侃而谈，与大家分享自己的创业心得。他说：

> 梦想，是创业的起点。有梦想，就要有行动。很多人是"晚上想想千条路，早上起来走原路"，如果不给自己的梦想一个实践的机会，梦想永远只是梦想。此外，创业者还要想清楚一个问题：我想干多久，我能干多久？我想与所有创业者和准备创业的人分享一句话，就是我每天都跟自己讲的那句话：今天很残酷，明天更残酷，后天很美好，但绝大多数人都死在明天晚上，看不见后天的阳光。所以，我们还要努力坚持。

创业是个千头万绪的大话题，创业者的心得更是五味杂陈，岂是三言两语就能

说个清楚，道个明白？但马云就是马云，你看他用简洁明了的话语，紧扣三个密切相关的创业关键词——"梦想、行动、坚持"，阐释创业成功之道，显得有条不紊，层次分明。

且看其中独特的马氏语言："晚上想想千条路，早上起来走原路。""今天很残酷，明天更残酷，后天很美好，但绝大多数人都死在明天晚上，看不见后天的阳光。所以，我们还要努力坚持。"这是深刻的人生感悟，催人奋进的号角，具有很强的说服力与感染力。

著者曾经到一所大学演讲。有大学生听众提问说："请问马云的演讲风格是什么？白岩松的演讲风格是什么？"著者当场明确回答："马云的演讲风格是非凡的见解，丰富的内涵。白岩松的演讲风格是敏捷的思维，巧妙的构思。"那么，白岩松的演讲有没有丰富的思想内涵呢？请看2004年白岩松在哈尔滨工业大学的即兴演讲（节选）：

  有这么一对儿夫妇，吃完饭就坐那里看电视，看完了，就洗漱一下睡觉，日复一日、年复一年就这么过着。也许有的同学会说：太枯燥了吧，该离了吧？但真正的生活就是这样，就是这样平常，生活如此，创业如此，大学生们走入社会之后注定要花大部分时间做平平常常的事。那对夫妻在年老的那一天会彼此含着热泪感谢对方与自己携手相伴一生、彼此温暖一生，而同学们也会在平平常常的生活中等来生命中只占百分之五的激情与辉煌时刻！（掌声）因此，同学们要做好准备，毕业后准备好迎接平淡。

  同学们在大学里一定要多做梦，甚至可以梦游，（笑声）比如现在一谈爱情我脑子里只会闪现我爱人的照片，而你们则可以设想一千位俊男靓女的样子……这就叫作虚位以待。我年少时看了三毛的书也想周游列国，没准还能碰上个女荷西。（笑声）但是所有这些梦想都属于你们这个年龄段，我现在没有资格做这样的梦了，我现在所处的是人生的舍弃阶段，而你们所处的是人生的选择阶段，不要放弃做梦！（长时间的掌声）更别忘了替这个社会、替这个国家做梦，能全身心地做这种梦，一个人一生中没有几次这样的机会，等你人到中年上有老下有小时，想做梦你也力不从心了，因此趁现在抓紧做梦！

有人说现在大学生找不到工作，怎么会呢？我有时候就想不通，真的如此，那我国岂不是比美国更发达了……因为我们的大学生都在待业呀！（如雷的掌声）其实大学生不是找不到工作，而是找不到一步到位的最满意的工作！实际上你就是一个骑手，毕业后你就应该先骑上一匹马，只要你优秀，你就能找到更棒的马！（长时间的掌声）

季美林老先生的一席话给我印象很深，采访他时，他说："我已经如此老了，但我的道路前方仍有百合花的影子，人生的前方要永远有希望、有温暖才行。"再举个例子，狗赛跑怎么比？怎么让狗跑起来、跑得快？每个狗嘴前边都吊着个骨头，我们每个人也要给自己放块骨头，（笑声）精神的骨头！（热烈的掌声）

白岩松未能准备，当场即兴发挥，妙语连珠，赢得了大学生们的阵阵掌声。

作为央视名嘴的白岩松，在哈尔滨工业大学这个大学校园里，面对着莘莘学子一双双充满渴望的眼睛，并没有大谈特谈自己奋斗与成功的过程，而是从大学生们要树立正确的人生观与理想观这个角度入手，分别从"要学会过平淡的生活"、"要多做梦"、"要有正确的就业态度"、"人要有精神"这四个小题分而论之。这些小观点的提出，与学生们的实际生活息息相关，因此，引起了大学生们的关注与共鸣。

这篇即兴演讲依然是敏捷的思维，巧妙的构思，其中仍有丰富的思想内涵，鲜明的主旨：人要有点儿精神，要树立正确的人生观。

## 第二节　怎样表现演讲的思想内容

演讲内容的确很重要，内容为王。那么怎样表现演讲的思想内容呢？主要是从三个方面入手：第一，演讲主题的确立；第二，演讲材料的准备；第三，演讲结构的安排。

### 一、演讲主题的确立

（一）演讲议题的确定

萌发了演讲的动机，拟定了演讲的最初目的，就必然要选择议题、确定中心。这个环节非常重要，直接决定着演讲的主题和价值，影响着演讲的成败。

所谓议题，就是演讲的内容。选择议题就是选择话题，确定谈哪方面的内容。演讲者总是通过阐述、分析、论证话题来表情达意的。那么，究竟怎样选择话题呢？其基本原则如下。

1. **体现时代精神，顺应历史潮流**

演讲的目的在于宣传、教育、组织和激励群众。因此，选题一定要有时代意义，必须紧紧抓住人们普遍关心的问题，抓住社会现实中急需解决的问题。比如思想政治方面的重大问题、与现实社会息息相关的社会风气和道德修养问题，以及反映科学文化发展动态、推动科学文化事业发展的问题，等等。要讲出时代感，讲出新意，演讲者必须考虑演讲的场合、环境、现实状况，以及自己对该问题的历史、现状的了解程度，并给以科学的分析、综合和解释，符合历史发展的规律。

2. **适合听众需求，内容有的放矢**

选题要有针对性，要能深刻影响听众，极大地感染听众。由于民族不同，性格各异，职业有别，年龄差距，以及生活环境和文化修养的不同，演讲的听众存在着很大的心理差异、风格差异、感情差异等。选题时应考虑不同类型听众的需要。根据不同民族、不同职业、不同层次的听众的知识水准、兴趣爱好、风俗习惯等来确定选题。只有选题适合听众的心理、愿望，才能调动听众的注意力，唤起听众的热情和兴趣。例如，对青年人谈男女恋情，谈怎样看待流行歌曲等问题便合他们的口味，但对中老年人则未必合适。显然，如果对山区老农大谈高能物理，谈得再好恐怕也不会受欢迎；倘若换成水土保持，情况则大不一样。

为了适应不同类型听众需要，选题要考虑到"适应度"。议题的"适应度"较大，适应的听众面就较宽；反之，"适应度"较小，适应的听众面就较窄。一般来说，议题的专业化程度越高，其"适应度"就越小。

### 3. 切合自己的身份，不妨"驾轻就熟"

选择演讲议题，应切合自己的年龄、身份、气质，适合自己的知识水平和兴趣。这样，演讲者便能自然地融入自己的思想感情，"得心应口"，措辞、语调、口气也就自然、生动、有声有色、富有活力，给人以新鲜感和亲切感；否则，如果硬要去讲那些不切合自己的身份、气质、年龄和知识水平的议题，就必然是力不从心，即使勉强讲了，也必然是生吞活剥、生硬呆板、无法感人。

演讲者不妨"驾轻就熟"，选择自己比较熟悉、最感兴趣的议题，这样容易讲深讲透，讲出水平，讲出风格。

### 4. 注意演讲场合，考虑预定时间

演讲者应考虑演讲的时空环境，包括现场的布置、时间、背景、组织和听众等因素。在喜庆的场合大谈悲凉，在悲凉的氛围中大讲欢愉都是荒唐的。演讲者设置议题还应考虑提供给演讲的时间，努力做到不超过规定的时间。

（二）演讲主题的确立

选定了议题，就有了演讲的大方向，但仅有大方向还不行，还必须确定一条具体的途径，必须确定主题。主题是演讲的灵魂，它决定着演讲思想性的强弱，制约着材料的取舍和组织，影响到论证方式和艺术调度。它是选题的具体化和明朗化。没有明确的主题，演讲就如同没有灵魂的偶像，即使讲得天花乱坠，也会让人不知所云，不得要领。

演讲的主题要集中。一般来说，一篇演讲只能有一个主题，必须围绕这个主题展开阐述；否则就容易出现焦距模糊、思想枝蔓的毛病。主题要求鲜明、正确、新颖、深刻。鲜明，是指主题要贯串于全篇，能够给听众留下深刻的印象，引起强烈的反响；正确，是指其观点、见解具有积极意义，能使听众受到教益，取得良好的社会效益；新颖，是指见解独特，给人以醒目之感，对听众具有诱惑力和吸引力，能激起听众的兴趣和注意；深刻，是指提出的主张和见解能揭示事物的本质，能使听众受到启迪，从感性认识提高到理性认识。而要做到这些，必须在选定角度和发掘深度上下功夫。庄子云："语之所贵者，意也。"元代陆辅之云："命意贵远。"都是说明立意的重要。

曾经荣获 1984 年"全国 18 省市演讲邀请赛"一等奖的林波的演讲《不倒的碑》，最初确定的主题是"缅怀先烈，悼念先烈"。这个主题虽然鲜明、正确，但很一般，缺乏新意，也不够深刻。后来几经讨论，大家认为："作者的外祖父（革命烈士）宁死不屈，死而无憾的精神，同她外祖母（'双枪老太婆'原型人物之一）蒙冤受屈、矢志不移的精神都说明了一个问题：因为他们有纯正的入党动机，所以才会洒热血仰天大笑，历万劫不改初衷。特别是其外祖母自解放以来便受到不公平待遇，甚至被劝退党，而她仍旧按时交纳党费，仍然努力为党工作。这种信念是多么的坚定！"几经讨论，最后把主题确定为："端正入党动机，矢志不渝为党奋斗终生。"[①]这样一提炼，角度改了，主题深化了，当 20 世纪 80 年代金钱观冲击着人生观和价值观的时候，特别是在当时有部分人产生信仰危机的时候，其针对性和教育意义就更显得突出了。

## 二、演讲材料的选择

### （一）收集材料的意义

从材料与主题的关系来看，材料是观点形成的基础，观点从材料中来。这种从材料中抽象出来的观点一旦形成，就成了进一步收集材料的依据。同时，思想观点的阐述，也以材料做支柱，离开了真实、具体、生动、新颖、典型、充分的材料来

---

① 涂伟谦等. 现代演讲艺术 [M]. 成都：四川人民出版社，1990：27.

阐明思想观点，演讲就会像瘦骨嶙峋的"小瘪三"。只有大量地广泛地收集材料、占有材料，才能使演讲获得成功。概括地说，材料与观点的关系是：信源材料萌发动机，并形成观点；广泛收集材料以观点为统帅；利用充分典型的材料阐述观点。

可见，善于收集材料对演讲是非常重要的。美国第16任总统林肯，经常戴一顶当时流行的高帽子，随时将所见、所闻、所感的材料记在碎纸片、旧信封及破包装纸上，然后摘下帽子，放进里面，再把帽子戴上，闲暇之时便分门别类，加以整理，抄进本子以备用。这种做法的好处是收集材料十分及时。维德摩迪是美国19世纪的大演说家，他准备了许多大信封，信封上标着醒目的标题，倘若遇到好材料，便及时抄录下来，放入相应题目的信封内，分档储存有用材料。他们的成功演讲与平时"做有心人"，注意收集材料密切相关。

当然，收集材料的过程，本身就是一个鉴别筛选的过程；要慧眼识宝，善于识别，确定材料的性质、价值和作用。否则身在宝山不识宝，即使有好的材料，也会熟视无睹，轻易放过。

（二）收集材料的途径和方法

获取演讲材料的途径很多，主要有二：一是获取直接材料；二是获取间接材料。所谓直接材料，是指演讲者自己的经验和思想，留心观察收集身边所见所闻所感的、真切感人的材料；也是指亲自调查得来的材料，对事情产生的背景、经过、结果了解得一清二楚，讲起来得心应手。所谓间接材料，主要是指从书籍、报刊、文献中所得的材料。这是广泛的材料来源。借鉴这些材料要以敏锐的洞察力进行思考、琢磨，从中发掘新意，使之具有自己的特色。

收集材料是一项琐碎的基础工作，必须常记不懈、持之以恒，同时也要得法。收集的材料可以记摘要、大意，也可摘录；一般记在笔记本上或卡片上，以记在卡片上为好，这样，便于整理归类，使用灵活。对所收集的材料，要精于筛选，归档整理，使之条理化、系统化，使用时力求从中发掘新意。

（三）收集材料的原则

一般说来，收集演讲材料可有以下七条原则。

### 1. 定　　向

收集材料要把握方向，防止盲目性和随意性。生活千头万绪，书、报、刊浩如烟海，时间和精力不容我们有见必记，有闻必录；我们必须把准方向，有计划、有针对性地收集。所谓把准方向就是围绕论题进行，根据论题划定的区域范围，按计划、有重点地工作。选择的论题要大小适中，不宜太窄，也不宜过宽。太窄，往往会漏掉与之相关的材料，使用时没有回旋余地；太宽，往往难抓住主线和重点，造成内容芜杂臃肿，削弱和冲淡主题。

### 2. 充　　分

演讲要求大量地、详尽地收集和占有材料，既要从纵向了解事物发生、发展的经过，又要从横向了解事物各方面的联系；不仅了解事物的正面材料，还要了解事物的反面材料，以便多方位、多角度进行分析、比较，这样可以避免认识上的主观性和片面性。材料越充分，思路就越开阔。论据越充分，就越能正确而有力地阐明观点，产生令人信服的雄辩力量。

### 3. 真　　实

所谓真实，是指材料的客观性，即所选材料是客观世界确实存在的，符合历史实际的。只有真实的材料才最有说服力，才有利于人们形成坚定的信念。倘若臆造或虚构材料，势必与事实发生撞击，势必被揭穿。为了保证材料的准确性和可靠性，必须交代材料的出处，以增强材料的可信度。要知人论事，既不夸大事件的意义和拔高人物的思想，也不低估事件的价值和贬损人物品德。对于选作论据的书面材料，要严格检查、核对；要善于鉴别，去伪存真；切忌抄转讹传，张冠李戴，引起哄笑。

### 4. 新　　鲜

新奇感是促使人们注意的心理因素。演讲者立论高妙，演讲材料新鲜，就能较好地激起听众的新奇感，引起注意。这对深化主旨、充实内容都有着十分重要的意义。演讲者"人云亦云"，重复使用别人用滥了的材料，就会令人感到乏味。因此，要尽力防止和避免材料的雷同，要造成新鲜感。这一方面要留心收集现实生活中新近发生的事情，同时也要善于收集那些过去早已发生但并不为人所知的事例。此外，还要善于观察分析，抓住现实中看似一般的材料，从中发掘出新意来。

### 5. 典　　型

典型由于其深刻揭示事物本质，具有代表性，有较强的说服力。演讲的目的在于说服人、鼓动人，因而要认真审慎地收集那些最能说明主旨、最具代表性的事实材料和事理材料，防止和避免材料的平淡化。在与众多材料进行比较时，要发现典型材料，关键在于演讲者的观察分析能力和思想认识水平。

### 6. 具　　体

具体，是相对抽象笼统而言的。有些材料虽然真实、新鲜、典型，但由于详略处理不当，尽管讲清楚了来龙去脉，也使人感到"不够味"、"不解渴"。这往往在于叙述太简略笼统所致，出现这种情况的原因，对于事例性的感性材料来说，常常是忽视了对重点材料做必要的渲染；从记叙的诸要素看，常常是对"为什么"和"怎样"两个因素交代不够。

### 7. 感　　人

在演讲活动中，要注意选取能提高听众兴趣、能打动听众感情的材料。在现实生活中，许多感人的事情都是看似违背常理，出人意料，不可思议，但又是在情理之中，往往能表现人的高贵品质。此外，演讲要感人，讲人们的奋斗经历，讲与听众切身利益相关的事，容易达到目的。

总之，收集演讲材料要力求做到定向、充分、真实、新鲜、典型、具体、感人，才能充分表达主旨，促使演讲的成功。

## 三、演讲结构的安排

演讲的文稿，不是主题和材料的简单相加，而是它们严谨巧妙的结合。人们常常用健美的人来比喻完美的演讲词，高尚的灵魂好比演讲的主题，丰满健壮的血肉如同演讲的材料，而支撑这个血肉之躯的骨骼则是演讲稿的结构。这里有一个巧妙安排结构的问题。

演讲文稿总是由开头、中间和结尾三部分组成。这三部分必须配合恰当，形成有机的整体。开头如何勾勒提要，定好基调；中间如何逐层分析，形成高潮；结尾如何自然收束，发人深省，都必须认真揣摩。元代乔梦符说："作乐府亦有法，故曰凤头、猪肚、豹尾六字是也。"他虽然说的是乐府诗的做法，其实，演讲词结构的安排亦可参照此法。

## （一）开　　头

凤凰头，小巧美丽。演讲词开头应该短小精巧，新颖诱人。古人云："善于始者，成功已半。"演讲的开头，在通篇演讲中处于领先的特殊位置，在演讲者与听众之间架起一座沟通思想情感的桥梁，为演讲的成功开辟道路。出手不凡的开头，能唤起听众的兴趣和求知欲，产生巨大的吸引力，紧紧抓住听众的兴头，使听众非听下去不可。好的开头，能为全篇演讲定下基调，一开始就给人以清晰的印象。精巧的开头，画龙点睛，勾勒提要，能自然顺畅地引领下文，把听众带进声情并茂的演讲情景中去，造成有利于接受演讲观点的心理定式。

那么，究竟怎样设计和安排演讲的开头？这主要取决于演讲的内容、环境和听众的情况。内容和时空环境的多样性决定了演讲开头的多样性。常见的有下列几种。

### 1. 设问式开头

聪明的提问是智慧的标志，是通往知识宝库的桥梁。演讲者一开始就提出一个或几个出乎意料的问题，触发听众神经元的亢奋，迅速地唤起听众的兴趣和注意力，引起人们的深思，自然地激发听众的参与意识，缩短演讲者与听众的距离，使两者的思想感情得以迅速沟通。同时，提问能加深听众对问题的记忆和理解。

1980年复旦大学举办的"青年与祖国"的演讲比赛，当时由于种种原因，会场嘈杂难静。这时有位同学上台，他刚讲个开头，就立即扭转了混乱局面，紧紧抓住了听众的心。他说："我想提个问题。"台下听众立即被他这种新奇的开头形式所吸引。他顿了顿，继续说："谁能用一个字来概括青年和祖国的关系呢？"这时，台下听众议论纷纷，情绪活跃。他立即引导说："可以用'根'字来概括这种关系。"接着，他讲述上海男人名字喜欢用"根"字的原因，并归纳说："我们青年有一个共同的姓，就是'中华'；有一个共同的名就是'根'。'中华根'应该是中国青年最自豪、最光荣的名字！"话音刚落，全场顿时掌声雷动。[1]这样的提问开头，新颖别致，出人意料，让人耳目一新，激起听众浓厚的兴趣。

---

[1] 邵守义著. 实用演讲学 [M]. 北京：中国青年出版社，1985：84.

### 2. 叙事式开头

演讲者一开始就讲述新近发生的奇闻怪事、令人震惊的重大事件或生动感人的故事。这种开头，由于故事具有情节生动、内容新奇等特征，容易赢得听众的关注，并能造成悬念，激起听众的兴趣。

一篇题为"救救孩子"的演讲，就是以叙述两件具体事件开头的：

> 去年5月24日的《新民晚报》披露了这样一个事实：一个四年级小学生每天要带父母亲手剥光了壳的鸡蛋到学校吃。有一次，父母忘了给鸡蛋剥壳，差点憋坏了孩子。他对着鸡蛋左瞅右看，不知如何下口。结果只好原蛋带回。母亲问他怎么不吃蛋，回答很简单："没有缝，我怎么吃！"无独有偶，据某杂志载，一个将要留学法国的地质学院研究生，因为害怕出国后，没有人照料自己的生活而吓得全身痉挛，有时竟连续5个小时。神经学专家的结论是："病人发病的根源在于社会生活能力差，出国反而造成了极大的心理压力……"这个结论，我想不应该只是针对这位患有"出国恐惧症"的研究生，所有的教师，所有的家长，是否也应该考虑一下我们的学生的社会生活能力究竟怎样？今后他们能自立于社会、贡献于社会吗？[①]

演讲者选用两件看来酷似笑话、令人啼笑皆非的事实开头，十分生动，富有吸引力，引人深思。听众很自然地被引入"教育改革势在必行"的议论中去。

### 3. 解题式开头

这种开头扼要地解释、说明演讲题目的含义，能自然顺畅地转入正文的论述。

> 在某次"演讲与口才培训班"结业典礼上，一位民警紧接着在一位营业员之后发表演讲，他借营业员演讲的结尾，引出自己的开头。承接顺畅自然，显得生动有趣。他说：
>
> 同志们，刚才那位营业员同志说，欢迎大家到百货大楼来，可我呢？却不欢迎大家到我那里去，因为我是长春市公安局交通警察大队的。提起

---

① 周光宇. 救救孩子 [J]. 演讲与口才，1987（1）：36.

交通警察，有人给我们送了个雅号——"马路橛子"。好吧，今天，我就专题讲一讲"好一个马路橛子"。①

这样风趣的开头，不仅扼要地说明了题目的含义，也具有即兴的特点。

### 4. 明旨式开头

这是常见的开头方式。这种方式开宗明义，概括主要内容，直接揭示主题，说明意图。

"战士的爱"的演讲，开头简洁明快：

听到这个题目，在座的许多同志也许会联想到爱情。是的，爱情是神圣的，也是美好的。可是，我今天所要讲的，却是一种更高意义、具有更强生命力的爱。这，就是战士的爱。②

明旨式的开头，常常使用名言、警句、谚语等，因为这些话言简意赅，富有哲理性，对演讲内容能起提纲挈领、画龙点睛的作用。

### 5. 抒情式开头

这种开头意在渲染气氛，以情感人，使听众迅速受到情绪感染，注意聆听演讲内容。这种开头多采用排比、比喻、比拟等修辞手法，形象生动，引人入胜。

"我是夜幕的一颗星"的演讲是这样开头的：

水兵喜欢把自己比作追波逐浪的海燕，飞行员喜欢把自己比作搏击长空的雄鹰，而我们警卫战士却喜欢把自己比作夜幕上闪亮的星。不是吗？当皓月当空，万籁俱寂的夜晚，疲劳的人们已进入梦乡，祖国大地的每个角落里不都闪烁着警卫战士一双双警惕的眼睛吗？它就像天上的星星一样，不知困倦地注视着大地，搜寻着每一个可疑的目标……③

这段类似散文诗的开头，构思巧妙，比拟得当，语言形象，创造出诗一般的意境。

---

① 段玉琢. 从演讲的题目讲起 [J]. 演讲与口才，1986（10）：14.
② 畅耀. 战士的爱 [J]. 演讲与口才，1985（6）：35.
③ 方卫等. 各具特色的开场白 [J]. 演讲与口才，1986（11）：18.

6. 示物式开头

这种开头方式多在军事演讲、法庭演讲或学术演讲中使用。它通过展示实物，首先给听众一个感性的直观印象，然后借助具体实物，提出和阐述自己的见解。演讲词《拼搏——永恒的旋律》[①]的开头是这样的：

> 今天我给大家带来了一样礼物。（举起一个小铜盒）我珍藏它已五年多了。它不仅使我改变了自己的命运，更使我明白了自己肩上重担不止千斤。你们一定想知道它是什么？那就请听一个关于我自己的真实的故事……

这样示物开头很自然地给听众留下悬念。接着，演讲者便以铜盒为线索讲了下去。讲到关键处，激动地打开铜盒，拿出里面装的用血书写的"拼搏到底"四字，使听众产生强烈的感情冲动。最后，演讲者说："历史、时代坚信我们会用钢铁的意志、坚实的行动勇往直前！因为我们共同拥有一个永恒的旋律——这就是拼搏！"再次高举血书。

（二）主　　体

主体是演讲稿的主干部分，篇幅较大。要使演讲的观点站得住、立得牢，就必须做到内容充实丰满，有血有肉，要围绕中心论点，处理好论点与论据之间的关系，合乎逻辑地逐层展开论述，做到结构有力、层次清楚、过渡自然。在这一部分中，我们要组织和安排好演讲高潮，使演讲者和听众在情感上产生强烈的共鸣，达到使"快者掀髯，愤者扼腕，悲者掩泣，羡者色飞"的出神入化的境界。

1. 安排好讲述层次

层次是结构的基础，是作者传递信息、表达主题过程中形成的相对完整、相对独立的思想单位。撰写演讲稿、安排层次的过程，实际上就是对所选材料进行归类的过程。要根据客观事物内部联系的特征和共性来合理安排层次。事件一般有发生、发展、结局等几个阶段；问题一般有提出、分析和解决等几个过程；人物有成长变化的历史；场景有空间位置的特征等。因而，层次安排常以时空为序，以逻辑线索

---

① 李桂英. 拼搏——永恒的旋律[J]. 演讲与口才，1991（3）：42.

为序，或以认识过程为序，形成时空结构层次、逻辑结构层次和心理结构层次。

安排层次要注意通篇格局，统筹安排，给人以整体感；要主次分明，详略得当，给人以稳定感；要互相照应，过渡自然，给人以匀称感。同时，演讲稿主要是用来讲给人听的，是转瞬即逝的，结构层次不宜太复杂，要给人以明朗感。

演讲稿的层次排列形式可分为纵向组合结构、横向组合结构和纵横交叉结构。

（1）纵向组合结构。它是指按照时间的推移来排列层次，包括直叙式和递进式两种。

第一，直叙式。即以时间先后为序，或以事情的发生、发展或变化过程为序。这种结构层次比较单一，事情的来龙去脉很清楚。运用这种方法，要注意突出重点，兼顾一般，切忌平均用力，平铺直叙。

第二，递进式。即按事理的展开或认识由浅入深的递进过程来安排结构层次，或按演讲者感情发展的脉络来安排层次。按事理展开，多采用"叙事—说理—结论"的模式，即摆情况，做分析，下结论，也就是提出问题，分析问题，解决问题。按认识由浅入深的递进过程来安排层次，其内容则呈螺旋式层层深入，由表及里。这样的安排，说理透彻，说服力强。按照演讲者感情发展的脉络来安排层次，内容起伏跌宕。

徐良的《血染的风采》[①]演讲稿就是采用纵向结构安排层次的。他以自己的成长经历为线索，按时间先后顺序逐层展开：1982年考入西安音乐学院→1985年底申请入伍→最初的军旅生活→血与火的考验→负伤之后→军人亲属的贡献。在叙述中适当抒情议论，声情并茂，展示了20世纪80年代军人的风采。

（2）横向组合结构。这种组合结构，或按事物的组成部分展开，或按空间分布展开，或按事物的性质归类关系展开。按照不同的排列展开方式，横向组合可分为简单列举式和总分并列式。

简单列举式就是围绕主旨，把选取的材料逐条逐项并列排出，它们从不同角度来表现演讲中心。总分并列式则常遵循总分思路辐射式地展开，并列的各部分按事物的逻辑关系分类安排，分别围绕主旨阐述一个问题，或说明事物的一个侧面。

---

① 杨桓松，周放. 中外演讲词名籍赏析[M]. 重庆：重庆大学出版社，1987：187.

演讲者王理《人贵有志》的演讲稿就是采用横向组合结构。其主体部分采用的是横向的、并列的结构：列出四个小标题，分别论述目标高、立志坚、生活俭、惜分秒；有的小题中又分出小层次，引用经典名言和动人事例加以论证。由于组织得当，过渡自然，衔接紧凑，使得全篇演讲稿结构完整，充分阐发了主旨，给听众留下了很深的印象。

采用横向组合结构，要力戒开中药铺似的罗列现象，要注意发掘各部分材料间的必然联系，发挥整体效应。

（3）纵横交叉结构。有些内容丰富、容量较大、时间较长的演讲，常采用此种结构。它以时间顺序为主线，穿插横向组合材料；或者以横向组合为主，其间穿插纵向组合材料。先按纵向组合容易看出事物发展的全过程，先按横向组合则易于分析出事物各部分之间的联系和区别。采用这种结构，不宜太复杂，否则听众难于理解。李燕杰的《爱情与美》演讲稿采用的就是纵横交叉式结构。

### 2. 组织和安排演讲高潮

演讲最忌平铺直叙，必须有波澜起伏，要在感情上紧紧抓住听众，在理论上说服听众，在内容上吸引听众。在演讲的主体中，要组织和安排一个或几个演讲高潮，形成强烈的"共振效应"。演讲高潮实际上就是演讲者和听众感情最激昂、精神最振奋的地方。它是运用典型的事例、恰当的议论、深刻的哲理、巧妙的修辞、生动的语言、真挚的情感和得体的动作所组成的强烈的兴奋点。它是崇高美、哲理美和诗意美达到的高度和谐统一。有一篇题为"在血与火的征途上"的演讲稿，演讲者在介绍了一位烈士腹部中弹，毫无畏惧地把肠子压在腰带下而继续冲锋，最后用自己的身体滚雷，为战友开辟通路的英雄事迹后，深情地说：

> 这些风华正茂的青年战士，如果活到将来，有谁敢说他们之中不会有将军、部长、博士？可他们刚刚活到新中国的好时辰，就告别人间，把蓬勃的生命和美好的理想，托付给活着的人们，化作向"四化"进军的足音和号角，化作一对对倩影在湖面荡舟的安宁和温馨……

这扣人心扉、感人肺腑的叙述和议论，为听众创造了一个动人的意境，把演讲自然地推向高潮，使许多听众不禁潸然泪下。

## （三）结　　尾

结尾是演讲稿的自然收束。"豹尾"正是形象地说明结尾要雄健有力，言止意长，回味无穷。如果演讲的开头和高潮很精彩，结尾又出人意料，耐人寻味，则是锦上添花，给人以美的享受。

怎样设计和安排演讲的结尾呢？常见的有以下几种。

### 1. 总结式结尾

这种结尾，扼要地总结演讲内容，能起到提醒、强调的作用，给听众留下完整的总体印象。在1986年吉林省青年电视演讲赛中荣获命题一等奖的权红，其演讲稿《世界也有我们的一半》是这样结尾的：

　　……听听我这个没当成的女记者的心声吧！我相信，女性是伟大的！我也相信，男性是伟大的！我更希望我们都相信，伟大的男性和伟大的女性加起来才是伟大的人民！他们的自信、自尊、自爱焕发出来的巨大搏力才是伟大的文明！[①]

这个结尾恳切、热情、概括，点化主旨，给听众留下了清晰、完整而又深刻的印象。

### 2. 感召式结尾

这种结尾多是提希望，发号召，表决心，立誓言，祝喜庆，贺成就，以激起听众感情的波涛，给人以心志的激励。古希腊著名演说家德摩西尼发表的"斥腓力演说"这样结尾：

　　敌人正在对我们铺设罗网，四面合围，而我们却还呆坐着不求应付。同胞们，我们究竟要到什么时候才能采取行动？当雅典的航船尚未覆灭之时，船上的人无论大小都应该动手救亡。一旦巨浪翻上船舷，那就一切都会同归于尽……即使所有民族同意忍受奴役，就在那个时候我们也要为自己而战斗。辞令的灵魂就是行动，行动，再行动！[②]

---

① 权红. 世界也有我们的一半 [J]. 演讲与口才，1987（3）：46.
② 凌空，盛沛林. 简明演讲学 [M]. 北京：解放军出版社，1988：134.

这个结尾慷慨陈词，号召人们拔剑奋起，反抗马其顿王腓力二世的入侵。

### 3. 抒情式结尾

这种结尾往往是演讲者在叙述典型事例后，油然而生的激情，以抒情方式结尾，言尽而意未尽，留有余韵，给人启迪。郭沫若的《科学的春天》的演讲，就是这样结尾的：

> 春分刚刚过去，清明即将到来。"日出江花红胜火，春来江水绿如蓝。"这是革命的春天，这是人民的春天，这是科学的春天！让我们张开双臂，热烈地拥抱这个春天吧！[①]

这样结尾，热情奔放，以诗一般的抒情语言激励人们向科学进军，拥抱科学的春天，具有很强的鼓动性。

### 4. 警言式结尾

这就是通过引用谚语、成语、格言、警句、诗词等方式结尾。这种结尾言简意明，多有韵律，使内容显得充实丰满，具有哲理性和启发性。李燕杰《国家、民族与正气》的演讲稿，其结尾是：

> 青年朋友们，爱我们的国家吧，爱我们的民族吧。同心协力，把我们民族的正气，把我们中华民族奋发图强的爱国主义精神极大地发扬起来！
> 最后，用句名人名言作为结束语：
> 谁不属于自己的祖国，他就不属于人类！
> 爱国主义的力量多么伟大呀！在它面前，人的爱生之念，畏苦之情，算得什么呢？
> 我无论做什么，始终在想着，只要我的精力允许我的话，我就要首先为我的祖国服务。
> 真正的爱国主义不应该表现在漂亮的话上，而应表现在为祖国谋福利、

---

[①] 郭沫若. 科学的春天 [A]. 见武传涛主编. 著名演讲辞鉴赏 [M]. 济南：山东人民出版社，1992：341.

为人民谋福利的行动上。[①]

李燕杰的演讲寓理于事,攫取力强,最后采用名人名言结尾,恳切热情,紧扣演讲题旨,升华主题,字字句句掷地有声。

### 5. 呼应式结尾

这种结尾与开头呼应,使整篇演讲首尾圆合,结构完整。演讲者王友厚《井下工有颗金子般的心》的演讲稿的开头是这样的:

> 你了解井下工吗?井下工,顾名思义,是在矿井下作业的工人。这是当前最危险的工种……他们不仅承受了人们种种误解,还以自己有力的臂膀擎起了整座矿山!可以自豪地说:在我们招远金矿,有多少井下工,就有多少颗金子般的心!

接着,讲述三个生动感人的事例,歌颂了矿工无私无畏的奉献精神。演讲者这样结尾:

> 朋友们,黄金是宝贵的,比黄金更宝贵的是井下工那颗颗金子般的心!如果我们的整个社会、行行业业的每个人都能在自己的岗位上竭诚尽力,无私奉献,那么"四化"何愁不成?

最后,演讲者用一句既是祝福也是希望的话作结:

> 愿我们都有一颗金子般的心!

这篇叙事性演讲,题目很"实"很"俏",开头、结尾,处处照应,首尾圆合,增强了演讲的鼓动力和激奋力。

综上所述,结尾一定要有深度,如异峰突起,要韵味深刻,使听众情绪激动感奋;切忌虎头蛇尾或画蛇添足,努力避免陈词俗套或语言干巴。

---

[①] 李燕杰. 国家、民族与正气[A]. 见武传涛主编. 著名演讲辞鉴赏[M]. 济南:山东人民出版社,1992:363.

## 【思考与训练】

1. 为什么说演讲技巧是演讲的重要表达形式？你在演讲的实践活动中经常运用哪几种演讲技巧，你尝到了什么甜头？

2. 为什么说"演讲内容为王"，演讲内容是"演讲的灵魂"？

3. 许多成功的企业家都是演讲高手，都有非凡的见解。请介绍一下两位著名企业家的精彩演讲，并就其主要观点谈谈自己的感想。

4. 有的演讲家提出初学演讲的朋友要"记住五个一百"：

   第一，记住一百句哲理名言；
   第二，记住一百首诗词歌赋；
   第三，记住一百个故事情节；
   第四，记住一百个幽默笑话；
   第五，记住一百段说话套路。

   你认为有这个必要吗？这对提升演讲水平有什么好处？

5. 有的演讲家提出企业家的公众表达要做到"四度"：

   第一，高度，指有思想的高度；
   第二，力度，指演讲艺术的感染力，要有战斗性；
   第三，深度，指理论的深度，并能深入浅出；
   第四，密度，指信息量要大，信息量越大，标志着领导的能量越大。

试问，这"四度"主要是从演讲技巧提出来的，还是从演讲内容提出来的？请谈谈这"四度"对你的启示。

6. 2007年5月24日，第二次中美战略经济对话闭幕后，前国务院副总理吴仪在美国国会上与前美众议院女议长南希·佩洛西会晤。南希·佩洛西对华立场强硬，外界猜测这次两人的会面气氛将十分紧张，其实不然。

## 吴仪巧说开场话

"我来之前看见媒体上有个报道，说 Madam 吴（指吴仪），要去见南希·佩洛西，就像进入了虎口一样。其实，按中国人的生肖，我属虎，虎口就在我自己脸上，所以我不怕入虎口。我的美国朋友还告诉我，他从来没有见到过南希·佩洛西的脸上带着微笑，但是，现在看来这个朋友是在骗我啊，你脸上的笑容不是很美吗？"

佩洛西听后果然露出了笑容，还笑称自己刚见到吴仪，也感觉像进入虎口一样，随后告诉吴仪她是属龙的。

吴仪马上说："看样子，我们今天的见面，不是'羊入虎口'，而是一场'龙虎斗'噢！"

南希·佩洛西被吴仪的俏皮话逗乐了，当她向吴仪表示期待着访问中国时，吴仪眨眨眼，故作神秘状，然后说："当然，我向你表示欢迎，就像你今天欢迎我一样？"

吴仪的演说技巧高超表现在哪里？吴仪的开场白是要表达一个怎样的意思？

# 第九章　真情演讲　感染力强

## ——优秀演讲稿的衡量与鉴赏

### 第一节　优秀演讲稿的内容要抓住三个要点

上一章，我们谈到了演讲内容为王，演讲技巧固然重要，而演讲内容更加重要；要有丰富的内涵，要有思想。但是，演讲内容应抓住哪些要点，演讲选手及其指导老师的看法各不相同，莫衷一是。

在"中国梦·我的梦"众多演讲活动中，著者应邀培训参赛选手；演讲稿的内容要点是什么？通过反复的实战，著者深深感到，但凡优秀的演讲稿要有三条：①是否有突出的事迹；②是否有感人的细节；③是否有闪光的语言。抓住了这三个关键点，必然是优秀的演讲稿，这就为在演讲大赛中获得优胜打下坚实的基础。

#### 一、突出的事迹

一篇优秀演讲搞，有了突出的事迹才有震撼力。

煤炭总医院护士王威的感人演讲《天使之梦》在2013"寸草报春晖·共圆中国梦"全国电视演讲大赛中一举夺得特等奖。王威的演讲，不是用语言写成的，而是用心写成的，用生命写成的：人间的大爱把王威从死神的手中夺过来，王威又用自己虔诚的爱心谱写了震撼人心的天使之梦。我们具体来说，王威八岁患甲状腺癌，逐渐走到了癌症晚期，走到生命的尽头。她想："生命的最后时刻，我还能做点什么呢？我要捐献遗体，把生的希望留给需要的人。"当医院的天使们用精湛的医术给了她第二次生命时，她坚决表示："我也要像你们一样，救死扶伤，帮助更多需要帮助的人。"多么崇高的境界，多么高尚的品德，多么惊人的事迹，怎能不具有很强的震撼力呢？

## 二、感人的细节

一篇优秀的演讲稿。有了感人的细节，才会有深深的感染力。

王威的《天使之梦》的演讲中就有非常感人的细节，如"深夜我会感觉到有人用手指在探我的鼻息，那是妈妈颤抖的手，她怕，怕再也感觉不到我的呼吸。我紧紧地闭着眼睛不敢睁开，我也怕，怕与妈妈泪眼相对的那一刻。"妈妈与女儿心连心，心贴心，催人泪下，感人至深。由此可见感人的细节，催生了深深的感染力。

## 三、闪光的语言

一篇优秀的演讲稿，有了闪光的语言，才会有强烈的感召力。

王威《天使之梦》的演讲稿中，就有让人难忘的闪光的语言，如王明晓院长说："王威，你在生命的最后时刻还想着帮助他人，如果你就这么离开了，作为医生，我很不甘心。哪怕只有一线希望，我们也要尽力挽救你。"院长的关怀，传递的是人间大爱。王威如愿当上护士，她说："过去我是病人被照顾。现在，我做护士照顾别人，我要用心护理他们。"王威的深情表述，承接、传递的亦是人间大爱。由此可见，闪光的语言而产生了强烈的感召力。

在企业家马云的演讲中，经常会出现闪光的语言，如在上一章所引用的"梦想、行动、坚持"的演讲。"……我每天都跟自己讲的那句话：今天很残酷，明天更残酷，后天很美好，但绝大多数人都死在明天晚上，看不见后天的阳光。所以我们还要努力坚持。"马云的语言，铿锵有力，发人深省。

## 第二节 优秀演讲词的鉴赏

在近年"中国梦·我的梦"主题演讲大赛中出现了许许多多感人至深的优秀演讲词,其中最有代表性是两篇:一篇是护士王威的《天使之梦》;另一篇是女大学生张超凡的《用左手撑起一片晴空》,我们分别进行了点评与评析,供广大读者参考。

### 一、王威演讲词《天使之梦》赏析

**王威演讲词《天使之梦》**

(2014年5月18日)

| 演讲词 | 评点 |
| --- | --- |
| 尊敬的各位评委、现场以及电视机前的观众朋友们:<br><br>大家好!我叫王威,是煤炭总医院心脏中心的一名护士,我演讲的题目是"天使之梦"。今天能站在这里,我可真是幸运啊!因为就在五年前我还是一个生命将要走到尽头的癌症晚期患者。是什么,创造了这生命的奇迹?又是什么,延续了我生活的梦想呢?我想是爱!<br><br>8岁时,我被确诊患上了甲状腺癌。父亲拿到诊断书,扑通就晕坐在地上,他拽着医生的手,哀求着:"大夫啊!救救我女儿!"<br><br>那一刻父母的天塌了,我的人生暗了。<br><br>从此,我只能躺在病床上,大把大把地吃药。一次次地打针化疗,头发掉光了,再长!父母带着我四处求医,但病情却急剧恶化,脖子上迅速增大的肿瘤压迫了气管,我呼吸困难,就连睡觉都得坐着。 | 点明自己身份,为天使梦铺垫。<br><br>设问作答,引起关注。 |

续表

| 演讲词 | 评点 |
| --- | --- |
| 　　有时，深夜我会感觉到有人用手指在探我的鼻息，那是妈妈颤抖的手，她怕，怕再也感觉不到我的呼吸。我紧紧地闭着眼睛不敢睁开，我也怕啊，怕与妈妈泪眼相对的那一刻。那时，能够活下去就是我最大的梦想。 | 描述细节，催人泪下。 |
| 　　2008年的春节，我接到病危通知。一个人躲在卫生间里大口地吐着血，胸腔里如火烧灼般难受。难道，我的生命、我的梦想才刚刚开始，就这样结束了吗？我多想，多想再看看这世界，再听听鸟儿的叫声……在生命的最后时刻我还能再做点什么呢？ | 眷恋人生，选择奉献。 |
| 　　提起笔我写信给《星光大道》栏目组。如愿登上了这个圆梦的舞台，请栏目组帮我完成最后的心愿——我要捐献遗体，把生的希望留给需要的人！ | 捐献遗体，最后心愿。 |
| 　　想不到的是，节目播出后，一场爱心救助行动迅速在全国展开。我接到了一位特殊观众打来的电话，他就是煤炭总医院王明晓院长。王院长说"王威，你在生命最后时刻还想着帮助他人，如果你就这么离开了，作为医生我很不甘心。哪怕只有一线希望，我们也要尽全力挽救你！" | 院长善举，以心换心。 |
| 　　我住进煤炭总医院，经各科专家会诊，检查结果是：甲状腺癌晚期，双肺弥漫性转移，淋巴转移、骨转移。手术风险非常大，我很可能就下不来手术台，永远地离开了。手术还做么？妈妈握着医生的手，说："手术你们尽管做！我把孩子交给你们了。" | |
| 　　手术进行了6个半小时，医生小心地剥离开与肿瘤纠缠在一起十几年的血管和神经，从我的脖子上整整取出了10个肿瘤，最大的比我的拳头还要打。手术成功了！睁开眼睛的那一刻，我傻笑着连泪水都觉得是甜的。是白衣天使精湛般的医术给了我新的生命，是人间无私的大爱，如春晖照进了我的生活！ | 细写手术过程，传递人间大爱。 |

| 演讲词 | 评点 |
|---|---|
| 出院前,王院长来看望我,说:"孩子,以后有什么打算?"我说:"是你们给了我第二次生命,我也要像你们一样,救死扶伤,帮助更多需要帮助的人!"王院长推荐我到护校学习。 | 又一善举,关怀备至。 |
| 都言寸草报春晖,2012年,我再次回到煤炭总医院。过去我是病人被照顾,现在,我做护士照顾别人。 | |
| 怀揣着心中感恩的梦,我细心地为病人输液、换药、剪指甲,耐心地为大小便失禁的患者一次次更换床单,我懂得他们的痛苦,我用心护理他们。 | 救死扶伤,用心护理。 |
| 其中,就有这样一位患者姐姐,我发现她总是不吃饭,就主动和她聊天。她一边紧紧抓着我的手,一边流着泪告诉我,爱人为了给她治病,拼了命地去赚钱,老父亲守在病床前照顾她在一天天地憔悴,她不知道这样的日子什么时候才是个头,她真的不想活了!我安慰她说:"姐,你看看我脖子上这道疤,我曾是一个被诊断活不过6个月的癌症病人,但通过手术以及核放射治疗,肿瘤标志物没有了,现在好好地活着!只有活着,才有机会回报那些爱我们的人,关怀更多的人,你说是吗?"她看着我笑了说:"看到你我就看到了希望!" | 开导患者姐姐,让她看到希望。 |
| 是啊! | |
| 让每一个被病痛折磨的人看到康复的希望; | |
| 让每一个家庭能够幸福美满; | |
| 让每一个即将结束的梦想能够再一次启程! | |
| 这,就是我追逐的梦,一个天使的梦,一颗感恩的心中最朴素的中国梦。 | 点明梦之内涵,进而强化主旨。 |
| 谢谢大家! | |

**【综评】**

　　煤炭总医院护士王威的感人演讲《天使之梦》在2013"寸草报春晖·共圆中国梦"全国电视演讲大赛中一举夺得特等奖,当之无愧。王威的演讲,饱含深情,感人肺腑,催人泪下;王威的演讲,往深层讲,不是用语言写成的,而是用心写成的,用生命写成的。人间的大爱把王威从死神的手中夺过来,而王威又用自己虔诚的爱心谱写了震撼人心的天使之梦。这是近年来难得一见的上乘之作。

　　王威演讲的特色有三:

　　第一,惊人的事迹。王威8岁患甲状腺癌,逐渐走向癌症,走向生命的尽头。她想:"在生命的最后时刻我还能做点什么呢?""我要捐献遗体,把生的希望留给需要的人。"当医院的天使们用精湛的医术给了她第二次生命时,她坚决表示:"我也要像你们一样,救死扶伤,帮助更多需要帮助的人!"多么崇高的境界,多么高尚的品格!

　　第二,感人的细节。"深夜我会感觉到有人用手指在探我的鼻息,那是妈妈颤抖的手,她怕,怕再也感觉不到我的呼吸。我紧紧地闭着眼睛不敢睁开,我也怕啊,怕与妈妈泪眼相对的那一刻。"妈妈与女儿心连心,心贴心,相互体贴,感人至深。

　　第三,动人的语言。王明晓院长:"王威,你在生命的最后时刻还想着帮助他人,如果你就这么离开了,作为医生我很不甘心。哪怕只有一线希望,我们也要尽全力挽救你。"院长的关怀传递的是人间大爱。王威如愿当了护士,她说:"过去我是病人被照顾,现在,我做护士照顾别人。"我要"用心护理他们"。王威的表述承接、传递的亦是人间大爱。

## 二、张超凡演讲词《用右手撑起一片晴空》赏析

**张超凡演讲词《用右手撑起一片晴空》**

（2014年5月8日）

| 演讲词 | 评点 |
| --- | --- |
| 　　尊敬的评委老师，来自全国各高校的演讲精英们，大家好！<br>　　我叫张超凡，是北京工商大学的一名大三学生，我演讲的题目是"用右手撑起一片晴空"。<br>　　正如大家看到的，我就是这样一个只有右臂的女孩，而我始终对现在所拥有的一切心怀感激。我爱我的生命，如同我爱你们！<br>　　1992年3月24日，我出生了。妈妈孕期的几次产检都没有异状，而老天爷却跟我们开了一个玩笑，把我的左臂留在了天堂。当医生不情愿地告诉爸爸我是一个残疾孩子时，爸爸呆住了，但他坚信既然是老张家的孩子，就绝对不会错！还给我起了一个响亮的名字——超凡，希望我张开胸怀，超凡脱俗。<br>　　记得我上幼儿园时，无论天多热，我都只穿长袖的衣服，将小手紧紧地背在身后，拼命躲闪小朋友们好奇的目光，唯恐他们那脱口而出的一句不受听的话会刺痛我的心。我不爱说话，只爱一个人躲在屋里过家家，幻想出另一个世界，我是一个无比美丽的公主，双手摸着魔法棒，身上发出灿烂的光。<br>　　随着自己慢慢长大，有一天，我无意中听到妈妈向奶奶哭诉："妈，您看咱家超凡也长大了，等我和他爸岁数大了，谁来照顾咱家超凡啊！"我再也忍不住了，扭头跑回屋，抓起被子趴到床上，哇的一声，我马上用被子捂住嘴，怕妈妈听到，眼泪不听话地往下流。"我到底犯了什么错啊，还是我爸妈犯了什么错，老天爷为什么要夺走我的左臂！我做梦都想拥有一双手啊，哪怕 | 紧扣标题，选择坚强。<br><br><br><br><br>超凡脱俗，家人厚望。<br><br><br><br>美丽公主，梦中逞强。 |

— 245 —

续表

| 演讲词 | 评点 |
| --- | --- |
| 只有一天也好。这样我就可以左手拉着爸爸，右手牵着妈妈，哼着歌儿走在大街上，让他们去炫耀自己有一个多么优秀的女儿。好好抱抱，好好亲亲所有爱我的人。" | 向往美好，强忍悲伤。 |
|     当我知道妈妈怀上了弟弟，我高兴，我更害怕。我怕妈妈再也不爱我了，可妈妈却背着全家人把腹中的弟弟打掉了，面对生气的爸爸，我紧紧地搂住妈妈，我知道她是想把这世界上独一无二的爱留给我啊！从那一刻开始，我就每天都告诉我自己：我是超凡，我不是孤单的一个人，即使付出一百倍一千倍的努力我也要活出个样来，用阳光与微笑战胜一切！ | 感恩母亲，积极向上。 |
|     生命的关键不是拥有，而是存在。小时候，所有正常孩子能做的事我都会去挑战它们，就像妈妈告诉我的那样："超凡，你本身就是一个正常的孩子，只不过是缺少某个小零件而已。"妈妈替我未来的日子定了调，她不希望我因为生理上的不同，就变成一个害羞封闭的人。小学我加入了长春市少儿速滑队。接下来的几年里我过着冰火两重天的生活。夏天，我是个假小子，每天与烈日为伍；冬天，为了提高速度与增强肢体的灵活性，我们身上只能穿一层薄薄的连体服，东北刺骨的严寒穿透了我的全身。每天5 000米的长跑，200次仰卧起坐，8个小时的冰上高强度训练，成了一个身高只有1.35米没有左臂的小女孩每天的必修课。每当队友们滑到弯道，伸出漂亮的左手支撑平衡时，我空空的袖子仿佛在用力保持心灵的平衡；即使一次次地摔出冰场，腰部猛烈地撞击在护栏上，瞬时觉得整个世界都坍塌了，我也会忍着泪将破碎的自己赶快拼接好，因为我要对得起爱我的人。教练每天逼着我们吃定量的牛肉，从来不会因为我的特别而给训练打折扣。当我夺得吉林省速滑大赛少儿组800米第一名的时候，全场观众都震撼了，我的教练抱着我激动地说："孩子，你太不容易了，你是我见过最棒、最坚强的孩子！"手握沉甸甸的奖牌，这背后隐含了我多少汗水与泪水啊！ | 奋力拼搏，震撼赛场。 |

续表

| 演讲词 | 评点 |
| --- | --- |
| 　　接着，我变得越来越有自信和冒险精神。我开始挑战游泳，别人使一分劲，我就要使十分劲。有时候右臂练抽筋了，我就马上开始练习腿部力量。唯恐几秒钟的松懈就会被别人落下。我索性将背在身后怯懦的小手也解放了出来，利用小手帮助自己在水中前进，就好像一个助推器一样。想象一下，当教练看到一个只学了6天蛙泳的我跳进了2.4米深水区有多么惊恐，而我变成了一个看到游泳池就要跳进去的游泳狂，又让他们有多惊讶了。半个月的时间里，蛙泳、仰泳、自由泳都被我征服了！别人用双手能够做到的事情，我一只手也可以做得非常完美。我的梦想永无止境！ | 顽强进取，续写华章。 |
| 　　上了大学后，我是同学们口中的"超凡蜘蛛侠"，一个"乐观、独立、坚强、正能量爆棚的女孩"，是所有人的爱托起了我这个折翼的天使！我也通过自己的努力获得了2012年国家奖学金；并被授予了2013年第二届"诚信中国节诚信宣介大使""中国大学生自强之星"荣誉称号。我的故事也被中央电视台、北京电视台、人民网、《中国青年报》等多家媒体进行宣传报道，传递爱的感动与正能量！ | 折翼天使，创造辉煌。 |
| 　　在我成长的过程中，始终有一个人在关注指引着我，那就是残疾人的楷模张海迪阿姨，海迪阿姨5岁的时候因患脊髓血管瘤而导致终身截瘫；她不甘命运的安排，而用一支会说话的笔去倾诉，去抗争，她不仅活着，而且在写作中放飞了心灵，成为中国著名的作家。我的生活才刚刚起步，我和所有残疾青年都要向海迪阿姨学习，活着就要做一个对社会有益的人，为中国梦奉献自己的青春与热情！ | 乐为祖国，放飞梦想。 |

**【综评】**

  北京工商大学大三女生张超凡的动情演讲《用右手撑起一片晴空》，在2014年"千秋杯""中国梦 我的梦"全国大学生演讲大赛中，征服了大赛现场的所有评委和各个高校的师生。全场听众报以热烈的经久不息的掌声。张超凡一举夺得本次演讲大赛一等奖第一名。

  张超凡演讲，至少有以下三个特色。

  第一，紧扣主题。按照本次演讲大赛的主题"中国梦 我的梦"，张超凡娓娓道来，动情地讲述了坦然面对身体残疾，努力磨炼自己，顽强进取，不断创造佳绩的亲身经历，表现了中国当代大学生积极向上，奋力拼搏，为祖国争取做贡献的精神风貌。演讲结尾点明"为中国梦奉献自己的青春与热情"，把"我的梦"与"中国梦"紧紧连在一起，让主题得到升华。

  第二，顽强进取。她从小进入长春市少儿速滑队训练，夏与烈日为伍，冬与严寒作伴，"每天5 000米的长跑，200次仰卧起坐，8个小时的冰上高强度训练，成了一个身高只有1.35米没有左臂的小女孩每天的必修课。每当队友们滑到弯道，伸出漂亮的左手支撑平衡时，我空空的袖子仿佛在用力保持心灵的平衡；即使一次次地摔出冰场，腰部猛烈地撞击在护栏上，瞬时觉得整个世界都坍塌了，我也会忍着泪将破碎的自己赶快拼接好……"最终在赛场上夺得吉林省速滑大赛少儿组800米第一名，全场观众都震撼了，教练抱着她激动地说："孩子，你太不容易了，你是我见过最棒、最坚强的孩子！"折翼天使，终得回报。

  第三，充满爱心。张超凡，懂得感恩，充满爱心："我就是这样一个只有右臂的女孩，而我始终对现在所拥有的一切心怀感激。我爱我的生命，如同我爱你们。""妈妈背着全家人把腹中的弟弟打掉了，面对生气的爸爸，我紧紧地搂住妈妈，我知道她是想把这世界上独一无二的爱留给我啊！从那一刻开始，我就每天都告诉我自己：我是超凡，我不是孤单的一个人，即使付出一百倍一千倍的努力我也要活出个样来，用阳光与微笑战胜一切！"张超凡爱爸爸妈妈，爱老师同学，爱一切善良的人们，爱亲爱的祖国。爱是张超凡顽强进取，不断创造佳绩的巨大动力。

## 【思考与训练】

1. 为什么说一篇优秀的演讲稿，只有抓住了突出的事迹才有震撼力？

2. 为什么说一篇优秀的演讲稿，只有描述了感人的细节，才会有强烈的感染力？

3. 为什么说一篇优秀的演讲稿，只有亮出了闪光的语言，才会有超强的吸引力？

4. 担任客串主持的企业家牛根生问了马云一个问题："如果从唐僧的徒弟中选择一个创业合作伙伴，你选谁？"马云的回答是"猪八戒"。"为什么要选猪八戒？"牛根生追问道。马云笑着回答说——

　　创业是一个很痛苦的过程。创业者很孤独很寂寞，一个人要学会安慰自己，要用左手温暖右手，要不断寻找让自己快乐的事情。实际上像猪八戒这样的人，在很多的创业团队里都需要，他是一路幽默，一路开心。用欣赏的眼光看这样的同事，你就会很愉快，整个创业过程就会变得轻松许多。当然，猪八戒当领导是有点欠缺，但只要善于发现他的这些强项，就能让他在团队中发挥应有的积极作用。我觉得，创业途中有这样的人，是一种福气。我挺愿意跟猪八戒这样的人合作。

马云回答牛根生可畏"反弹琵琶，别出心裁"，亮出了别具一格的见解，发人深省，你从中受到了哪些教益？

5. 2014千秋杯全国大学生演讲大赛湖北大学一位张姓选手按照突出的事迹、感人的细节、闪光的语言这三条标准，认真地修改了自己的演讲稿《"棉花奶奶"的梦想》，获得优胜奖。下面将这篇修改稿登录如下。看看她为什么要这样修改？（下文加横线部分为修改文字。）

## "棉花奶奶"的梦想

尊敬的评委老师、亲爱的同学们：

大家好！

我是来自湖北大学新闻传播学院的学生张×。今天，站在这里，想和大家分享一个我亲身采访的故事。

这个故事的主人公<u>名叫李文英，她</u>被人们亲切地称为"棉花奶奶"。今年4月初，当我第一次去到湖北枝江采访她的时候，她正戴着一顶草帽，和当地农民一起在田野里查看翻新的土地。

"棉花奶奶"是湖北武汉人，1957年从华中农学院毕业之后，一直致力于棉花作物的种植和培育，是这方面的专家。1990年，57岁的她从农技推广中心退休后，不愿安逸舒适地度过晚年，而选择继续留在枝江的田间地头，<u>奉献自己的余生。</u>

可即使李文英花在这田地里的心思比谁都多，然而"剃头挑子一头热"的事情却时常会碰到。1996年，她发现了一种抗虫棉的良种，马上自费邮购回来两袋，好说歹说请村里的棉农帮忙试种，竟然没有一户人家愿意。后来她不得不拍着胸脯保证，<u>赚了算棉农的，她一分钱不要，亏了就算自己的，她拿退休工资去补，这才有人答应。</u>

播下种子后，李文英三天两头往田里跑，又是计算苗率，又是记载苗期，还会适时地对棉农进行指导。最后到了收获的时候，其他的棉田单株结桃仅仅只有30来个，而李文英的抗虫棉却有60多个，单产量甚至达到两百多斤。

虽然这么多年来，李文英既出钱又出力成了常有的事，但她仍然坚持耐心地指导棉农们用科学的方法种植棉花，只为了让他们把棉花种好，<u>来增加收入。</u>

每年6月到9月，是棉花的关键期，李文英都会早早出门，胸前挂着一个包，里面装着一瓶开水、几个馒头。乡亲们请她吃饭、喝水，一次也没有请动过，就算是一顿简单的午饭，她也从不在棉农家里吃。她总是说："饭菜不吃不要紧，你们增收我就高兴。"

<u>在 2009 年 5 月 18 号，76 岁的李文英下田的时候不小心跌进一个一米五深的水坑。可这次惊险的经历却没有使她停下脚步，她在工作总结中这样写道：如果坑里的水再深一点点，也许我就"光荣"了，但我并不后悔……这么多年搞农业科普、农技推广我是贴了一些钱，出了一些力，有人说我傻，但是这儿的水土养育了我，是乡亲们成就了我，只要大家伙儿都能多一些收入，掌握到一些科学知识，我甘愿把这个"傻子"一直当下去。</u>

24 年来，这下乡的路，相当于走了 10 次二万五千里长征，累积下村超过 2 500 天，贴进去的钱甚至不低于 10 万元，而她每个月的退休工资仅仅只有 1 600 块。

就这样，24 年，"棉花奶奶"把人生中美好的年华献给了这片土地，从青丝变成白发，从昂首挺胸变得佝偻驼背，她用生命丈量着这片土地。她唯一的梦想，就是提高当地的棉花产量，让人民过上好日子。李文英在老去，而她的梦想却在变为现实，枝江的棉花产量连年提升，枝江人正在奔向幸福的道路上。

"棉花奶奶"的故事，让我感慨良多。当我问她为什么在生活的晚年还选择坚守农村时，她回答道："我就是舍不得离开这儿。我觉得，离开了农村，我就像离开了水的鱼，一肚子的知识没有了用武之地。几十年来，无论有多少委屈，只要走到了农田里，什么杂念都没有了。"而当问及这么多年的回报时，她淡淡地说："土地的果实，就是对我最大的补偿。"

听到她的回答，我为"棉花奶奶"李文英这种无私无我的人生境界而感动。把人民的利益记在心头，把土地的收成挂在心尖，她用无言的行动践行着自己的"中国梦"。梦想，而这千千万万个梦想汇聚成溪，就是我们中国大梦的无穷力量！

谢谢大家！

6. 承上题，湖北大学另一位李姓选手，也是按照突出的事迹、感人的细节、闪光的语言三条标准，修改了自己的演讲稿《武汉"犟妈"的犟脾气》，获得了优胜奖，登录如下。试问，这位选手为什么要这样修改呢？（下文加横线处是修改文字。）

## 武汉"犟妈"的犟脾气

尊敬的评委老师，亲爱的同学们：

大家好！

我是李××，来自湖北大学新闻传播学院，今天站在这里，想跟大家分享一个故事，一个有关我们武汉人犟脾气的故事。

大家都知道，东北人豪爽，苏州人婉约，而我们武汉人就一个字"犟"。而这个犟字恰恰是我们武汉精神"敢为人先，追求卓越"的内涵所在。

说到犟，没有人比武汉"犟妈"易勤更犟的了。"犟妈"经营着一家规模不大的社会福利企业，12名生产员工都是智障残疾人。春去秋来，昼夜轮转，48岁的易经理像妈妈一样，带着这批智障残疾人已经坚守了整整8年，就算8年里工厂累计亏损了近80万元，要先后卖掉、抵押两套房子，犟妈还是坚持留下了这12名智障残疾人。

动手能力差、刚说过的话就忘、花三个月还不能独自完成一个包装盒的粘贴。"看见他们辛辛苦苦却又完不成工作的样子，我很着急却又舍不得骂他们"，犟妈易勤在面对这群特殊的工人时内心也充满着无奈与挣扎。一个正常人一天能完成3000个包装盒的粘贴，而他们却只能完成三十分之一，面对这群仿佛永远教不会的"学生"，犟妈的犟脾气又上来了："别人说我是哑巴说话、铁树开花、瞎子睁眼、简直是在做科学家都完不成的事情，但我就是这么犟，我就不信教不会你。"硬是靠着这股犟劲，犟妈带着这些智障残疾人勤勤恳恳的工作，他们的产品在省内外都享有很高的声誉，甚至远销英国、奥地利等国家。

都说阴阳互调，刚柔相济。"每一个外表刚强的人心里都有一块最为柔软的地方"，这用来形容犟妈是最为合适不过了。接纳智障残疾人来工厂就业，最开始是为了将工厂做成福利企业，这样就可以享受一定的国家优惠政策，但当招收的智障残疾人越来越多，而工厂的业绩却越来越差时，犟妈却发愁了："我实在不忍心扑灭他们家人的希望。"于是好心的犟妈索性将工厂变成了培智学校，工厂内几乎所有的工人都是智障残疾人。这个决定让很多智障残疾人有了栖息之所，却也给"犟妈"的家庭带来了很大的压力，不高的生产量完全不能维持工厂的正常运作。无奈之下，犟妈抵押了自己的房产，为的只是给这些孩子提供一个家，因为在这群智障残疾人的眼里，易勤早就是他们的妈妈了。

"犟妈"易勤因此荣获"全国三八红旗手"称号。今年又荣获"全国五一劳动奖章"，四月，全国人大副委员长、全国妇联主席沈跃跃特地来到武汉看望"犟妈"，称赞"犟妈"全力帮助残疾人，为国家排忧解难的感人善举。

我在得知了武汉"犟妈"的故事后，深受感动。终于有幸在一次采访活动中走进了犟妈的工厂，同时也走进了"犟妈"的家。这个不足10平米的空间里蜗居着犟妈一家三口，家里塞满了日常用品，进去后想转个身都很难。原本可以依靠工厂良好口碑过上富足生活的一家人，却选择牺牲自己换取弱势群体的心灵解放。这笔账谁都算不明白到底是亏了还是赚了。但是当看见每个智障残疾人一丝不苟的工作时，我清晰地看到，"犟妈"脸上露出了欣慰的笑容。

当我走出工厂时，身后传来工人们唱歌的声音。说实话，歌声不好听。但我心里却有一股劲拽着我，在原地听了好久把歌听完。正如歌中唱的那样："感恩的心，感谢有你。"我们的确是要感谢"犟妈"给这些智障残疾人创建了一个温馨的家，正是"犟妈"带给他们梦想，带给社会希望，而我也坚信我们华夏大地上绝对不止这一位"犟妈"，千千万万的犟妈带来千千万万的希望，千千万万的希望筑就千千万万的梦想，而这千千万万个梦想汇聚成溪，就是我们中国大梦的无穷力量！

谢谢大家！

7. 在一场围绕"唐骏学历造假"事件的演讲比赛中，有一位女学生的演讲令人深思、催人反省，她演讲的题目是"岂能让'诚信'漂流"，你从中受到哪些启示？

　　唐骏作为一个职业经理人，不弄虚作假本应是最基本的职业道德。唐骏是上市公司高管，负有对外披露个人真实信息的法律义务。再者说，作为在商业上取得了非凡成就的名人，唐骏对许多人具有强大的示范效应。仅这几点，就说明唐骏涉嫌学位造假的问题，决不可等闲视之。所以，如果唐骏涉嫌学位造假一事最终得到确证，必须对他进行严厉的道德谴责，如果他触犯法律，必须承担相应的法律责任。

　　诚信是整个现代社会的基石。我们却常常因为制度缺陷，就认为诚信无用，仍然抱着"胜者为王，败者为寇"的强权逻辑。唐骏就是一个代表。造假，就是诚信缺失的后果。造假的人影响力越大，后果越严重。

　　事实上，"忽悠"在当今的中国商场上不仅很少受到惩罚，反而成了无往不利的"通行证"。在商场上，吹嘘自己拥有"神秘高干背景"、"强大靠山"及"超强资金运作能力"的人比比皆是，唐骏就是在这种普遍的浮夸中膨胀起来的。

　　商场是这样，官场、职场、学术场，又何尝不是这样？在这个充满喧嚣和骚动的年代，人们的心态越来越浮躁。都想着一朝变福，都想着一步登天，很少有人愿意踏踏实实、诚诚恳恳，愿意修炼品德、积蓄实力，愿意甘于寂寞、耐心等待……

　　唐骏在商业上的成功可以复制，但他在道德上的失败万万不可复制。商业成功可以给一个人带来可观的物质财富，"诚信漂流"却足以让人付出惨重代价，"诚信失败"更会让人轰然坍塌，彻底失败！

　　而要解决这个问题，我觉得，一要靠法律监管，二要靠舆论监督……

# 主要参考书目

[1] 李元授. 演讲与口才（二）[M]. 武汉：华中科技大学出版社，2007.

[2] 李元授. 交际与口才（二）[M]. 武汉：华中科技大学出版社，2007.

[3] 李军华，李元授. 口才学（二）[M]. 武汉：华中科技大学出版社，2003.

[4] 李元授，白丁. 口才训练（二）[M]. 武汉：华中科技大学出版社，2006.

[5] 李元授，朱文妮. 口才艺术品评 [M]. 武汉：华中科技大学出版社，1997.

[6] 李元授，邹昆山. 演讲学（二）[M]. 武汉：华中科技大学出版社，2003.

[7] 李元授，邹昆山. 演讲训练 [M]. 武汉：华中科技大学出版社，2003.

[8] 李次授. 演讲艺术品评 [M]. 武汉：华中理工大学出版社，1997.

[9] 李元授. 人际沟通训练 [M]. 武汉：华中科技大学出版社，2014.

[10] 李元授，李鹏. 人际沟通艺术 [M]. 广州：世界图书出版公司，2017.

[11] 李元授. 客户经理沟通技巧 [M]. 广州：世界图书出版公司，2017.

[12] 李元授. 求职面试沟通技巧 [M]. 广州：世界图书出版公司，2017.

[13] 李元授. 怎样与孩子沟通 [M]. 广州：世界图书出版公司，2017.

[14] 李荣建，李元授. 人际沟通礼仪规范 [M]. 广州：世界图书出版公司，2017.

[15] 卢勤. 告诉孩子你真棒 [M]. 南京：译林出版社，2013.

[16] 卢勤. 告诉世界我能行 [M]. 南京：译林出版社，2013.

[17] 茅育青，焦建英. IT 环境下教师与学生沟通行为的发展 [M]. 北京：教育科学出版社，2012.

[18] 姚计海. 教师与学生的心理沟通 [M]. 北京：北京师范大学出版社，2013.

[19] 姜荣奎. 教师如何与学生沟通 [M]. 北京：中国轻工业出版社，2012.

[20][美]阿黛尔·法伯,伊莱恩·玛兹丽施.如何说 孩子才肯学[M].北京:中央编译出版社,2016.

[21]安秋玲,陆芳萍.儿童、青少年心理咨询案例分析原理与方法[M].上海:上海社会科学院出版社,2014.

[22][加]弗雷尔.教师如何与学生沟通[M].上海:华东师范大学出版社,2013.

[23]雷雳.青少年心理发展[M].北京:北京大学出版社,2003.

[24]刘维良.中学生心理健康教育[M].北京:华文出版社,2007.

# 后 记

《少儿口才指导师通用教材》终于问世了。看到这精美的教材，我们感到欣慰。

"少儿口才指导师"，顾名思义，是指少儿口才培训的指导老师。据悉，此名称已经注册。"少儿口才指导师"是新生事物，《少儿口才指导师通用教材》，是全新的少儿口才指导老师使用的教材。这种教材应当编写哪些内容？怎样编写？相关的专家学者有着不同的理解。我们是根据教育部、国家语委的指示精神，根据少儿口才测评标准与少儿口才训练的基本要求，根据少儿口才指导师必须具备哪些语言文化素养来安排教材内容的；我们根据对小学师生的前期调查，以及我们的科研积累与教学经验，安排了三个栏目，共计九章。口语表达篇：语音基础，口语表达的原则，口语表达的基本技巧与其他三大技巧；沟通艺术篇：了解引导我们的孩子，老师如何与孩子沟通，克服沟通障碍；演讲艺术篇：演讲内容为王，优秀演讲稿的衡量与鉴赏。换一句话说，每一个少儿口才指导师必须具备这三种基本的语言文化素养。这种安排是否恰当？分量是多是少？还需要增加哪方面的内容？每章后面我们还安排了生动活泼的思考训练题是否合适？希望相关专家学者与使用教材的老师提出宝贵的意见与建议。

在本书的导语中，我们提出了可以分项探讨少儿口才指导师的语言艺术、演讲艺术、论辩艺术、沟通艺术、朗诵艺术、主持艺术、表演艺术和礼仪素养等。这一见解应该是不错的，或许可以加深加宽少儿口才指导师的语言文化素养。

担任少儿口才教学的老师，应当经过"少儿口才指导师"培训班的严格培训，提高其文化素质与语言文化素养，取得"少儿口才指导师"的资质，成为优秀的少儿口才指导师。

使用本套少儿口才教材的老师，应当钻研教材，认真备课，针对少儿的思维特点与语言特点，制作出科学的行之有效的课件，以确保少儿口才训练的科学性与实效性。

使用本套少儿口才教材的老师，应当分别以《幼儿口语表达技能》《少儿口语表达技能》《少儿口才技巧》这三本教材为基础教材，以讲故事、朗读、演讲为主线来展开教学，让学生尽快地学会演讲、学会沟通；运用启发式教学，精讲多练，以练为主，多与学生互动，生动活泼，让学生在愉快的学习中迅速成长。

教材编委会

2017 年 9 月 15 日